歴史に学ぶ会計の「なぜ？」

アメリカ会計史入門

MORE THAN A NUMBERS GAME
A BRIEF HISTORY OF ACCOUNTING

THOMAS A. KING

トーマス・A・キング［著］

友岡 賛［訳］

税務経理協会

目次

訳者序

原書のタイトル *More Than a Numbers Game* は一九九八年にアメリカの証券取引委員会の委員長アーサー・レビットが行った「アメリカ会計史上、最も重要な講演」（本書、二九三頁）のタイトル *Numbers Game* に由来しており、事実、著者のトーマス・A・キングは「アーサー・レビットによる画期的な講演に着想を得ています」（七頁）としていますが、しかしながら、この訳書のタイトルは「序」に述べられる著者の構想等に鑑みて『歴史に学ぶ会計の「なぜ?」』としました。

著者の構想によれば、多くのテキストが「会計はどのように行うのか」の解説に終始しているなか、本書には「どうしてこのような会計が行われるのか」を歴史を通じて考えることが意図されており、これが本書の最大の特徴となっています。

また、大半の会計書は紙幅の大半を財務会計に割いている、と認識する著者は、したがって、財務会計、管理会計（原価会計）、税務会計、および制度会計（法定会計）にバランスよく言及することに意を払い、その前提として、これらの種々の会計を「事業の言語」の「方言」として捉えています。これが本書の第二の特徴であり、そうした本書は、会計の諸相を束ねた概史、として実に面白い読物となっています。

二〇一四年七月一八日、三田山上にて

友岡 賛

謝　辞

税務経理協会の大坪克行氏と峯村英治氏にはこれまでと同様、洵にお世話になり、また、今回は宮田英晶氏にもお世話になりました。

さらにまた、国士舘大学の伊藤眞教授には為替換算会計について、慶應義塾大学大学院修士課程の木村太一氏にはオプション会計について、いずれも懇切な教示をいただきました。

以上の方々に万謝します。

序

世のなかには会計のテキストが山ほどあり、過去二五年以上にわたって私が読んできた沢山のテキストは企業の財務諸表の監査、作成、利用、および説明を行う上で役に立ってきました。そうした読書遍歴のなかで見当たらなかったのはインフレーション、不安定性、無形資産、負債、オプション、および利益の六つの論点を扱った本でしたが、この欠けている部分は**会計の歴史**を概観することによって埋めることができます。

学生や実務家は会計の**方法**を解説するテキストで学んでおり、そうした読者は、例えば、株式付与型報酬にかかわる非経常的な項目やコストへの対処について財務諸表の作成者と利用者では目的が食い違っていることが多い、といったことを理解することなく、一株当たりの利益の計算方法を学ぶことになります。そうしたなか、本書の貢献は会計実践の主要な**理由（なぜ？）**を論ずることにあります。

本書は一九九八年にニューヨーク大学で行われたアーサー・レビットによる画期的な講演に着想を得ています。この講演で証券取引委員会の委員長レビットは正当性を疑われることが滅多にない利益管理の慣行について述べ、アメリカの企業会計における三年後の破綻を予言しました。どういうわけか会計は、この一〇〇年余りの間に、アメリカの鉄道経営者がイギリスの不在投資家に情報を伝えるために用いた手段から、企業不正を助長するものへと変わりました。そのような変化はどのようにして生じたのか。これは興味深い話をもたらします。

本書は、ありきたりの会計スキャンダルについて述べたものではなく、**考え方**の歴史について述べています。各章は過去一世紀の間に生じた論議を呼ぶ問題を扱っており、歴史的な背景と関与した人々についての議論が種々の考え方に妥当性を与えます。本書は経済、金融、法、およびビジネスの慣行がいかに会計の発達に寄与したのか、ということを示しますが、他方、そうした本書は逸話や軽いユーモアなどによって読みやすいものとなっています。

ここに示される見解は会計情報にかかわる私の職歴に由来しています。私は製造業とサービス業において原価会計システムを設計・利用し、課税当局や規制当局と議論し、補償制度の設計に参加してきましたが、そうした私は、紙上の数字がいかに経歴や計画やビジネスの将来性に影響を与えるか、ということを経験から学びました。

私の経歴には財務諸表にかかわる一巡の仕事、すなわち監査（ビッグ・エイト会計事務所の監査人）、作成（『フォーチュン』のランキング上位五〇〇社に入っている企業の経理部門の責任者）、利用（企業における採算責任を有する部長および非営利団体の理事）、および説明（会計学の教師およびＩＲ担当役員）が含まれていますが、恐らく最も意義深いのは、私が或る重大な監査の失敗の目撃者だった、ということです。

こうした経験から私は、会計を理解するには**「事業の言語」はいくつかの「方言」からなっている**〈訳者注〉という捉え方をするのが最も適当である、と考えるにいたりました。ほとんどの会計の本が余りにも多くを財務報告に費やしているなか、本書は、原価、税、および会計規制の目的や限界に関する考察を通じ、この分野を教養ある一般人にとってより分かりやすいものにすることを意図しています。

本書を最後まで読んだ方は会計の主要な問題に関する完璧な基礎知識を得ることができるでしょう。最終章にいたるまでに、読者はほぼすべての問題に関する会計の議論に参加することができるはずです。会計は仕事にも趣味にもなりえます。**会計は面白い**。本当です。

〈訳者注〉ときに「会計は事業の言語（language of business）である」といわれるが、著者はそのように捉えた上で財務会計、原価会計、税務会計、法定会計（statutory accounting）等を方言に擬えている。

自分の考えを本にしようとするまでの私には、著者が他の人々に謝意を表す本の序文の意味、というものが分かりませんでした。しかし、この本は同僚たちによる大いなる支援なくしては書くことができなかったでしょう。マリオン・ブレーク・フィールドは図表の修正にかかわる数限りない要求を我慢してくれました。ジョン・バーチャードとスコット・グールドは難解な論文や判例を突き止めてくれました。ジェフ・バッシュ、ダン・チュウ、およびトム・フォレスターは表現の改良に役立つコメントをくれました。ジョン・ワイリー&サンズのステーシー・ファーカス、ビル・ファローン、パメラ・バン・ギーセン、およびローラ・ウォルシュは、私が出版界について学ぶに際して、根気よく指導してくれました。同社の原稿整理編集者は優れた技量の持主です。

会計の仕事を勧めてくれた父にも謝意を表します。私は最初の仕事を嫌っていましたが、しかし、徐々に会計の隠れた素晴らしさが分かるようになりました。祖父は私を歴史の技巧に触れさせ、何かを知るには三つの方法しかないことを教えてくれました。直接に経験するか、誰かに教えてもらうか、あるいは自分で考えるかの三つです。彼はまた、能動態、強変化動詞、および前置詞を多用しないことの重要性を強調していました。

オハイオの大学の蔵書を近隣の公共図書館の分館に届けてくれるオハイオ図書館・情報

ネットワークがなければ、仕事と家族への献身を行いながらの研究は不可能でした。最後に、会社の時間をますます多くこの作品の完成に費やしていた私を解雇しないでくれた上司たち、さらにはマイケル・ジェンセンの「エージェンシー・コスト」〈訳者注〉に感謝します。

ここに示された見解や結論は個人的な所見です。本書に述べたすべての点に同意する実務家、学者、ないし規制者はいないでしょう。私は、本書を簡潔にするために、考えや出来事を手前勝手に簡約しましたが、その結果として生じた誤りや遺漏は私の責任です。

二〇〇五年一一月、オハイオのチャグリン・フォールズにて

トーマス・A・キング

〈訳者注〉マイケル・ジェンセンはエージェンシー理論を扱った一九七六年の論文（ウィリアム・メックリングとの共同執筆）をもって知られるハーバード大学の経営学者。

第一章　複式記入

複式簿記が商人にもたらしている利益がどれほど大きいか。あれこそは人類の最高の発明の一つだ。

——ヨハン・ヴォルフガング・フォン・ゲーテ、ヴィルヘルム・マイスターの修業時代

一九八四年四月八日の日曜日、ホーボーケンの私のアパートで電話が鳴った。某ビッグ・エイト会計事務所の監査マネージャー、すなわち私のボスのボスが、いら立った声で、会計危機が起こったことを告げげた。「**会計危機**」って？　「馬鹿でかい小さいもの（jumbo shrimp）」〈訳者注〉、「武力外交」、「グルメ・ピザ」などといった洒落た言い回しが心に浮かんだ。へえ、これも記録（book entry）しておこう。

そのマネージャーは或るクライアントがかなり多額の債券を保有しており、不利な利率の変化に遭っていることを知っていた。最近、証券取引委員会（SEC）に登録された財務諸表は投資損失ないし保有損失には全く言及しておらず、この財務諸表を信頼していた投資家たちは誤導されたといいえた。

私にとっての最初の会計学教授であるニューヨーク大学のジョージ・ソーターは、会計の誤りなどというものは存在しない、ということを教えてくれた。適時の会計記録のために行われる見積もりは不可避の誤った財務諸表をもたらすが、より多くの情報が示されるにつれて、誤りは正され、企業の無限の生涯においてはすべてがうまくゆく、ということだった。ソーター博士の教えにしたがえば、そのクライアントの見積もりは実は修正されていた。

さらに、その会社は経営陣を入れ替え、修正残高を示す書類を提出し、好意的でない世評を凌ぎ、SECの調査を受けた。私の雇主は過誤についてかなり高額の示談金を支払った。そして私は無味乾燥な会計数値に大きな影響力があるということを知った。

二〇年後、会計スキャンダルがアメリカの実業界を激しく揺さぶった。たった一二か月の間にエンロン、グローバル・クロッシング、およびワールドコムといった産業界の巨人たちが崩壊し、この巨人たちの監査人にして私の以前の雇主で、かつて世界最強の公認会計士（CPA）事務所だったアーサー・アンダーセン&カンパニーが消滅した。そして議会は世界大恐慌以降、最も広範囲に及ぶ証券法を制定した。この劇的な破綻によって刺激

〈訳者注〉　撞着語法（意味の矛盾する語句を並べて言い回しに効果を与える修辞法）の一つ。

された私の試みは、鉄道の時代からサーベンス－オクスリー法にいたるアメリカの企業会計史を述べる、というものだった。

歴史は物語であり、物語はすべて終わることがない。歴史家たちは果てしない事実の大海から選択しなければならないが、そこにはごく僅かしか重要なものはないようにみえ、選択は著者が重要性を認めることによってのみ行われる*1。本書にはアメリカの歴史において最大の企業スキャンダルの一つをもたらした重要な事実に関する私の見解が示されている。

企業の財務報告は専門家たちが質的な営みに量的な手法を適用した一九世紀のアメリカに出現した。哲学を数学と混合して記号論理学が創られ、アルフレッド・マーシャルの『経済学原理』は経済学的思考を数学的フレームワークにおいて体系化し、エミール・デュルケムの『自殺論』は個人の行動を描写するために統計を用い*2、社会学者マックス・ヴェーバーは因果関係の説明において蓋然性を考慮し、そして簿記係は取引を貨幣価値で表した。

会計は個人企業、パートナーシップ、政府、および非営利組織にも用いられるが、本書はアメリカの株式会社における会計に焦点を合わせる。継続性、可分所有権、および有限責任が株式会社をして一八九〇年代までにアメリカのビジネスを支配することを可能にした*3。株式会社形態は社会におけるビジネスのニーズに極めて効果的に応えることができたため、ロイズ・オブ・ロンドンやゴールドマン・サックスのような由緒ある組織が株式会社化を選択した*4。

健全な株式会社は財産権の保護と流動資本市場を必要とする。一八一九年の最高裁判所の判決は私的な契約に対する政府の干渉に制限を加えた。ジョージ三世が一七六九年に勅許を授けたダートマス・カレッジはアメリカ独立戦争の前に設立された最後のカレッジだったが、四七年後、ニューハンプシャーの州議会はこの私立のカレッジを州立大学に変えようとした。しかし、このカレッジの卒業生でのちに国会議員や国務長官を務めることとなる〈訳者注〉ダニエル・ウェブスターは、最高裁判所の首席裁判官ジョン・マーシャルの法廷において、州政府には私的な契約を修正ないし害するいかなる権利もない（アメリカ憲法第一章第一〇条第一項）、ということを首尾よく主張することができた。ウェブスターの演説には「ダートマスは小さなカレッジです、がしかし、ここを愛する人々がいるのです」という有名な一節が含まれていた。マーシャルの判決は、民間の組織は州の干渉を受

〈訳者注〉ただし、国会議員は当時、既に務めていた。

けることなく自身の業務を行うことができる、ということを確認した。

一七九〇年代、一群の商人たちが国債を売買するために南マンハッタンに取引所を設けた。一八一九年三月、ダートマスの事件が法廷で争われていた頃、メンバーたちは定款を起草し、このグループを「ニューヨーク・ストック＆エクスチェンジ・ボード」と名付けた。のちにこの組織は名称を「ニューヨーク・ストック・エクスチェンジ（ＮＹＳＥ）」に短縮し、ウォール街と同義のＮＹＳＥは世界最大の最も流動的な株式市場へと発展した。買手と売手を集結させることによって、効率的な価格決定がもたらされ、持分証券の所有リスクが軽減されることとなった。

財産権と資本市場は不正を防ぐものを必要とするが、数字は或る程度の防止をもたらす。数字にもとづく議論は経営者が厄介なことを言葉で切り抜けようとするのを制約する。私が知っている或る経営者は、部下からの返答を「はい」、「いいえ」、ないし数字に限ることによって、責任を回避しようとする部下たちを統制していた。アメリカ政府はベトナム戦争の推移に関する量的な（恐らくはより信頼できる）証拠として戦死者数を示し、コンピューター・メーカーは製品の優位性を示すために統計数値を噴出させた。

会計はビジネスにおいて伝達される情報を数値化する。第一に挙げられる財務会計は融資者や投資家が企業の将来のキャッシュ・フローの額、時期、および確実性を査定するのを可能にする。債権者は債権を回収できるかどうかを知りたいと思い、株主は将来において十分な配当を期待できるかどうかを気に懸けている。財務会計の原則は、収益を費用と対応させ、企業の利子ないし一定期間の事業活動からの配当の支払能力を明らかにするために登場した。

アメリカ所得税法の制定によって、連邦政府は課税所得の測定のために会計を利用することとなった。税務会計は納税義務者が税金の支払義務と支払能力を有する時点を決定するためのシステムへと変化し、それゆえ、会社は二組の帳簿が必要になった。

鋼鉄メーカーや自動車メーカーのような規模の影響が大きい企業は、単位原価を削減するため、莫大なインフラを設けてきている。多額の間接原価を個々の製品と関係付けることは容易ではなかった。レベルの高い会社は、生産において費消されたすべての資源を回収できる製品価格、というものを確保するための配賦システムを開発してきている。健全なメーカーは原価計算方法を精緻化するために三組目の帳簿を有するようになった。

さらに、いくつかの被規制会社は支払能力ないし政府のルールへの遵守の状況を示す報告書を提出しなければならなかった。これらの幸運な（?）銀行業、保険業、公益事業、および運輸業の会社は事業ライセンスを維持するために四組目の帳簿を必要とし、事業の言語は専門家が扱う領域になった。

会計のルールは簿記の実践をなぞる。徒弟制度の下、雇主が年季奉公人に教え、習慣が慣習になった。アメリカで合意を得たルールが「一般に認められた会計原則（GAAP）」にまとめられた。大恐慌が起こるまでは正式の団体がGAAPを裏付けたり、GAAPの修正を提案したりすることはなかった。この統一性のない一群のルールの体系化に成功した者はいない。

これらの草の根が財務報告に実践上の偏りを与えた。会計基準の牽引車として登場した団体が独立監査人たちを代表する同業者団体であるアメリカ公認会計士協会（AICPA）だった。会計教育者や財務諸表の作成者の考えは影響力が小さかった。資本市場、証券、および資産評価の本質を追究してきた経済学者は監査プロフェッションとそのクライアントに余り尊重されなかった。

もたらされたのは要約だった。財務会計は、莫大な数の取引を大勢の投資家が共有できる一株当たりの利益（EPS）という単一の数値に要約する、という点において素晴らしいことが分かった。この分野は企業の状態と業績を不在投資家と融資者に伝える主要な手段として生じた。アメリカ経済が二〇世紀を通して発展をみてきたことから、会計はますます複雑化する諸取引を簡潔に要約することに熟達した。

三つの出来事がこの熟達をもたらした。

第一に、所得税の徴収と製品の原価計算情報の必要がいわば「方言」をもたらした。会計の諸領域における記録実践を調和させようとした者は誰もいなかった。その結果としての不一致、とりわけ税務会計との不一致、そしてプロフォーマ利益〈訳者注〉の台頭は、同じ事象をさまざまな方法で報告することには何も問題がない、という羅生門的な考えを正当化した。

第二に、アナリストの利益の見積もりを統合するサービスの成長は、その会社が合意をみた利益額を達成したかどうかによって、アナリストや投資家が会社の報告成果の質を評価する、というゲームをもたらした。一部の経営陣は増大するプレッシャーに屈し、事業活動の不可解性を証明するため、各会計期間において一株につき数ペニー加えた利益を報告した。帳簿を金梃子でこじ開けることによってより大きな問題が生じた。

第三に、財務諸表の作成者は経済学における進歩を無視した。大学の研究者は事業の諸取引と報告の諸原則の関係を理解する諸手段を開発したが、実務家はこの成果には目もくれず、市場行動について誤った考えを持つようになった。

〈訳者注〉二九七頁の訳者注をみよ。

一九九〇年代、一部の会社の株価が過大評価された際、これらの三つの要素が結び付いて、不安定な利益を報告することと貸借対照表において負債を示すことに関する病的な恐怖を財務諸表の作成者の間にもたらした。それが結果した行動が**二〇〇二年の大事故**をもたらした。

会計は**貸借対照表**から始まる。貸借対照表は企業の目的を果たすために用いられる資産をそれらの資産について外部者が有する請求権とともに示す二面形式の表である。複式簿記を適切に定義するのは難しいが、資産の変動がそれらに対する請求権に影響を及ぼすということを示すために複式簿記が登場した。ドイツの哲学者オズワルド・シュペングラーは『西洋の没落』において、**複式簿記の発明はヨーロッパ経済史上、決定的な出来事だった**、と述べている。

複式簿記は宇宙の対称性を認めるものではなく、この方法は単に組織の資源を記録する実践的な方法として現れた。取引を二回、記録することによって、計算の正確さを確保するための照合がもたらされ、また、経営者が資産の所有権の状態を把握できるようになる。企業家は事業の状態を把握するためにその他の諸手段を用いる。或る会計学教授〈訳者注〉は三式簿記システムというものの可能性さえも示している。

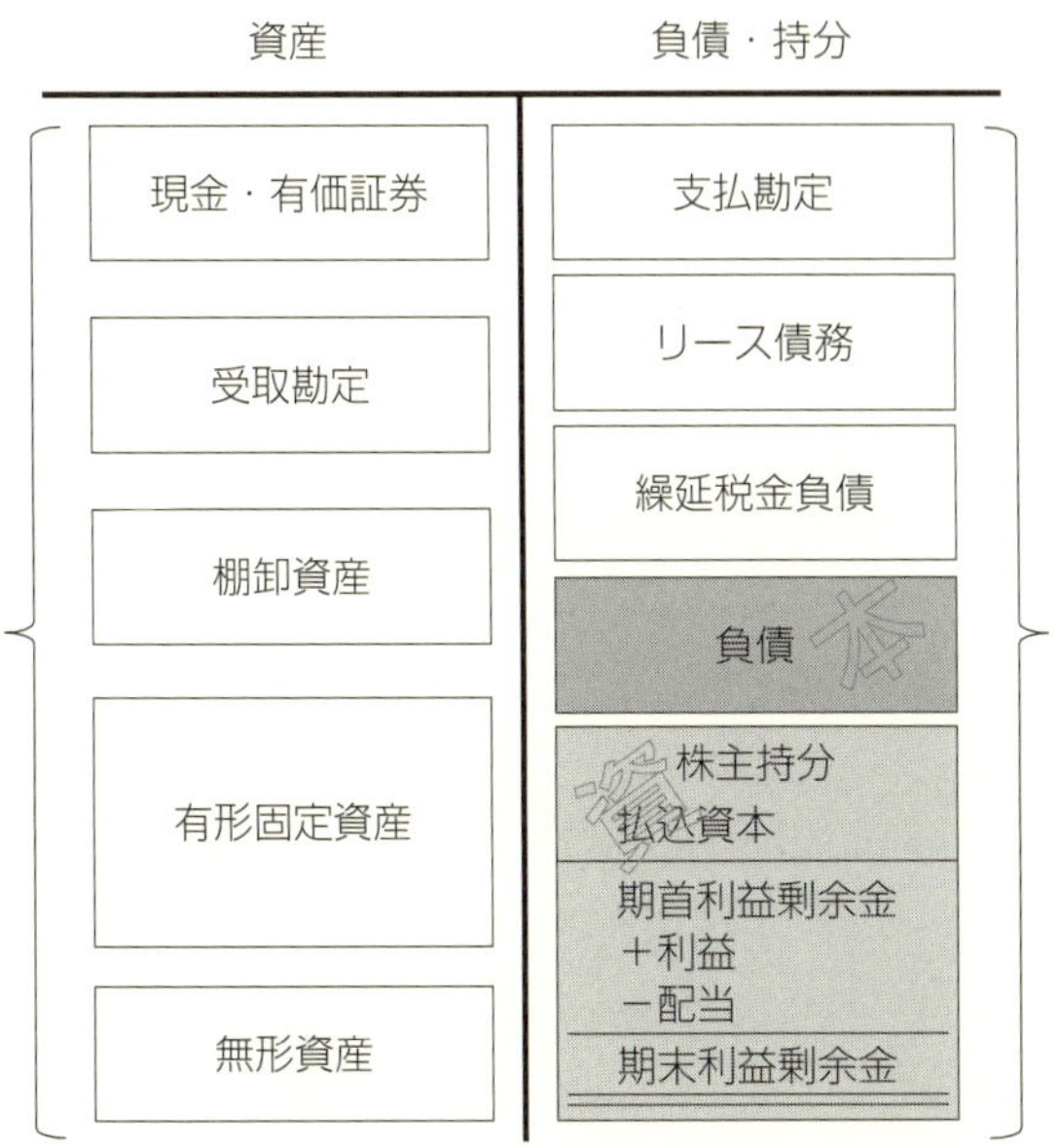

〈図１－１〉　会社の資産に対する請求権を示す貸借対照表

複式の世界にあっては、資産は必ず負債と株主持分の合計と等しくなる。持っているものは借りているものと所有しているものから構成される。持分は、外部からの請求がすべて満たされたのちにおける資産に対する所有者の権利、を表している。清算においては、会社は資産を売却し、債務を返済し、そして残ったものを所有者に分配する。**〈図1－1〉**はこの会計の特徴を説明している。

会計原則は**認識**、**評価**、および**分類**という三つの概念に依拠して

〈訳者注〉カーネギー・メロン大学の井尻雄士。

いる。認識とは経営資源ないし請求権を帳簿に記録すべき時を決めることである。評価とはその経営資源ないし請求権の貨幣的測定値を求めることである。分類とは各項目を貸借対照表の組織的な配置のどこかに置くことである。

資産は一般に会社がそれまでの取引の結果として経営資源に対する権利を取得した時に貸借対照表上に現れる。会計原則は大半の資産を歴史的原価で評価し、それが適当な場合には、劣化や減損に応じて評価額を切り下げる。この原価に依拠する慣習は、将来の便益に或る程度の確実性をもって貨幣的評価額を与える必要からもたらされた。

どのようなガレージ・セールのベテランでも資産評価に関して意見に幅があることは認識している。**会計の専門家は解決策として資産の取得のための支出、すなわち歴史的原価を選択した。**この額は現実の取引において自発的な買手と売手が合意をみた額であり、監査人はこの額を容易に検証することができた。その価格を証券市場で容易に観察することができる金融商品の評価は取得原価から市場価格へと修正されるようになった。

一八九四年以降、アメリカにおける慣習は、貸借対照表の債権者にとっての有用性を高めるため、資産を流動性の高い順に分類してきている＊5。容易に換金できない資産は貸借対照表の左側の下方に記載された。仕入先、銀行、および社債所有者は、会社に対する貸付を安全にする担保として、流動資産を求めた。

貸借対照表の右側の上方に記載される負債は外部者に対する責務を表している。会計の専門家は支払いあるいは財ないし用役の提供の約束と引き換えに価値のあるものを受け取った時に負債を認識する。

会計の専門家は社債やリース契約のような、予測できる支出を伴った長期的な債務を将来の支出の割引額でもって評価する。資産の場合と同様、会計の専門家は負債を流動性の高い順に分類する。すなわち、三〇日以内に支払期日が到来する債務が一番上の辺りに記載され、他方、長期社債が一番下の辺りに記載される。資産と負債の差を表す株主持分は貸借対照表の右側の下方に記載され、所有者の残余財産請求権に等しい。分類に関する初期の問題は、投資家の元々の出資とその後の事業活動による留保利益の間にどのように持分を配分するか、というものだった。会社は一般に留保利益からのみ配当を支払うことができた。

一括して資本として捉えられる負債と株主持分は会社の長期的な資金調達を構成している。社債所有者と株主は社債ないし株式を分割可能な単位をもって資本市場で売買する。**一八〇〇年代後半において負債による資金調達に積極的だった鉄道は不在債権者に対する貸借対照表を発行した最初のアメリカの会社だった。**貸借対照表は社債所有者に受託責任の履行状況を評価させ、また、経営者が会社の資産を盗用ないし誤用していないかどうかを判断させる手段として役に立った。

財務会計の第二の主な提供物は**損益計算書**である。収益および費用の勘定は株主持分における留保利益の臨時の拡張部分を表している。収益は或る会計期間における留保利益の増加を示し、費用はその減少を示している*6。収益は会社の資産を増加させる取引から生じ、費用は収益をもたらすための資産の費消を意味する。収益の額が費用と株主配当の合計額を上回った場合、その差額が留保利益の増加額となる。

歴史的原価が資産評価の基礎をなしているのと同じように、**費用と収益の対応が損益計算書の基礎をなしている**。会計の専門家は、キャッシュ・インフローとキャッシュ・アウトフローを比べるのではなく、或る会計期間における努力と成果を対応させるために「発生」を用いる。

収益と費用を対応させるために経営者による見積もり（例えば貸し倒れ、棚卸商品の陳腐化、ないし将来の法人税に対する引き当て）が行われ、それによって投資家や債権者に有用な情報が伝達される。

恐らく簿記係がなしうる最も重要な会計上の意思決定は、現在における資源の費消が将来の会計期間において収益をもたらすかどうか、という判断にかかわるものである。収益

〈表1－1〉 利益剰余金の変動を示す損益計算書

期首利益剰余金		$50,000
売上	$100,000	
売上原価	(60,000)	
売上総利益	40,000	
販売費・一般管理費	(25,000)	
税引前利益	15,000	
所得税	(5,000)	
経常利益	**10,000**	
特別利益（税抜き）	2,000	
純利益	12,000	
配当	(5,000)	
利益剰余金の増加	$7,000	7,000
期末利益剰余金		$57,000

をもたらす、と判断された場合、当該支出は資本化され、貸借対照表に資産として計上されるべきことになり、他方、収益をもたらさない、と判断された場合、損益計算書を通じて費用とされ、留保利益の減少をもたらすことになる。なお、この問題は後述される。

〈表1－1〉に示された損益計算書は、収益と費用が後続する貸借対照表における留保利益にどのような影響を及ぼすか、ということを表している。アウトフローに対するインフローの超過は、これが一会計期間における利益額をもたらすとともに、当該期間の取引から実現が期待できるキャッシュの試算へと繋がる。学者にしても実務家にしても、「利益」について広く受容される定義を示した者はまだ誰もいない。

一九二〇年代における株式所有の増加によって、損益計算書は第一の財務表として貸借対照表に取って代わった。融資者は貸付金を回収できるかどうかを知りたいと思い、貸借対照表は潜在的な担保と他の請求権の存在を示すが、他方、株主は、その会社が将来、成長と利鞘の拡大によってどの位の配当を支払うことができるか、を気に懸ける。貸借対照表は債権者が経営者による受託責任の遂行状況を評価する際にそれを支援したが、二〇世紀の初頭に会社によって公表された損益計算書は投資家による株式の評価を可能にした。

ウォール街は、将来における利益獲得能力および配当能力の主要な指標として、継続的な営業活動による利益〈表1－1〉における一〇、〇〇〇ドル）を用いる傾向があり、また、GAAP用語ではない「営業利益」という名称をしばしばこれに用いている。貸借対照表は、将来の損益計算書を通じてこれからフローになる未配分の項目の貯蔵タンク、としてみられるようになり、二〇世紀の半ばまでには、株式の評価に役立つ利益の算定がアメリカの企業会計の主目的となるにいたっていた。多くの投資家が現在の利益額に何らかの評価要素を乗じて株価を算定した。会計上の利益額と株価の関係はアメリカの証券分析においてまさに最重要の関係となった。

この時期、財務会計は第三の目的を持つようになった。ファイナンスの歴史上、最も引用された論文においてマイケル・ジェンセンとウィリアム・メックリングは、被雇用経営者と外部の投資家の利益は決して完全に一致することはない、ということを示した。最も誠実な被雇用者の選択であっても不在投資家の選択とは異なり、エージェンシー・コストは被雇用者が好ましくない行動をとった時に投資家が被る損失を意味していた。

不在株主はアメリカの大企業の代名詞になった。恐らくアメリカで最初の近代的な企業は一八一三年に設立された繊維会社、ボストン・マニュファクチャリング・カンパニーだったが、一八三〇年までに同社の株主は一一名から七六名に増加し、どの株主も議決権の八・五%超を支配することはなく、また、取締役全員で二二%を所有しており、どの株主も独りでは会社の戦略を左右することができなかった。一九三〇年までにAT&T、USスティール、およびペンシルバニア鉄道において、最大の株主の持株が発行済株式の一%を下回ることとなった*7。

所有権の分散は、どの株主も単独では経営者の行動に影響を与えることができず、株主総会における議決権代理行使の手続きを経営者が管理している場合には特にそうできない、ということを意味しており、制度的な所有と経営の分離によって、経営者は容易に背信行為に手を染めることができるようになる。その注目すべき例の一つは一九八〇年代のRJ

Rナビスコの飛行機に関する浪費〈訳者注〉だった。

投資家と債権者は、被雇用者の利益を調整するため、財務会計にもとづいて契約を工夫する。その一般的な例としては、会計上の成果にもとづく報酬制度や利益ないし負債の大きさと結び付いた社債の契約条項を挙げることができ、また、規制者は、会計に示された資本の大きさが支払能力に関する所定の水準を下回った場合、干渉の可能性をちらつかせることがあり、さらにまた、労働組合は交渉の根拠として報告利益を用いる。二〇世紀の末までには、報告利益と負債の大きさが財務諸表の作成者にとって非常に重要な問題となるにいたっていた。

〈訳者注〉　ナビスコは多くの飛行機を所有し、ときにそれは「ＲＪＲ空軍」と呼ばれた。

第二章　鉄　道

事実、アメリカにおける近代的な金融の手段や技法は、そのほとんどが鉄道の建設資金の供給や合併・買収による鉄道の発展の促進のために作り出された。

——アルフレッド・D・チャンドラーJr.、スケール・アンド・スコープ

アンドリュー・ジャクソン大統領の時代にも交通や通信の速度はアレクサンダー大王の時代と変わることがなく、一九世紀に機関車と電信が同時に発明されるまで、商業の速度は変わることがなかった。鉄道会社はこれらの発明を利用して最初の大規模な資本集約型のビジネスを作り出し、そうした展開が会計において最も知られた「方言」、すなわち**財務会計**の必要性をもたらした。

南北戦争の前にニューヨークからサンフランシスコに行こうとする者は三つの恐ろしい選択肢に直面した。駅馬車で国を横断するか、疾病が蔓延するパナマ地峡を横切るか、あるいはホーン岬を経由してのうんざりするほど長い船旅をするか。いずれも何週間も掛か

り、何千ドルも掛かった。鉄道はそれを一週間、そして一〇〇ドルに減らした。一八六〇年代におけるユニオン・パシフィック鉄道とセントラル・パシフィック鉄道による最初の大陸横断鉄道建設のための努力について述べている歴史家スティーブン・アンブローズの『世界に一つだけの』によれば、滑らかな線路によって列車は小さな限界費用で速く貨物を輸送できるようになったが、たった二％の勾配（一マイルについて一〇六フィートの上昇）とたった一〇度の彎曲（半径五七四フィート）をもって線路を敷くための骨折りは大変なものだった*1。

真っ直ぐで平らな線路のためには、溝を埋め、道を分断し、川に橋を架け、そして山にトンネルを掘る必要があり、マイル当たり二、二五〇本の枕木と九、〇〇〇本の犬釘を用いての国土の横断はしばしば天然資源の犠牲を伴った。鉄道網は多数の測量技師、地均機、および線路敷設工夫を必要とした。ユニオン・パシフィック鉄道は軍隊組織的な管理手法を用いて何千人もの南北戦争の退役軍人を管理した。必要な労働、資材、および運輸に空前の額の金が費やされた。

こうした金額は問題をもたらした。ユニオン・パシフィック鉄道の取締役たちは建設活動を監督するクレディ・モビリアという別会社を設立した。エンロンの特別目的事業体と同様、この企業はユニオン・パシフィック鉄道の内部者によって支配され、鉄道と建設会社の間の取引は都合のよい価格で仕組まれていた。クレディ・モビリアは連邦政府から与えられた金を取締役たちが流用することを認めた。金融スキャンダルはさておき、この鉄道は技術の勝利を意味していた。

一八八〇年までに、アメリカの鉄道システムは四六億ドルの投資を受けてきていた*2。およそ一一〇億ドルの名目国内総生産のごく一部でありながら、鉄道施設はアメリカ経済の年間産出額の四〇％を吸収してきている。二〇〇三年現在のドルに換算すると、これは二〇〇四年三月三一日現在の『フォーチュン』のランキング上位五〇〇社の簿価総額よりも大きい四兆ドル超に相当する。

必要な額をどうにかできた所有経営者は誰もいなかった。鉄道は外部からの長期的な資本調達を必要とした。一八四八年の諸革命後のヨーロッパよりも安定的な政治状況を求め、ヨーロッパの投資家が近寄ってきた*3。アメリカの鉄道は魅力的な投資機会を提供しているように思われた。一八五〇年までには、いくつかの鉄道の有価証券がＮＹＳＥで売買されるにいたっていたが、一八六九年までに、この数は三八に増加をみるにいたっていた*4。

鉄道は、購入意思のある投資家を対象に、社債、優先株、および普通株を市場で売りさばくことを投資銀行に依頼していた。有価証券の分割は企業のキャッシュ・フローが二次的な市場で売買できる可分単位の形をとることを要求し、企業の資本構成、すなわち事業の資金調達に用いられる有価証券の組み合わせは、外部者がキャッシュの分配を受ける条件や状況、を規定する。

社債の所有者の権利は優先株主の権利に優先し、この両者の権利は普通株主の権利に優先する。普通株主は、取締役の選任や会社の定款変更の承認に関する議決権を有する代わりに、残余利益に対する権利を持つにとどまる。コーポレート・ガバナンスは、こうした有権者の間にどのようにキャッシュ・フローと議決権を配分するか、ということにかかわる諸事項を含んでいる。

一九世紀のアメリカの企業は外部者に対する情報開示をほとんどしていなかった。所有経営者は財務情報を共有することにほとんど価値を認めず、情報開示はライバル会社を利することになると危惧していた。一八六六年にデラウェア・ラッカワナ&ウェスタン鉄道の財務部門の責任者は、NYSEからの情報要求に対して、この鉄道の経営陣は「過去五年間、いかなる報告書を作成したことも、いかなる計算書を公表したこともなく、その手のことは何もしたことがありません」と述べているし、また、ニューヨーク・セントラル&ハドソン・リバー鉄道は一八七〇年代から一八八〇年代に掛けて株主に対する年次報告書を発行していなかった*5。

当初、鉄道は財務情報の開示を行うことなく資金を調達していた。**投資家は投資銀行に対する信頼にもとづいて有価証券を購入していた。**銀行家たちは、人々に有価証券を勧める前に、自ら調査していると思われていた。有価証券の発行にかかわる目論見書は二頁という短いものだった*6。ＪＰモルガンの銀行家たちの初期の専門はヨーロッパの投資家を対象にアメリカの鉄道の社債を市場で売りさばくことだった*7。

遥有投資家は鉄道の業績を評価するために追加的な情報を求め、会計情報がない場合、一部の投資家は配当性向を調べた。しかし、キャッシュは経営状態に関する単純で可視的で信用できる指標たりえたが、他方、**配当は不完全な指標だった。**利益が配当には十分でない場合、会社は払込資本を流用することができたからである。

経営者のこうしたやり口は投資家をして資本の払い戻しと出資の見返りを混同させるおそれがあった。会計スキャンダルの本質は損失の隠蔽であり、こうした行為は投資家をして多額の配当支払いを継続できない投機的企業の株式の購入に過大な額を支払わせることとなった*8。初期の会社法は、利益をもってする配当を要求し、払込資本からの配当を禁止する方向に展開した。

社債の所有者は鉄道の債務返済可能性の評価について情報提供会社を信用するようになった。一八四一年に、それまで顧客に関する記録を蓄積してきていたニューヨークの或る織物商がその情報を第三者に売ることを決め、この組織は一八五九年にR・G・ダン&カンパニーとなった。他方、シンシナティのジョン・ブラッドストリートが一八四九年に同様の会社を設立し、一九三三年にこの二社が合併してダン&ブラッドストリートとなった*9。

一八四九年に『アメリカン・レイルロード・ジャーナル』の編集者となったヘンリー・プアーは鉄道の資産、負債、および利益に関する体系的な調査資料を公表、他方、ジョン・ムーディーが信用情報の市場というものを認識し、社債の格付けに着手したのは鉄道社債市場が発展をみてからかなり経った一九〇九年のことだった。プアー・カンパニーはムーディーに後続して一九一六年に社債格付業に参入し、一九四一年にスタンダード・スタティスティックスと合併してスタンダード&プアーズとなった*10。格付機関は情報源として投資銀行と張り合うこととなった。

投資家は企業の業績を評価するためにさらなる情報を求め、他方、賢明な経営者たちは一斉に投資家の不安を減らそうとした。両者のニーズを満たすコミュニケーションの手段として財務会計が登場した。初期の報告実践は投資家が求めるすべての情報を提供できなかったため、ヨーロッパの投資家は持分証券よりも低リスクの債券を選んだ*11。

外部者は、鉄道が諸取引を種々の形で報告しているため、会社間の比較が混乱させられている、ということに気が付いた。一八八〇年代の初頭、一部の債権者に雇用されたイギリスの勅許会計士がアメリカにやってきて経営者の報告書を監査した。初めてアメリカ支所を設けたイングランドの会計事務所はバロー・ウェイド・グスリエ&カンパニーだったが、この事務所が財務諸表に監査証明を与えたニューヨーク・オンタリオ&ウェスタン鉄道は**初めて監査を受けたアメリカの鉄道**だった*12。今日のやり方とは違って、**初期の債権者は監査人に直接に報酬を支払った**。

二人の著名な監査人は鉄道の帳簿係として彼らの仕事を学んでいる。ニューヨーク・ウェストショア&バッファロー鉄道の建設に従事していたノースリバー・コンストラクション・カンパニーの会計係として働いていたチャールズ・ウォルドー・ハスキンズ（一八五二年生まれ）は、建設の完了後には、この鉄道の帳簿係長兼支出検査係を務めており、他方、イライジャ・ワット・セルズ（一八五八年生まれ）は二〇年近く色々な鉄道で働いていた。連邦政府の仕事で出会ったこの二人がのちに設立したハスキンズ&セルズは**初めてアメリカの会計士によって設立された主要な監査事務所**だった。

西暦紀元初期の或るローマの建築家は、壁の価値というものは完成してから毎年八〇分の一ずつ減価したのちの額とすべきである、と考えていた*13。しかしながら、**鉄道の時**

代にいたるまで会計の専門家が減価償却というものを明示的に考慮することはなかった。

鉄道を特徴付けたのは固定資産の規模だった。鉄道は、従前の企業と比べて、より多くのより寿命の長い設備を使用していた。貨物の運送は機関車、車輛、および線路に損耗をもたらし、設備は徐々に生産能力を失い、取り替えが必要となった。

　減価償却、すなわち生産に用いられる長期的資産の費消は財務会計における代表的な問題である。というのは、損耗がいつ生ずるかは決して明らかではないからである。例えばジャーナリストのロジャー・ローウェンスタインはこの概念を説明するために新聞配達の例を用いており、週当たりの利益を計算する場合、車のガソリン代は控除すべきだろうが、変速機の修理代はより長期にわたって配分すべきである、としている[*14]。

　主な資源の費消が明確に把握できない設備の損耗である場合、経営者はどのようにして収益を費用と対応させるべきなのだろうか。鉄道会計における慣習は、漸次の減価償却を報告するのではなく、除却時に資産の原始原価を償却する、というものだった。

　例解すると分かりやすい。或る鉄道が一八五〇年の年初に機関車を五〇、〇〇〇ドルで現金購入し、それを五年にわたって使用したのち、一〇、〇〇〇ドルで売却したとする。この鉄道は期間利益の計算に際して色々なシナリオを考えることができる。**〈表2-1〉**はそのうちの四つを示している。最初のものは減価償却を全く考慮しない

〈表2－1〉 減価償却の4つのシナリオ

シナリオ	原始原価	見積耐用年数	見積残存価値	減価償却
A	$50,000	–	–	–
B	50,000	10年	$15,000	$3,500
C	50,000	8年	10,000	5,000
D	50,000	6年	5,000	7,500

もので、その他の三つは耐用年数と残存価値について各様の見積数値を用いている。年当たりの減価償却額は単純に原始原価から見積残存価値を控除した額を機関車の耐用年数で除して求めている。

この機関車は年に二五、〇〇〇ドルの収益をもたらし、他方、一〇、〇〇〇ドルの経費を要し、また、機関車の帳簿価格（購入価格の五〇、〇〇〇ドルから一八五四年までの五年間の減価償却の累計額を控除したもの）から一〇、〇〇〇ドルの売却額を控除したものが売却損となる。〈表2－2〉は以上の事柄を四つのシナリオに盛り込んでいる。

〈表2－2〉には重要なことが示されている。純利益は長期的には、所有者との取引を除き、キャッシュ・インフローからキャッシュ・アウトフローを控除したものと等しくなる*15。減価償却に関する仮定がどうあろうとも、この機関車は五年という耐用年数にわたって三五、〇〇〇ドルの利益をもたらす。次章に論じられる注目すべき例外はさておけば、**会計原則は会社のキャッシュ・フローに影響を与えることはない**。減価償却は単に会計期間への任意の原

〈表２－２〉　４つのシナリオの最終的な一致

シナリオ		1850年	1851年	1852年	1853年	1854年	累　計
A	収　　益	$25,000	$25,000	$25,000	$25,000	$25,000	
	費　　用	(10,000)	(10,000)	(10,000)	(10,000)	(10,000)	
	減価償却	—	—	—	—	—	
	小　　計	15,000	15,000	15,000	15,000	15,000	
	売 却 損	–	–	–	–	(40,000)	
	利　　益	$15,000	$15,000	$15,000	$15,000	($25,000)	$35,000
B	収　　益	$25,000	$25,000	$25,000	$25,000	$25,000	
	費　　用	(10,000)	(10,000)	(10,000)	(10,000)	(10,000)	
	減価償却	(3,500)	(3,500)	(3,500)	(3,500)	(3,500)	
	小　　計	11,500	11,500	11,500	11,500	11,500	
	売 却 損	—	—	—	—	(22,500)	
	利　　益	$11,500	$11,500	$11,500	$11,500	($11,000)	$35,000
C	収　　益	$25,000	$25,000	$25,000	$25,000	$25,000	
	費　　用	(10,000)	(10,000)	(10,000)	(10,000)	(10,000)	
	減価償却	(5,000)	(5,000)	(5,000)	(5,000)	(5,000)	
	小　　計	10,000	10,000	10,000	10,000	10,000	
	売 却 損	—	—	—	—	(15,000)	
	利　　益	$10,000	$10,000	$10,000	$10,000	($5,000)	$35,000
D	収　　益	$25,000	$25,000	$25,000	$25,000	$25,000	
	費　　用	(10,000)	(10,000)	(10,000)	(10,000)	(10,000)	
	減価償却	(7,500)	(7,500)	(7,500)	(7,500)	(7,500)	
	小　　計	7,500	7,500	7,500	7,500	7,500	
	売 却 損	—	—	—	—	(2,500)	
	利　　益	$7,500	$7,500	$7,500	$7,500	$5,000	$35,000

価配分を意味するものでしかない。減価償却における仮定、そしてその他の会計上の議論のほとんどは長期的にはビジネスにおいて重要な問題ではない。

初期の財務諸表の作成者や利用者のなかに減価償却について云々した者はほとんどいなかった。**この概念は、課税所得の算定において減価償却費を控除することを認めた一九〇九年法人所得税法の制定まで、ほとんど看過されていた。**一九〇九年に連邦取引委員会が行った六〇、〇〇〇社を対象とした調査によれば、半数の会社が財務状態において減価償却を明確に考慮していなかった*16。

二〇世紀の初め、何人かの経営者が報告利益を平準化するために減価償却を始めた。一九一二年の『ジャーナル・オブ・アカウンタンシー』の社説は、減価償却が利益の変動を阻止するために経営者が用いる手段になっている、ということを批判した。好調な年には大きく負担し、不調な年には全く負担しないか過小負担となっていた*17。

一九世紀の後半までには、多くの農業経営者が鉄道の有する経済力を恨むようになっていた。議会は、運賃の公表と公平性を保障するため、一八八七年に最初の連邦規制機関である州際通商委員会（ＩＣＣ）を創設した。ＩＣＣは、一九〇六年のヘップバーン法の制定までは、その目的を果たす権限がほとんどなかった。

この進歩的な立法は運賃に上限を設け、鉄道に統一的な会計実践を要求する権限をICCに与えた。一九〇七年にICCによって公表されたルールは一定の種類の設備に対する減価償却を伴った損益計算書を鉄道に要求したが、一九四三年までは曖昧な強制が続いた[18]。

ヘップバーン法によってもたらされた会計ルールはアメリカ史において初めて、違反した場合には罰金ないし投獄を科されるという罰則の下、連邦法によって施行されたものだった。歴史家は、利益にもとづく規制は業績のよい会社に不利になるため、会計上の利益にもとづく運賃規制は小さい利益を報告する誘因を経営者にもたらす、ということを確認している[19]。結果を報告する場合、ルールは経営者の行動に影響を及ぼした。

その後、会社間の財務比較を促進し、価格を規制するための産業別の会計指針を設けるため、連邦電力委員会や連邦通信委員会のようなその他の連邦規制組織が登場した[20]。

一九〇三年三月一二日、USスティールは一九〇二年一二月三一日付けの連結財務諸表を公表、この財務諸表はプライス・ウォーターハウス&カンパニーによる「それらは監査を受け、正確であると認められた」という保証を伴っており[21]、業務執行パートナーのアーサー・ロウズ・ディキンソンは、USスティールは、単なる親会社の計算書類ではなく、すべての従属会社の資産と負債を示す連結報告書を提出した、と述べていた[22]。今日的な財務会計の時代の幕開けだった。

第三章　税

税負担をできる限り軽くするために身辺を整理することは不正ではない。
——ラーニッド・ハンド、
一九四七年の判決書

第二章は、外部の債権者が経営者による会社の資産の利用を監視できるようにし、また、規制者が価格の公正性を評価できるようにする手段、として捉えられる財務会計について、その発展の背景を述べた。減価償却の厄介さは、年金やオプションのような、より複雑な報告問題の前兆だった。税法が減価償却の控除を認めるまでは、鉄道はそれが生じていることを真剣に考慮しなかった。

本章は所得税の徴収と監視のための政府と会社による会計の利用について述べる。公共政策やビジネス上の問題が税務会計を財務会計とは別の「方言」として発展させたのは驚くべきことではない。本章の第二節は、税務会計と財務会計の目的の不一致を調整するために、いかに実務家たちが奮闘してきたのかを論ずる。

政府は収入を得るため、富の再分配のため、そして経済活動の促進のために税を徴収する。一九世紀末までのアメリカ政府は関税と消費税によって収入を得ており、また、州および地方の政府は財産税を課していた。一八六二年に連邦政府は、南北戦争の資金を調達するため、個人および法人に所得税を課すこととし、そのために内国歳入局（ＩＲＳ）を設けたが、一八七二年にはこの税制の廃止を認めた。

一八九〇年代の中頃までに株式会社はこの国の主たる事業組織としてパートナーシップに取って代わった。鉄道の成功は一部の極めて裕福な株主を生み出した。一八九〇年の或る調査によれば、アメリカの最も裕福な家族の四分の三――バンダービルト家、グールド家、およびスタンフォード家――が鉄道業に由来していた*1。

しかしながら、株式会社の効率性は農業生産物の価格と土地の価値を低下させ、職人が規模に左右される産業と競争するのを妨げた。人民党の政治家たちは権益を奪われたことによって引き起こされた反会社的な感情を認めた。

一八九三年にアメリカ経済はまたもや不況に陥り、連邦政府は税収の減少を補うための収入を必要とした。関税の引き上げは国内の製造業者を助けることになるだろうが、しかし、一般の人々にはより大きな負担を掛けることになる。民主党と人民党の立法者たちはともに税の負担を移転する公正な手段として法人所得税に着目した。一八九四年歳入法は「収益－営業費用」と定義された会社の利益に対して一律に二％の税を規定していた。アメリカの課税政策における信条は支払能力、犠牲の公平性、および政府から受けた便益に見合った負担の三つだった*2。会社は現金を持ち、税を払わず、そして連邦政府の保護を享受していた。もしも誰かが会社を課税しうる存在と考えたならば、政府は所得課税を通じて収入を得ることを正当化できた。

最高裁判所長官のジョン・マーシャルは、ダートマス事件の判決文において、会社を法的な存在と捉えていた。パートナーシップがその所有者への媒介物であるのに対して、株式会社は株主とは全く別の存在であって、また、それ自身の記録を有している。したがって、株式会社はそれ自身の所得税を支払うことが十分に可能である、と立法者は判断した。〈図3－1〉には一八九四年歳入法の下で法人の課税所得の算定に用いられる収益と費用が記された内国歳入関係書類の様式三六六が示されている。最初の法人所得税申告書は一八九五年三月四日の月曜日が提出期限で、納税期限は七月一日の月曜日だった。

この申告書は借入資金に対する利息について控除を認めているが、出資者に対する配当の控除は認めていない。この先例は次の世紀における会社の財務管理にとって深い意味を有していた。また、受取配当を控除している一四行目も注目される。この控除は同じ所得

(Form No. 366.)

UNITED STATES INTERNAL REVENUE.

Return by Banks, Banking Institutions, Trust Companies, Savings Institutions, Fire, Marine, Life, or other Insurance Companies, Railroad, Canal, Turnpike, Canal Navigation, Slack Water, Telephone, Telegraph, Express, Electric Light, Gas, Water, Street Railway Companies, and all other Corporations, Companies, or Associations doing business for profit in the United States.—Sections 32, 34, and 36, Act of August 28, 1894.

Return to be made to the Collector of the district where the principal office or place of business is located, on or before the first Monday of March, 1895, and the tax to be paid to the Collector on or before the first day of July, 1895.

The...of...in the County of.............................., and..............................District of the State of.............................. makes and renders the following return of all gains, profits, or income received by or accrued to said.............................., from the first day of January, 1894, to the thirty-first day of December, 1894, both days inclusive, pursuant to the provisions of the Internal Revenue Laws:

		$ cts.
1	Gross receipts, credits, earnings, and gains from any business, or any interest therein, wherever carried on..........	
2	From interest or coupons, due or paid on any bonds, or other evidences of indebtedness of any corporation, company, or association..........	
3	From dividends or interest on the stock, capital, or deposits of any corporation, company, or association..........	
4	From undivided profits of any corporation, company, or association..........	
5	From premium on bonds, stocks, notes, or coupons..........	
6	From commissions, or percentage..........	
*7	From interest on notes, bonds, or other securities of the United States, except such bonds of the United States the principal and interest of which are exempt from Federal taxation..........	
8	From interest received or accrued on all notes, bonds, mortgages, or other forms of indebtedness not included in the foregoing items..........	
9	From profits realized within the year from sales of real estate purchased since December 31, 1892..........	
10	From rents received or accrued..........	
11	From all sources not above enumerated (specifying same), viz.:	
	....	
	....	
	....	
	....	
	Total Receipts, Gains, and Income..........	
12	Operating and Business Expenses: ($ cts.)	
	1. Interest paid or accrued within the year on bonded or other indebtedness..........	
	2. Losses actually sustained during the year..........	
	3. State, county, municipal, or town taxes accrued during the year 1894 and actually paid..........	
	4. Salaries, compensation, or pay of officers or other persons employed during the year..........	
	5. Rents, or necessary repairs, but not including amount used for construction or enlargement of plant..........	
	6. Actual losses on sales of real estate purchased since December 31, 1892..........	
	7. Cost price of material purchased for manufacture or resale, not increasing stock on hand Dec. 31, 1893..........	
	8. Other expenses not above enumerated, viz.:	
	....	
	....	
	Total Operating and Business Expenses..........	
13	Net profits or income over operating and business expenses..........	
14	Dividends and gains heretofore included in the statement of profits under paragraphs 3 and 4, received from corporations, companies, or associations, on which the tax of two per centum has once been paid by such corporation, etc..........	
	Amount of Net Profits or Income Liable to Tax..........	
	Tax at Two Per Centum..........	
15	Amount paid in salaries, or other compensation, or pay of officers or other persons employed, not including salaries of more than four thousand dollars..........	
16	Amount paid in salaries, or other compensation, or pay of officers or other persons employed, including only salaries of more than four thousand dollars..........	
	Total Salaries, etc., Paid..........	

Note.—The interest on all bonds of the United States should be returned as income by the person, corporation, company, or association owning or holding such bonds, except the interest on bonds of the funded loan of 1891 continued at two per cent., and the four per cent. funded loan of 1907, and the five per cent. loans of 1904, which is exempt.

〈図３－１〉　内国歳入関係書類の様式366

には一度しか課税しないようにする企ての初期の例であって、すなわち、恐らく被投資会社は配当の源泉となった所得について既に税を支払っている、ということである。

反対者たちは法人所得税に異議を申し立てた。一八九五年に最高裁判所は、所得税は連邦の直接課税は人口に応じて各州に配分されなければならないとするアメリカ憲法の規定（第一章第九条第四項）に違反している、という判断を下した。

しかしながら、一部の立法者たちは一八九四年歳入法に共鳴していた。一九〇九年にタフト政権期の立法者は「免許税」の名を用いて法人の所得に対する課税を復活させ、一九一三年にはワイオミング州の批准をもって憲法の修正第一六章が成立をみ、かくして議会は各州への配分や国勢調査を考慮することなく所得税を徴収する権限を有するにいたった。

財務会計が雇主から年季奉公人へと伝承されてきたのに対して、税務会計は、次のように、非常に入念に仕組まれたプロセスを踏んできた。税法は下院で起案され、歳入委員会を経て、本会議で審議される。下院を通過した法案は上院の財政委員会に送られ、同委員会からの報告を受けて本会議で審議される。上院を通過した法案は両院協議会で異同点の調整を受け、調整後の法案は採決のために両院に戻される。可決された法案は大統領に送られ、署名ないし拒否権の行使が行われる。立法者は各院で三分の二の賛成をもって拒否権を無効にすることができる*[3]。税法は会期毎に改まる。

この極めて政治的なプロセスは明確なルールの迷路をもたらした。内国歳入法典はこうした法改正の累積がアメリカの税法にどのような状況をもたらしたのかを表している。この法典は一九一三年には一四頁だった*[4]が、二〇〇三年までに一〇、〇〇〇頁を超え、さらに財務省の規定、裁判所の決定、および法令遵守の指針に関する公報を必要とするにいたっており、或る概算によれば、財務省の規定だけで八〇、〇〇〇頁を超えている*[5]。

財務会計が無数の投資家、債権者、およびアナリストのニーズに応えているのに対して、**連邦所得税に関する会計の利用者はＩＲＳだけである。**しかしながら、ＩＲＳは、アメリカにおける他のどの組織と比べても、より多くの人々と直接的な関係を有しており、連邦政府の活動の九五％に資金を供給するとともに、毎年、実質的にすべての成人と企業の財務取引を扱っている*[6]。

ＧＡＡＰ会計とのもう一つの違いは税にかかわる紛争の解決には裁判所制度が用いられるという点である。**不服のある納税者は地方裁判所ないし専門の連邦租税裁判所を利用することができ**、上訴のプロセスは最高裁判所までずっと続いているが、他方、経営者や投資家や監査人には財務会計上の争いを解決するためのそうした弁論の場がない。

政府は課税によって企業の心ならずものパートナーとなる。税は株主にとっての企業価値を減ずる。したがって、株主に対する受託責任を負う経営者は経営上の意思決定が税に及ぼす影響を考慮しなければならない。或る昔からの諺は、支払いに関して三つのL――できる限り少なく（least）、できる限り晩く（latest）、そして合法的な（legal）――を追求すること、として税務管理を説明している。

財務会計は努力と成果の対応を問題とするが、アメリカの税務会計は実現原則にもとづき、すなわち、支払いに用いられる現金が入手されるまでは、所得は課税されるべきではない、とされる。税務当局は、納税のための不本意な資産の処分ないし借り入れを回避するため、現金を受け取るまで、未実現利得の繰り延べを認めている*7。課税所得とGAAP上の利益の間にはいくつかの永久的な差異がある（例えば地方債の利息や既述の受取配当）とはいえ、この二つの会計方法は長期的には似たような成果を報告している。

暫くの間は所得に関する定義の違いによって決算日現在のGAAP報告書と税務報告書の間に時間的な差異がもたらされ、財務会計の専門家は、大別四種類の時間的差異を調整するために、繰延税金資産と繰延税金負債という概念を作り出した。〈表3－1〉はGAAPが収益を認識するよりも早くないし晩くに税務上の収益が記録され、GAAPが費用を認識するよりも早くないし晩くに税務上の控除が行われることを示している。

〈表３－１〉　GAAP会計と税務会計の４種類の時間的差異

	繰延税金資産	繰延税金負債
収益	予約購読料の受け取り	代金未収の割賦収益
費用	製品保証引当損	前払家賃
利益	税務上の所得＞GAAP上の利益	税務上の所得＜GAAP上の利益

雑誌の読者が予約購読料を支払った例を考えてみよう。出版社は現金を受け取り、今後一二か月にわたって雑誌を届けるという非貨幣性負債が生ずる。用役の提供は何も行われていないため、GAAP上の収益はまだ認識されない。しかしながら、現金の受領は所得税を即座に支払う義務をもたらす。購読期間が終わるまでには、税務会計上の所得とGAAP会計上の利益は同等になる。

GAAP上の収益の認識に先立つ現金の受領ないし現金の支出に先立つ費用の認識を伴う取引が繰延税金資産をもたらす。その残額は貸借対照表の左側に記載され、政府に対して生じかけている受取勘定として捉えられる。

現金の受領に先立つ収益の認識ないし財や用役の利用に先立つ現金の支出を伴う取引は繰延税金負債をもたらし、その額は貸借対照表の右側に記載され、内国歳入庁への将来の納税の前ぶれとして捉えられる。

厄介なのは、会社はしばしば長期間にわたって成長する、ということである。繰延額の累計は、繰延税金資産の実現ないし繰延税金負債の支払いを待って、いつまでも増え続けるかもしれない。繰延税金項目は単純には分類できない。

財務会計の専門家たちは税に関する時間的差異の認識、評価、および分類について長年、論じてきている。一九四四年一二月にはＡＩＣＰＡの会計手続委員会（ＣＡＰ）が公報第二三号『所得税の会計処理』を発表し、この委員会は財務会計のルールの下で算定された利益と内国歳入法典の下で算定された所得の差異を認めたが、繰延資産ないし繰延負債の利用を求めることはなかった。事実、この委員会は差異が比較的長期にわたって繰り返し生ずることが予想される場合にそうした会計を行うことに否定的だった。

一九六七年一二月にはＣＡＰの後継機関である会計原則審議会（ＡＰＢ）がこれも『所得税の会計処理』と題する意見書第一一号を公表し、この審議会は、対応こそがＧＡＡＰにおける利益計算の基本的プロセスである、と宣言していた。所得税費用の算定に際しては、税引前の財務会計上の利益の算定に用いられたすべての収益および費用における税効果を考慮すべき、ということだった。

ＧＡＡＰの損益計算書における所得税費用と法人の納税申告の際に支払うべき税の差異は貸借対照表に記載され、繰延費用ないし繰延貸方項目として分類されるべきこととなるが、しかしながら、この審議会の意見書は、この費用と貸方項目が何を表しているのか、については全く説明していなかった。発生主義会計がアメリカにおいて絶頂に達するなか、APBの関心は貸借対照表項目の明瞭性よりも費用収益の対応にあった。

意見書第一一号に対する失望を受け、一九八二年に財務会計基準審議会（FASB）は所得税会計を検討課題に加えた。五年後、FASBはまたもや『所得税の会計処理』と題するステートメント第九六号を公表した。損益計算書における収益と費用の対応に努める代わりに、この審議会は、財務会計の目標は、貸借対照表上、支払うべき所得税ないし還付される所得税を適切に認識し、また、貸借対照日におけるすべての繰延税金資産ないし繰延税金負債を適切に認識することにある、と述べた。貸借対照表上、税の費用はすべての貸借対照表項目を均すための詰物だった。

意見書第一一号とは違って、ステートメント第九六号は繰延税金項目を資産および負債に明確に分類し、その額は最終的には回収され、あるいは支払われる額を意味していた。二つのルールの顕著な違いは税務上の欠損金の繰越控除に関してだった。会社が税務上の欠損を報告しつつも将来は利益を報告する可能性が高い場合、欠損は将来の課税年度の所得に適用されることになるため、意見書第一一号の下では、会社は予測される税金の還付について資産を計上することができるが、他方、ステートメント第九六号の保守主義はそうした資産の認識を認めなかった。

ステートメント第九六号が複雑過ぎたため、ＦＡＳＢは一九九二年二月に（ご想像どおり！）『所得税の会計処理』と題するステートメント第一〇九号を公表した。このステートメントは所得税資産の認識要件を緩和し、当該資産の一部が実現されない可能性がある場合には評価性引当金を設けることを要求した。一部の会社は、報告利益を平準化するもう一つの手段として、この新たに作られた繰延税金資産評価引当金を用いた。

こうしたことの成り行きは、門外漢がいかに財務会計の基準設定プロセスに失望させられるか、ということを示している。当局は同じタイトルで四つの基準を公表した。税務上の欠損金の繰越控除の認識の場合、公報第二三号は財務諸表作成者がそれを望む場合には繰延税金資産を認識させるようにし、意見書第一一号は合理的な疑いの余地なく実現が確実な場合には認識するように指示し、ステートメント第九六号は決して認識しないように指示し、ステートメント第一〇九号は常に認識するように指示した。

ぐらつきは財務会計の基準設定者が確固たる目標を持っていないことを表しているが、第一章で述べたように、同じ取引をさまざまな方法で報告することは取るに足りないことである。

〈表3－2〉 インフレーション時に利益と所得税を減ずるLIFO

	原価		FIFO	LIFO
金貨 1	$ 275*	売上	$500	$500
2	325	売上原価	(275)*	(400)**
3	350	税引前利益	225	100
4	400**	35%の所得税	(79)	(35)
	$1,350	税引後利益	$146	$ 65

棚卸資産に関する税務会計は研究者に財務会計方針の意義に関する事例研究を提供する。世界的にみた場合、二〇世紀のアメリカの財務会計は、ここで取り上げる棚卸資産に関する後入先出法（ＬＩＦＯ）と第一〇章で論じられる企業結合に関する持分プーリング法という二つの特徴的な報告原則を有していた。

販売した棚卸資産の原価を売上収益と対応させる方法は色々あるが、注目すべき比較は先入先出法（ＦＩＦＯ）と後入先出法（ＬＩＦＯ）のコスト・フローの仮定の比較である。ＦＩＦＯは、最も古い在庫から販売されたり、さらなる加工処理を受けたりする、ということを意味し、他方、ＬＩＦＯは、最も新しい在庫から出てゆく、ということを意味している。古くからある会計に関するジョークはＬＩＦＯの特徴を「先入まだある法」と表現している。

ＬＩＦＯとＦＩＦＯの選択は生産プロセスにおける財の物理的なフローには依存しない。**むしろ、この選択は課税所得の報告に対する経営者の願いに依拠する。〈表３－２〉**に示された

〈表３－３〉　棚卸資産原価の損益計算書と貸借対照表における配分

	棚卸資産原価			=	損益計算書	+	貸借対照表
	期首在庫	+	当期仕入	=	売上原価	+	期末在庫
FIFO	$0	+	$1,350	=	$275	+	$1,075
LIFO	$0	+	$1,350	=	$400	+	$ 950

貨幣商の例を考えてみよう。この貨幣商は金の価格が上昇している時期に四枚の同じ金貨を購入し、一枚を五〇〇ドルで販売することとする。ＦＩＦＯのコスト・フローにもとづく場合、この貨幣商は販売価格を最初に購入した金貨の原価と対応させ、その結果、大きな利益額と大きな在庫品評価額を記録することとなり、他方、ＬＩＦＯの仮定にもとづく場合、この貨幣商は収益を最もあとに購入した金貨の原価と対応させ、小さい利益額と小さい期末棚卸高、そして小さい課税所得額を報告することとなる。ＦＩＦＯではなくＬＩＦＯを選択することによって四四ドル（七九ドル－三五ドル）の税の繰り延べがもたらされる。

錬金術が作用しているわけではない。販売可能な棚卸資産はすべて損益計算書か貸借対照表のどちらかに記載されなければならない。〈表３－３〉には、損益計算書に計上される売上原価の増加は必ず貸借対照表において報告される期末在庫品の減少と相殺される、ということが説明されている。

価格が上昇している場合、ＬＩＦＯによる報告書はより多くの棚卸資産額を貸借対照表から損益計算書に移す。棚卸資産の減少はないと仮定すると、ＬＩＦＯはより少額の報告利益、より晩い税の支払い、および収益と棚卸資産の取替原価のより近接した対応を結果する。

あいにく、長期にわたるインフレーション下でＬＩＦＯを用いた場合には貸借対照表上の棚卸資産の評価額が時価と乖離する。初期のＬＩＦＯの採用者はいまだに第二次世界大戦期の原価で評価された棚卸資産を有しているが、そうした場合、ＬＩＦＯにおける基準単価層の取り崩し、として知られる古い原価の棚卸資産の費消によって、不自然に高額の利益が急にもたらされることがある。

経営者が価格上昇期に増大してゆく利益を報告したい場合にはＦＩＦＯを用いるべきである。経営者が税を繰り延べ、現金を保持したい場合にはＬＩＦＯを用いるべきである。経営者にとっては、外部財務報告書はＦＩＦＯによって作成し、納税申告書はＬＩＦＯによって作成するのが理想的だろう。会社は増加してゆく利益を示しつつ、しかしながら、収益を最も購入価格の高い棚卸資産と対応させることによって税額を最小化することができる。しかし、現実はそれほど単純ではない。

一八〇〇年代の末、一部の原材料加工業者が、棚卸資産の基準在高については一定の価格で評価する、という方法を採用した。材料の価格の変動による紙の上だけの損益の影響を避けるため、最近の価格で購入した追加の棚卸資産が収益と対応させられた。基準在高は、期待される事業規模を維持するのに必要な恒常的な在庫だった。基準在高については、それが取り崩されるまでは、損益は全く認識されなかった*8。

初期の連邦所得税法は課税所得の算定において実際のコスト・フローを用いることを要求していた。一九三〇年の最高裁判所の或る判例*9は課税所得の算定において基準在高法の利用を制限することを是認し、ルイス・ブランダイス判事の判決文は、連邦所得税法制は損益はそれが実現した年度に認識されることを求めている、としていた。彼は、基準在高法の平準化メカニズムと、所得税の算定において連邦議会が要求する年次の会計フローは相容れない、と考えた。

一九三八年に連邦議会は製革業者と一部の金属加工業者についてＬＩＦＯの採用を認めた。ＬＩＦＯは、基準在高法とは違って、価格と数量をともに用いて基準単価層を定める。同じ年、財務省の法律顧問によって設けられた委員会は税法典の改正に会計的な助言を与えることを目的としていたが、その検討課題の一つは既に普及をみていたＬＩＦＯの採用を認めることの可否だった。委員はハスキンズ＆セルズのエドワード・クラッケ、コロンビア大学のロイ・ケスター、およびＳＥＣの主任会計官カーマン・ブラフの三名だった。

歴史上、最も信頼された会計士カーマン・Ｇ・ブラフはアメリカの初期の会計政策における中心的な人物だった。一八九五年に生まれた彼は鉄道の踏切事故で右腕を失ったが、やがてテニスを始め、大学でチームを作った。ウィスコンシンでCPAの資格を得た彼は州の税制調査会と広報局に勤めたのち、二校で会計学を教え、一九三四年に財務アナリストとしてSECに入った。

翌年、SEC初の主任会計官となった彼は一九三八年にアーサー・アンダーセン&カンパニーに入り、ほどなくパートナーに就任したが、第二次世界大戦中にはパートナーを辞して連邦政府の軍需生産局に勤務した。一九四四年に彼はアメリカ会計学会の会長に就任し、また、AICPAでは初の常勤の研究担当理事に就任して一九六一年まで務め、CAPとその後継機関であるAPBの活動を支援した。彼はまた、コロンビア・ビジネススクールの非常勤教授も務めた。

AICPAにおける彼は会計士業界のアン・ランダース〈訳者注〉としても活躍、『ジャーナル・オブ・アカウンタンシー』に毎月、コラムを執筆し、例えば、輸送中の商品は在庫に含めるべきかどうか、などといった監査や会計に関する会員からの質問に答えていた。なお、ブラフは後続の章で再登場する。

〈訳者注〉　有名なコラムニスト。

ブラフは、そのコスト・フローの仮定が現実の棚卸資産の動きを反映していないことを理由に、LIFOに否定的だったが、他方、クラッケはLIFOを支持し、LIFOは一般に報告利益を減らすことから、会社は財務報告にそれを用いることを好まない、と反論した。ブラフは譲歩し、会社がそれを税務にも財務報告にも用いる場合にはLIFOの採用を認めるべきである、と勧告するにいたった*10。

翌年、連邦議会はすべての納税者にLIFOの採用を認め、内国歳入に関する諸法を体系的にまとめるための法を成立させた。一九三九年の内国歳入法典は（比較的）整然と連邦税法を要約した。行政府の財務省による後続の規制と司法府の判例法が法典の規定の解釈に役立った。連邦議会は一九五四年に内国歳入法典に修正を施し、加速度減価償却を導入してGAAPの利益と税務上の所得の間にかなり大きな差異をもたらし、また、一九八六年にも投資税額控除の廃止という修正を行った。

一九三九年の法典の第二二条（d）（二）はブラフの譲歩を取り入れ、納税者が「信用目的ないし株主への報告目的」で他の棚卸資産評価方法を用いていない場合にLIFOを用いて課税所得を算定することを認めた。内国歳入庁の用語で「信用目的」は社債所有者に対する財務報告を意味し、「株主への報告」は持分所有者に対する財務報告を意味する。

このLIFO一致ルールは連邦政府が財務会計と税務会計に関する政策を調整した稀有

の例である。このルールは一九五四年と一九八六年の修正後の内国歳入法典の第四七二条（c）として維持されているが、会計のルールないし税法にこのような規定を設けている国はほかにない。

もたらされた問題は多種多様な物量単位を有する産業におけるＬＩＦＯの適用方法だった。アーンスト＆アーンストのパートナーのハーブ・マッカンリーは一九四一年に中西部の会計士たちに対する講演において、在庫の増減は、特定の商品の物量ではなく、総ドル価値によって測定することができる、という考え方を説いた。ドル価値ＬＩＦＯを用いることによって、何千種類もの在庫を有する卸売業や小売業も、ほんの少しのグループ分けで、ＬＩＦＯによる在庫の評価を行うことができた。一九四七年に租税裁判所はドル価値ＬＩＦＯが広く用いられることを認めた*11。

しかしながら、ＬＩＦＯには有名な批判者がいた。ミシガン大学のウィリアム・ペートンは一九三八年に次のように批判している。「（ＬＩＦＯは）一部の事業分野に固有の激しい変動を期間的な報告書で示すことを避けるための利益平準化の仕組み（である）……例えば製銅会社について、その会社がアメリカン・テレフォン＆テレグラム・カンパニーのように比較的安定した利益獲得力を有しているようにみえる報告書を作成するのは決して好ましい会計ではない」*12。利益の不安定性は二〇〇二年の会計スキャンダルを特徴付ける問題となる。

明快な税法と改良された会計方法のお蔭で、インフレーションに直面したアメリカの業績好調な会社は、たとえ会計上の報告利益が比較的少額になっても構わないのであれば、所得税の支払いを繰り延べることができた。そこで起こったのは、LIFO採用の伸びの鈍化、だった。心地よさよりも見た目、というファッション・モデルのモットーのように、会社は節税のためにGAAPの利益数値を犠牲にすることを好まなかったように思われる。

事実、財務的困難に陥ったいくつかのLIFO採用企業は、恐らくは報告利益を増やし、会計にもとづいた借入契約に違反することを回避するために、LIFOを用いることを止めた。一九七〇年にクライスラーはLIFOからFIFOへと変更し、この会計の変更による正の累積効果は五、三〇〇万ドルだった。観測筋は、株式投資家は会計を通して情報を入手し、LIFO採用企業は、報告利益は少なくても、一般に好調である、ということを理解しているのだろうか、と述べた。

アラブ諸国による最初の石油輸出禁止措置と、一九七一年の賃金と価格の統制の緩和が相まって、一九七四年にインフレーションの劇的な加速がもたらされた。LIFOの採用を支持するエコノミストが多数を占めるようになり、多くの企業が変更を選択した。サン・オイルとテキサコはLIFOを採用し、コダックとデュポンはLIFOの適用範囲を拡げ、ジェネラル・エレクトリックの会長レグ・ジョーンズはニューヨークの証券アナリストに対する講演においてLIFOの意義を説明した。

カーネギー・メロンで博士号を取得し、シカゴ大学に在籍していたシャム・サンダーが一九七五年に発表した論文は、一九四六年から一九六六年までの間のLIFO採用企業について、その株価の変動を研究したものだった*13。彼は、高度な統計的手法を用いて、LIFO採用の直前の一二か月間における異常な株価の上昇を確認しているが、この事実は、LIFOへの変更を見越して節税を期待した投資家がその企業の評価を高めた、と解釈することができる。

統計は相関は示すが、因果関係を証明することはできない。サンダーの研究は、投資家は、企業のキャッシュを生み出す力を評価する際に、会計を通して情報を得る、という主張に通ずるものだった。この研究は、会社の株価のことを気に懸ける賢明な経営者は、所得税の支払いを繰り延べることによってキャッシュ・フローを増やすために、会計上の利益を見捨てるはずである、ということを示しているが、後続の研究はサンダーの結論を支持し、混乱させる証拠をもたらしている。株価の変動の意味を察知するのは容易なことではない。

一九七九年の第二の石油危機もインフレーションの急進をもたらした。アメリカン・ホスピタル・サプライ、エリ・リリー、およびクロロックスのような優良企業がさらにLIFOを採用した。或る研究者の一九八〇年代の見積もりによれば、FIFOを継続的に用いることによって、アメリカの企業は売上の一・五％に相当する追加的な所得税を課されていた*14。

LIFOによる棚卸資産評価を最も採用したのは金属産業、石油産業、および自動車産業だった。一九三九年以降、デフレーションが生じなかったことが、LIFOの採用をして、大半の製造業と小売業にとって合理的な戦略にした。LIFOを採用しなかった製造業者の存在は研究者を当惑させたが、これについては、FIFOの利用者は、納税による現金支出を減らすことよりも、大きな利益を報告することに関心がある、と説明することができよう。

AICPAの『アカウンティング・トレンズ&テクニックス』の二〇〇四年版の調査によれば、棚卸資産に関する会計方針を開示している大規模な公開会社四八六社のうち、棚卸資産会計の一部についてでもLIFOを用いている会社は二五一社（五二％）にしか過ぎなかった*15。

公平にいえば、一部の会社にはLIFOを採用しないことについて明確な経済的理由があった。LIFOを用いない会社のいくつかには課税所得がなかった可能性がある。一部の海外の従属会社はＬＩＦＯによって評価することができなかった。電子産業、通信業、および技術産業は長期的なデフレーションを経験したため、ＬＩＦＯの採用は収益を低価格の棚卸資産と対応させ、税額を増大させることを意味した。景気の変動に左右されやすく、在庫が大幅に変動する事業は、ときにＬＩＦＯにおける低価格の単価層を取り崩すことになり、その結果、大きく異常な納税義務を負うことがある。棚卸資産の回転が特に速い会社やリーン生産方式を用いている会社はＬＩＦＯの採用によって得る便益が比較的小さい。

一九八〇年代までに、ＬＩＦＯ会計はインフレーションの減速とともに意義を失った。インシルコ（以前はインターナショナル・シルバー・カンパニー）の従属会社は、親会社はＦＩＦＯによる連結財務諸表を公表していたにもかかわらず、納税申告書の作成にＬＩＦＯを用いていた。内国歳入庁はインシルコを告発し、一致ルール違反であると主張したが、一九七九年の租税裁判所と一九八一年の連邦裁判所はともにインシルコの主張を支持し、一九八一年の初め、内国歳入庁は一致ルールの例外を認めた。

棚卸資産の評価はＧＡＡＰ会計と税務会計のもう一つの違いを目立たせる。**歴史的原価によっている場合、資産評価に関する財務会計の最も重要な指針は保守主義である。**すなわち、不確実性が存在するなか、報告において資産評価額と利益額は低めに誤った方がよい。会計上の見積もりはすべて誤っており、利益と資産価値の過大計上は破産を結果する行動をもたらすおそれがあるが、過小計上の場合、その後の修正は単に幸運な評価益をもたらすことになるため、過大計上よりも害がない*16。

棚卸資産の場合、保守主義は低価法に表れる。経営者が、棚卸資産に損傷、陳腐化、ないしその他の減損が生じている、という証拠を有する場合、GAAPの下での棚卸資産の評価額はそれに関して損益計算書に計上された損失の額だけ切り下げられるべきである。

一九六四年、トール・パワー・ツール・カンパニーは棚卸資産を正味実現可能価額をもって評価するために過剰な在庫額を切り下げ、販売可能な在庫額を計上することとした。トールは、GAAPにしたがって、この損失を利益に賦課し、そこに生じた税務上の損失を一九六三年の課税所得と相殺しようとしたが、内国歳入庁はこの控除を認めず、この損失はトールの一九六四年の課税所得を反映していないと主張した。

この件は最高裁判所まで争われ、一九七九年に内国歳入庁が勝訴した*17。一九七三年の堕胎の権利をめぐる画期的な事件*18において多数意見を執筆したことをもって知られ、また、かつてはミネアポリスで税法専門の弁護士をしていたハリー・ブラックマン判事は、財務会計の主な目的は経営者、株主、債権者、およびその他の正当な利害関係者に有用な情報を提供することである、という意見を述べた。しかし、他方、税務会計のルールは内国歳入庁が徴税できるようにする。

ブラックマンは、財務会計は保守的であるべきであって、そこでの測定誤差は利益と資産の過小計上という方向に慎重に偏ったものであるべきである、と主張した。しかし、他方、税務会計は国庫を守り、徴税の額と時期を適切化する。税務会計と財務会計の目的の違いがこの両者の調整を不可能にする。

第四章　原価

自分が話していることについて測定することができ、それを数字で表現できるということは、それについて何かを知っているということですが、しかし、それを測定できず、数字で表現することができないということは、それについて乏しく不十分な知識しか持っていないということです。

――ケルビン卿、一八九一～一八九四年の講演集録

三つ目の「方言」である原価計算は経営者がことが目論見どおりに行われるようにするのを助ける。企業は外部利用者のために財務会計、税務会計、および規制会計の報告書を作成し、他方、原価計算の報告は意思決定を行う経営者を支援する。近年、原価計算という用語は管理会計という用語に取って代わられてきている。

成功を収めている組織はすべて業績管理のために数字を用いる。一九九三年の政府業績・成果法は客観的で数量化することができる業績尺度を設けることを連邦機関に要求

し*1、野球のコーチはすべて数字に強く、極めて小規模な非営利組織であっても現金の受け取りとサービスの提供を記録している。

企業の経営者は棚卸資産の評価（したがって、さらに売上原価の測定）、事業単位の業績評価、効率性の測定、および新製品を生産するかどうかの決定のような臨時の分析に原価計算情報を用いる。外部者は統一的な財務会計、税務会計、および規制会計の情報を求めるが、内部の経営者は事業活動を統制するために原価情報について多様な伝達方法を用いる。

簡単にいえば、原価システムは問題の探知ないし防止を目的とする。探知コントロールにかかわる具体例として火災報知機の例を挙げることができる。〈表4－1〉に示されるように、ことがうまくゆかない場合が二つある。すなわち、煙が出ていないのに報知機が鳴る場合と、建物が炎に包まれているのに鳴らない場合である。

すべての探知システムは、いかに高性能なものであっても、ときに誤った警報を発したり、深刻な問題を見付けそこなったりする（誤った警報は不必要な変更をもたらし、後者の場合、比喩的にいえば、経営者はタイタニックの船上でデッキ・チェアの並べ替えを続けることになる）。恐らくは

〈表4－1〉 探知コントロールにおける2種類のエラー

報知機	鳴る	鳴らない
火災発生	○	エラー2
—	エラー1	○

史上、最も高度な北アメリカ航空宇宙防衛司令部の監視システムにおいてさえ、この二つの誤りはどちらも生ずる。

この二つの誤りをなくすことができる統制システムは存在しない。報告されない問題の発生率を低くすることが目的とされる場合、システムの改良は必然的に誤った警報が発せられる可能性を高め、他方、誤った警報が発せられる可能性を低くすることは必然的に報告されない問題の発生率を高める。

防止コントロールは問題の発生を減らすことを目的とする。最も基本的な任務の分離は、意思決定の責任と記録の責任は別の人が担うべきである、というものである。この分離は横領や不実の報告が行われる可能性を低くする。冷静な会計担当者はライン部門の管理者よりも本当のことをいうだろう。しかしながら、共謀の不正はいかなる防止コントロールをも無効にする可能性がある。

管理会計の担当者は人間性を改めなければならない。財務報告や税務コンプライアンスには絶対的な真実というものはなく、また、原価計算には疑う余地が大いにある。

最も広く読まれたこの分野の歴史書である『レレバンス・ロスト』に立証されているように、アメリカにおいて**原価計算は財務会計に先行した**。一八〇〇年代初頭の繊維製造業者は、原材料から糸と織物という製品にいたるまでに掛かる労務費と製造間接費を見積もるため、原価計算を用いた*2。所有権の分散を伴うアメリカ初の近代的な会社として前に紹介されたボストン・マニュファクチャリング・カンパニーは一八一七年に間接費の製品への配賦を始め、翌年には織物の種類別の原価を算定している*3。

一八五〇年代、近代的な経営の先駆となったのは鉄道だった。その企業に僅かな持分しか有していない経営者が経営上の意思決定を行った。鉄道は高固定費事業の嚆矢だった。原価のおよそ三分の二は交通量によってすぐには変化しなかった。ダニエル・マッカラムやアルバート・フィンクのような鉄道経営者は、こうした原価を回収するために、列車や輸送の動きを管理するシステムを案出した*4。原価計算の手法は「トン・マイル当たりの原価」のような営業尺度をもたらした。

一九世紀の巨大企業は事業を一つに限り、生産と流通のコストを抑えるために規模と情報を利用していた。管理会計は経営者が下位の管理者の業績を監視することを可能にする。大規模な小売業者は、製品の販売益や在庫の回転率を計算するために、会計システムを用いる。鉄鋼会社は、好ましくない差異を確認し、効率を上げるために、原価計算を用いて実際の資源消費量を目標値と比べる。

一九〇〇年頃、合併の波が多様な製品を提供する大規模で複雑な組織をもたらした。これらの企業は技術、購入、生産、および流通の諸活動を統合しており、適切な統制システムがなければ、こうした企業は複雑さによって行き詰まることになっただろう。

一九〇三年に設立されたデュポン・パウダー・カンパニーはそれまで多くの専門的な企業によって担われていた生産機能と流通機能を集中化した。デュポンは、投資利益率と事業単位の業績を測定するために、利益と資産回転率を結び付けた。デュポンの経営陣はまた、生産、販売、および購入の諸活動のそれぞれについて原価計算報告書を作成するというやり方を考案した。

計画と統制の情報は企業に規模の拡大と複雑さの増大を可能にする。デュポンは、一九二〇年までには、利益と投資の数値を用いて投資を評価する近代的で分権化した事業部制組織を有する企業の嚆矢となるにいたっており、その社員は資本配分の意思決定において金融市場に取って代わった。

ジェネラル・モーターズ（GM）もまた合併によって生まれたが、デュポンのそれのような管理基盤は有していなかった。一九二〇年までに、GMは無数の財務および営業上の問題に直面し、デュポンはGMの二三％を所有することとなり、改革のためにピエール・デュポン、そしてのちにはアルフレッド・P・スローンを送り込んだ。

GMは、五年のうちに、大きな量的変動に生産が対応できるようにするための高度な予測システム、さまざまな生産水準における業績評価のための変動予算、および事業部の業績にもとづく経営者に対する株式報奨制度を有するにいたり、よりよい統制によって在庫回転率を一九二一年の一・五回から一九二五年の六・三回へと高めることができた*5。在庫の回転が速いということは、収益獲得のためにより効率的に資産を利用している、ということを意味していた。

原価計算システムは重要か？　ＧＭの事例と対照的なものとしてこの時期のフォード・モーター・カンパニーの経験を挙げることができる。ヘンリー・フォードは会計士を軽視していた。ＧＭが繁栄をみるなか、フォードの市場占有率は第一次世界大戦後の六〇％から二五年後には二〇％を下回るまでに低下し*6、一九四三年にはＣＥＯのエドセル・フォードが不慮の死を遂げ、また、ほどなく父親のヘンリーはもはや経営を担うことができなくなった。

一九四五年には二八歳のヘンリー・フォード二世が家業の経営を担うために海軍を除隊したが、この会社は長い間、利益を出していなかった。一説によると、買掛金の額を見積もるために未払いの請求書の重さを量るほど、事態は悪化していた。この非公開会社はライブランド・ロスブラザーズ＆モントゴメリーに一九四五年一二月三一日付けの財務諸表の作成を依頼しているが、監査人たちは一年間、その作業に従事した挙句、断念するにいたった*7。

　若きヘンリーは、自分は事業経営についてほとんど何も知らない、ということ、そして、この同族会社は大混乱に陥っている、ということを理解した。陸軍空軍部の統計管理局の一〇名の将校から援助の申し出があり、一九四六年に彼らはフォードに入社、二〇歳台の彼らは「神童たち」として知られることとなった。彼らは事業単位の業績評価のための診断方法と新車を迅速に市場に出すことができる能率的なシステムを考案し、フォード・モーター・カンパニーは黒字を回復、一九五六年には株式の公開を果たした。

　彼らのなかで最も有名なロバート・マクナマラは戦前に三年間、ハーバード・ビジネススクールで管理について教えていた。フォードに一五年間、在籍した彼は短期間、社長を務めたのち、ジョン・F・ケネディとリンドン・B・ジョンソンの政権において国防長官を務め、その後は世界銀行の総裁を務めた。アルジェイ・ミラーもフォードの社長を務め、その後、スタンフォード・ビジネススクールの学長を務めた。J・エドワード・ランディはフォードの財務をアメリカの実業界において最高水準のものにした。

　一九二五年までに管理会計の発展は止まった。『レレバンス・ロスト』の著者たちは、この時点でアメリカの企業はその後の六〇年間に知られることになる管理会計手法のほぼすべてを開発してしまっていた、と結論付けた。

原価計算は公認会計士業界にとっては余り関心のないものだった。監査人は貸借対照表に示された棚卸資産の原価が総額として適切であることを知る必要がある。いかなる誤りも売上原価と報告利益を歪める。一般に認められた会計原則（ＧＡＡＰ）は単に棚卸資産の原価が直接材料費と直接労務費、それに変動製造間接費と固定製造間接費を含むことを要求しているだけである。これとは対照的に、インドやチリにおける棚卸資産の原価計算は直接材料費と直接労務費だけを含む*8。

第一次世界大戦中、公認会計士の業界誌である『ジャーナル・オブ・アカウンタンシー』は海軍工廠の原価計算、建造記録、契約のための原価の決定などに関する記事を掲載している*9が、しかし、公認会計士たちは原価計算実務の改善には余り力を入れず、監査人はクライアントが間接費の棚卸資産への配賦について単純で合理的で容易に検証しうる方法を用いることを望んでいた。

帰属利子の資本化の検討を公認会計士たちが拒否したことから、監査人と原価会計士の間で論争が生じた*10。一九一九年にはＡＩＣＰＡの前身団体が原価計算部門創設の提案を却下し*11、この分裂が全国管理会計士協会（ＮＡＣＡ）の設立を結果した。

スチュアート・マクロードによって率いられたＮＡＣＡは集権的統制を州ではなく市に

よって組織された分散した支部活動と結び付けた。マクロードは、毎年、各地方の業績にもとづいて本部が表彰を行う、という支部間の競争システムを設けた*12。NACAおよびその後継組織である全国会計士協会（NAA）とそのまた後継の管理会計士協会（IMA）は、監査人ではなく、経理部門の責任者のために活動し、ロビー活動よりも教育を目的としていた。

一九七二年にNAAは管理会計にかかわる資格（CMA）を創設した。公認会計士試験が財務会計、監査、および企業法に焦点を絞っていたのに対して、CMA試験は原価計算、財務分析、統計学、経済学、金融、および経理部門の責任者が取り組まなければならないその他の分野を網羅していた。

一九八一年からNAAは一連の「管理会計に関するステートメント（SMAs）」を公表、これはFASBによって公表される財務会計基準よりも緩いものだった。管理会計について五つの分野を設けた上で、SMAsは目的、定義、概念、および原価計算実務の管理に関するIMAの見解を示した。SMAsは活動基準原価計算の実施、固定資産の管理、および情報システム費の配賦などについて推奨すべき実践と手法を示していた。

原価計算という「方言」に関与する実務家たちはエコノミストや技術者のような外部の

専門家の意見に耳を傾けた。

この分野の初期の学問的な本拠地はシカゴ大学で、ジョン・モーリス・クラークは同大学の経済学の授業で間接費の本質について講じ、その内容を一九二三年刊の著書で公にしている*13。なお、のちにアメリカで最も権威のある経済学賞〈訳者注〉にその名が冠されることになるジョン・ベイツ・クラークの息子のジョン・モーリス・クラークはマクロ経済学の入門レベルの授業で乗数について詳説することで悪評を得ていた。

クラークは製品に直接に結び付けることができない原価の性質を考察し、とりわけ鉄道のいわゆる固定費と余り費用を掛けずに便を追加する能力が彼の興味をそそった。経済学の素養がある彼は限界分析、すなわち或る行動方針が採用ないし棄却された場合に生ずる増分原価の分析をもって原価計算の問題を扱い、三つの重要な結論に到達した。

第一に、原価計算は財務会計とは異なる。この二つの領域は一次記録の一部は共有するものの、目的を異にしている。財務会計における関心は会計期間終了後に配当の支払いに充てることができる利益の絶対的な額を算定するための収益と費用にあり、また、複式簿記は資産を守るための堅実な管理手段としても機能する。他方、クラークによれば、原価

〈訳者注〉アメリカ経済学会が授与するジョン・ベイツ・クラーク賞。

計算は効率性の基準と価格決定方針の策定に必要な情報を経営陣に提供する。

第二に、彼は、原価数値は絶対的なものではない、ということを強調した。或る意思決定においては大いに重要な原価が他の状況においては無関係ということもある。また、原価態様は時間枠に依存する。日次、週次、季節毎、年次のいずれによるかによって資源の費消について異なった結論がもたらされる。クラークは鉄道の原価態様の調査に力を入れ、州際通商委員会に提出された資料を利用して、諸原価を固定的なものと変動的なものに分解し、その結果、かなり長期的にみた場合には、設備投資も収益と同様に増加する変動費である、という事実に到達した。

第三に、クラークは、経営者は能力原価を批判的に検討する必要がある、ということを強調した。一日、一週間、一か月、ないし一年にわたって用いられるサービスは滅多になく、ピーク時に夜間と同じ電気料金を請求したり、平日と週末に同じ電話料金を請求したりすることは理に適っていない。

彼は、設備にはサービスを提供する用意ができているが、実際にはまだほとんど稼働していない場合、能力原価を負担すべきは誰か、ということを問題にした。例えば水道会社の投資において大きな部分を占めることになるが、まだほんの一部しか用いられていない消火栓の場合である。その頃、GMは、この問題に対処するために、設備の利用に関する予見的仮定にもとづく標準原価を開発した。

一九二四年に刊行された会計学准教授ジェームズ・O・マッキンゼーの『管理会計』はシカゴ大学における過去五年間の講義資料をまとめたものだった。クラークが間接費とサービス提供能力の管理に経済学的な考え方を用いたのに対して、マッキンゼーは企業の諸機能の管理に実際的な計画と予算の手法を用いようとした。

マッキンゼーは、原価計算と財務会計は異なる分野である、ということについてはクラークに同意し、また、『管理会計』の序文において彼は会計を統計データと区別しようとはしていないことを認めた。経理部門の責任者の仕事において用いられる情報の多くは複式記録からもたらされるものではない*14。

彼は、企業の組織構造は経営者の職務の委譲を伴う、と主張した。割り当てられた職務が所期されたように執行されるようにするのが統制であり、このプロセスにおいて原材料に相当するのが本社で設けられる記録の基準である。マッキンゼーは、会計と統計記録を経営の心臓部と捉え、企業の販売、購入、輸送、および製造の諸機能を統制するための報告書の例を提案した。

なお、彼は一九二六年にシカゴ大学を去って自身の名前を付けたコンサルティング会社を設立しているが、ちなみに、私はこの会社の面接を受けたことがある。マッキンゼーの

『管理会計』の各章末には事例研究があり、そこで学生は限られた情報にもとづいて決まった正解のない問題に答えなければならなかったが、六〇年後、MBAの学生だった私がマッキンゼー&カンパニーの面接を受けたところ、そこで出されたのは同様の事例研究の問題だった。

また、ロンドン・スクール・オブ・エコノミクスのR・S・エドワーズとロナルド・コースが企業分析における「機会費用」の概念を開発したのも同じ頃だった*15。なお、機会費用は稀少資源を最大限に活用できなかった場合の逸失利益を意味している。

もしも或る企業が所有地を駐車場に利用することにしたとすると、損益計算書に賃借料が計上されることはないだろうが、しかしながら、有能な原価計算の担当者は従業員用の駐車場が無料ではないことに留意するだろう。土地を駐車場に用いるということは、最高額を支払う用意がある土地開発業者にその土地を売却する、という選択肢を捨てることを意味し、従業員に駐車させることによって得るものと、その土地を売却することによって得るものの差がその土地の機会費用ということになる。

予見的分析は、たとえそれが財務会計における認識基準には適わなくても、機会費用を見積もり、考慮に入れることを要求する。機会費用の一般的な用途の例には投資意思決定の評価における株式資本のコストがある。株式資本はGAAPの下では会計上の費用をもたらさないが、この価値ある資源には他の用途もありうる。

機会費用がゼロの場合、他の目的には用いることができない過去の特殊な投資は「埋没原価」と考えられる。賃借料、減価償却費、およびこうした特定の資産にかかわるその他の会計上の費用は財務諸表には記載されるべきだが、他方、原価計算の担当者は予見的分析において埋没費用を考慮には入れない。経営行動がどうあろうとも変化しない費用だからである。

同じ資源でも、状況によって、機会費用になることも埋没費用になることもある。よく引き合いに出される例はウェンディーズのチリの肉の原価の決定である。ファースト・フード・チェーンはハンバーガーの注文を見越してバーガー用の肉を焼くが、もしも実際には注文がなかったら、その肉はひからびてしまってバーガーには使えなくなってしまう。ほかに用途がなければ、その肉はほぐしてチリに使うことができ、その場合、作り過ぎたハンバーガーは埋没費用となり、チリの製造原価に加えられることはない。しかしながら、もしもハンバーガーが予想よりも売れたら、焼いた肉をチリに使ったことが機会費用をもたらす。その肉はより多くのハンバーガーを作るために使うことができたからである。

原価の見積もりには財務会計のような厳格さはない。

一九五〇年にはシカゴ大学の会計学教授ウィリアム・バッターがマッキンゼーのものと

同じ『管理会計』というタイトルの講義録を出版している*16が、そこでバッターは内部統制、予算、製品原価計算、および原価の解釈に焦点を合わせている。イヌイット語が雪について数多くの表現をエスキモーに与えたのは明らかだが、バッターは原価計算の担当者が資源の費消についていかに多くの表現を用いるかを示した。固定費、変動費、正規化原価、実際原価、帰属原価、埋没費用、直接費、間接費、管理可能原価、管理不能原価等々。細分化は精密さをもたらす。

その後のシカゴ大学の教授たちとは全く対照的に、バッターは理論を避け、実践的な助言と教科書的な解答のない事例研究による説明を行っている。彼は原価計算を学ぶ学生たちに、組織の細部を探る際には各自の判断を用いるべきこと、意思決定を行う前には——主観性を減ずるために——測定可能な要素をまとめるべきことを教えており、また、例えば歴史的原価による損益計算書における原価の合計額をもって製品価格を決めることは馬鹿げていると考えていた。

原価計算に対する専門家による次の知的貢献は現在価値分析を用いることについてだった。投資においては支出と利益の回収の間に時間差がある。保険数理に関する文献は一八〇〇年代の初頭から貨幣の時間価値について論じているが、技術コンサルタントが特定の現金支出をリスクのある将来の収入と比較するためにこの手法を用いたのは一九五〇年代になってからのことで、この手法を早期に採用したのは開発と生産に莫大な投資を要する石油産業だった。

一九五四年には『ハーバード・ビジネス・レビュー』の或る論文がさまざまな規模と範囲にわたる資本的支出の案を評価する手法の必要性について論じている。有名企業五〇社によって用いられている手法を調査した結果、アメリカの企業には正当な基準がない、という事実を発見したこの論文の執筆者は例えば三年間、年に二、〇〇〇ドルの利益をもたらす五、〇〇〇ドルのプロジェクトと一〇年にわたって一〇、〇〇〇ドルの利益をもたらす六〇、〇〇〇ドルのプロジェクトを比較する物差しとして現在価値分析を用いることを主張している*17。財務会計基準審議会が財務会計の諸概念に関するステートメント第七号『会計測定におけるキャッシュ・フロー情報と現在価値の利用』を公表したのはおよそ五〇年後のことだった。

一九八四年にはハーバード・ビジネススクールが『メイヤーズ・タップ・インク』を刊行しており*18、初期のパソコン用ソフトを用いるこの事例研究においては、学生は或る会社の間接費を自分で選んだコスト集計単位に分け、多様な配賦方法を試すことができた。この課題は、原価計算方法の変更が会計報告で示される製品の収益性に与える影響がいか

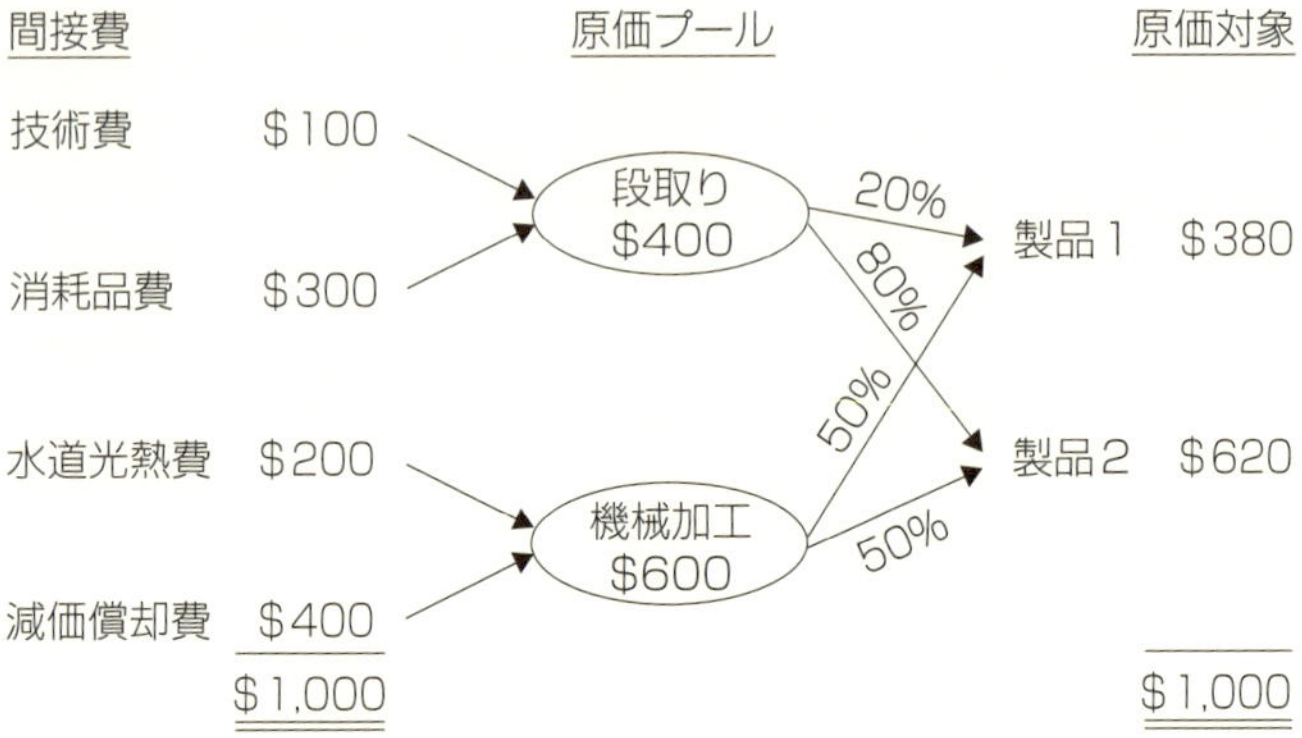

〈図4－1〉 活動基準原価計算の例

に軽微なものであるか、を示すものだった。二段階の配賦プロセスを示した〈図4－1〉の単純化した例を考えてみよう。

この工場は二つの製品を製造している。製品一は余り段取りを必要としないが、他方、製品二は許容誤差が小さく、客の要求を満たすのが難しい。二つの製品には同じ機械作業時間が費やされる。間接費を機械作業時間や労務費のような伝統的な配賦基準によって二つの製品に均等に配賦すると、製品原価計算に問題が生ずるおそれがある。

製品二の段取りに要する時間の長さは多くの製造資源を消費することを意味するが、このコストが看過された場合、経営者はこの製品に低い価格を付けることになるため、多くの注文がもたらされ、多少とも高価な製品一の販売が控えられる可能性がある。より正確に原価を見積もっているライバル企業は製品一の価格を下げ、この事業の利益を獲得するだろう。適切な二段階配賦システムを用いることによって、製品二の製造に費消される資源について、より実際的な見積もりが経営者に示されるだろう。

原価計算システムは単に既知のコストの配賦を調整するだけで、費消された資源の量には影響を及ぼさない、ということが注目される。間接費が大きい組織の場合、配賦の問題は病院がアスピリン一錠について一〇ドルを請求したり、工具メーカーが特別注文のレンチに五、〇〇〇ドルの値段を付けたりといったような新聞に大きく取り上げられるような誤りに繋がる可能性が大いにある。

配賦の原則は大規模な原価加算契約の場合に大いに問題となるが、それはこの契約においては請負企業における資源の消費分を注文主が負担することになるからである。連邦政府は軍需産業から複雑な軍備を購入する場合にこのような契約を多く用いてきているが、請負企業の一貫性のない原価計算の実践が配賦を評価するための監査人の努力を妨げていた。

一九六八年に議会は軍需品調達に関する交渉と監視の改善に繋がるような原価計算基準設定の可能性の検討を会計検査院に求め、二年後には勧告にもとづいて原価計算基準審議会（ＣＡＳＢ）を設けるにいたった。

ＣＡＳＢは原価計算基準を完全な法的拘束力を有する成文ルールとして発布しているが、この基準は測定と配賦の明確な方法を規定するよりもむしろ、原価にかかわる用語を定義していた。ＣＡＳＢは一九八〇年に解散したが、その基準は連邦の契約に関する原価の報告を律し続けた。

議会は一九八八年に行政管理・予算局のなかにＣＡＳＢを復活させ、このＣＡＳＢは大規模な連邦の契約に適用される原価計算基準の設定ないし修正について排他的な権限を有する五名のメンバーで構成されている。本書の執筆時において一九の原価計算基準が施行されており、それらは本社費と事業単位費の配賦、直接材料費と直接労務費における標準原価の適用、減価償却、および休暇と病気休暇の会計といった問題を扱っている。

すべての統制システムは意図せざる結果をもたらす。人々はシステムの設計者が意図しなかったような形で誘因に反応する。そうした失敗の実例の一つはこれを一九九〇年代にアーサー・アンダーセンの専門スタッフを務めたハーバード・ビジネススクールの教授バーバラ・トフラーの経験から知ることができる。彼女が入った事務所はさまざまなオフィスからきたほぼ同じ監査人たちによる収益と費用を記録するように設計された原価計算システムを用いていた。

アンダーセンでは、収益はすべて実地調査を行っているオフィスに帰する、というのが慣習だった。もし別のオフィスのパートナーがその仕事をとってきたとしたら、業績評価と報酬の決定が行われる年度末にそのパートナーは不遇な状況に置かれた。成長し、多角化したアンダーセンは、しかし、より専門化したコンサルティング業の経済性を反映できるように、原価計算システムを調整しようとはしなかった。

その結果、ライバル関係にあるパートナーたちは、誰のオフィスの職員が働いたのか、を巡って争うこととなった。顧客のニーズに最も適う人材を見付けることよりも、現地スタッフの勤務時間に対する請求を行うことの方が重要となり、この測定システムはチームワークと合理的な経営判断を阻害することとなった*19。恐らく、その結果としてもたらされた現地スタッフの勤務時間に対する請求へのプレッシャーが二〇〇二年にこの事務所を破滅させた行動をもたらしたのだろう。

技術者は、考えなしに或る目標を追求して、より広範な組織的利益を害する、という状況を「部分最適化」と表現する。経営者が製造所要時間の短縮を指示すると、従業員は品質と原価統制を犠牲にするおそれがある。特定の目標に無分別にこだわると、組織の状況を悪化させるおそれがある。

一九九二年には「ザ・バランスト・スコアカード」という有名な論文においてハーバー

ド・ビジネススクールの教授ロバート・キャプランとマサチューセッツのコンサルタント、デビッド・ノートンがこの問題に取り組んでいる。

監査人は経営情報システムを航空機の操縦室の計器群に例える。操縦士は、航空機を予定どおりに飛行させるために、業績の全体像を知る必要があり、明確な統制システムは重要な諸変数を誰もが理解しうる少数の測定値に変換する。

バランスト・スコアカードは、伝統的な財務上の長所（原価と比べた株主資本利益率）だけでなく、顧客の観点（例えば定時到着率や荷物紛失率）や内部処理（適切なスケジューリングの結果としての座席利用率）や革新（新技術の活用力）をも考慮に入れる。この論文の執筆者たちは、行動を統制する財務機能に由来する伝統的な管理会計システムが産業革命期の技術的なものの見方に適合しているのに対して、戦略と将来展望を最重視するバランスト・スコアカードは情報化時代において多くの会社が目指している類いの組織に適している、と主張している*20。

第五章　情報開示

公表が社会や産業の病弊の矯正策とされるのはもっともなことである。日光は最良の殺菌法とされ、電灯の光は最も有能な警察官とされる。そして公表は既に金銭信託の問題において重要な役割を果たしている。

——ルイス・D・ブランダイス、
他人の金銭

財務会計は遥有債権者が企業の資産にかかわる経営者の管理責任を監視する手段として現れたが、二〇世紀初頭のアメリカにおける株主所有権の台頭によって、投資家は財務会計を第二の目的、すなわち株式の評価に用い始めた。将来の利益とキャッシュ・フローの予測において投資家を支援する、という役割が財務会計に予定されていたかどうかは明らかではないが、いずれにしても、無数の数値を少数の統計値にまとめる財務会計の能力は株式投資家にとって魅力的だった。しかし、株価が暴落した時——そして非難を受けることになった時——財務会計は当然の報いを受けた。

一九二九年一〇月の二八日から二九日に掛けて、ダウ・ジョーンズ平均株価指数が二三・一％も下落、投資家たちは莫大な損害を被ったが、この指数が一九二九年の最高値に戻ったのは「二五年後」の一九五四年のことだった。また、一九八七年一〇月一九日、一日に二二・六％の暴落をみた際には回復に二年を要し、二〇〇一年九月一七日、九月一一日の悲劇を受けて七・一％下落した際には四週間で回復している。

大恐慌が長く続いたことから、議会は再発防止のためのありとあらゆる種類の立法に駆り立てられ、そこでもたらされた一九三三年と一九三四年の証券法はアメリカの企業会計を永遠に変えた。

二〇世紀の最初の三〇年間、改善された財務会計は金融証券に対する人々の安心感の増大に貢献し、株式投資を行う人々の数は一九〇〇年には人口七、六〇〇〇万人のうちの五〇万人だったものが一九二〇年には人口一億六〇〇〇万人のうちの二〇〇〇万人となるにいたっていた*1。個人の納税申告における配当所得について行われた或る調査によれば、一九二〇年代の株式所有者数は人口一億二、〇〇〇万人のうちの約五五〇万人と推算されている*2。

より広範な株式保有は最も重要な財務報告の手段としての優越的な地位を損益計算書にもたらした。損益計算書による成長性と収益性の強調はより的確な配当の予測に繋がる。

ニューヨーク証券取引所（NYSE）は一九一六年以降に上場された会社に四半期報告書を要求したが、多くの公開会社は依然として損益計算書を公開しようとはしなかった*3。

利益数値がない場合、投資家は収益力の粗い指標として配当の支払いに目を向けた。無節操な経営者は、収益力が大きいという印象を与えるために、払込資本から多額で早期の配当を支払うことがありえたが、それにもかかわらず、債権からもたらされるキャッシュとの比較におけるもたらされる普通株式からもたらされる配当の低下は普通株式に対する投資家の信用の増大の証拠となった*4。

一九二〇年代にはアメリカの不十分な財務会計に対する批判の声が高まった。一九二七年に刊行されたハーバードの政治経済学のナサニエル・ロペス講座教授（この教授職には後年、のちに財務長官やハーバード大学の学長を務めるローレンス・サマーズも就いている）のウィリアム・Z・リプリーの『メイン・ストリート・アンド・ウォール・ストリート』はコーポレート・ガバナンスの手引書の嚆矢だった。

リプリーは不十分な情報開示（disclosure）——ただし、当時は「公表（publicity）」と呼ばれていた——を厳しく非難し、有意義な損益計算書がなければ、個人投資家は会社の収益力を評価することができない、と主張した。企業は利益を開示していないか、あるいは適時には開示していなかった。証券取引委員会（SEC）が設置される前にはNYSEが

〈表5－1〉 1926年頃のNYSEとの上場契約に定められた報告間隔

頻度	会社数	
四半期毎	242社	25%
半期毎	79	8
年次	339	35
定めなし	297	32
	957社	100%

アメリカにおける株式投資の事実上の規制者だったが、リプリーはNYSEとの上場契約に定められた会社の報告間隔に関する〈表5－1〉に示されたデータを要約することによって自身の主張を説明した[*5]。

また、彼は一貫性のある財務会計実践がないことを批判した。問題としては減価償却引当金による利益の平準化、資産の歴史的原価からの評価替え、曖昧に関する一貫性を欠く処理、および非開示の債務などが挙げられた。情報開示の欠如が多様な会計実践と相まって中部アメリカの資本市場への参加を妨げた。リプリーは、連邦取引委員会（一九一四年設立）は企業財務会計基準を設けて競争条件を同じにすべきである、と考えていた。

第二の批判はNYSEの職員J・M・B・ホクセイによるものだった。コロラド・スプリングスで開催されたAICPAの一九三〇年の年次総会における講演[*6]をもってよく知られるホクセイは、財務会計の第一の目的は経営者と債権者に対する情報提供だった、と主張し、資産ではなく利益にもとづいて株式を評価する株式投資家を念頭に置きつつ、債権者向けの貸借対照表の保守的な性格を批判している。

ホクセイは、監査人たちに、彼らのクライアントが財務情報を公明正大に報告するように促すことを求め、また、次のように主張している。或る会計期間に報告された減価償却は、現在の利益に代えて施設を、ということを意味している。減価償却率は、会計の専門家ではなく、技術者が定めるべきである。会社は下流の子会社による負債と営業損失を示す連結報告書を公表すべきである。

さらにまた、会社は売上収益を報告すべきである。ホクセイはそうした情報開示によって顧客が利鞘を計算できるようになった時に会社が直面する問題を認知していた。情報開示はライバル企業にも利するかもしれないが、しかしながら、現在の売上や利益数値なくして会社の将来の見通しを評価しうる株式投資家は皆無だった。ホクセイはまた、補足的な利益を営業利益と区別できず、払込資本を留保利益と区別できず、現金配当を株式配当と区別できない情報開示を批判している。

第三の批判者は水割株式の発行を批判したコロンビアの法律学教授アドルフ・バーリと経済学教授ガーディナー・ミーンズだった。ほとんどの会社は発行株式と交換に現金を受領するが、一九一二年以降、一部の会社ははっきりしない対価と交換に無額面株式を発行していた*7。額面価額の初期の意味は現金の受領額だった。無額面株式は土地、固定資産、ないし株式を引き受けた投資家からの価値のない借用証書といった現金ではない対価に対して発行することができた。水割株式は、当該会社に有意義な新資源をもたらすことなく、以前からの株主の利益を稀釈していた。

財務会計実践が暴落をもたらしたということはありそうにない。二五年後に書かれたジョン・ケネス・ガルブレイスの有名な著作は、一九二〇年代末の株価の異常な高騰の原因として、過大な投機、株式担保融資、および市場操作を引き合いに出し、また、恐慌は投機的なバブルの崩壊を意味していた、と主張している*8。

一九七〇年代、会計研究に経済学を用いた先駆者ジョージ・ベンストンは有価証券にかかわる不正について一九三〇年代の議会の公聴会と判例を調査している*9が、その彼の論文は、大恐慌の前に発行された財務諸表に関しては、不正ないし誤表示にはほとんど言及がない、ということを明らかにしており、また、判例には監査人の不正ないし重大な過失が問題とされたものはほとんどなかった。

さらにまた、彼は売上データの開示を求めた一九三四年の規定の影響を受けた会社の株式投資利益を調べ、以前は売上数値を開示していなかった三分の一の会社の株式投資利益と、以前から開示していた会社のそれを比較しているが、その際、彼は、もしも要求された売上データの開示が投資家にとって有意味であるならば、この規定の発効後、開示の影響が株価に観察できるはずである、と考えていた。

統計的検定は、一九三四年の開示規定は投資家にとって明らかな価値がなかった、ということを示したが、この調査結果は、投資家は売上高には関心がない、ということを意味するものではなく、恐らく投資家は企業の成長性を評価する代替測定値を見付けていた。のちに研究者たちは、有価証券の価格は正式の財務諸表が公表されるかなり前の経済の変化を反映している、ということを見出した。興味深いことに、大恐慌の前に高質の財務報告を行っていたNYSE上場会社の株式はその後の価格の下落が比較的小さかった*10。

政治家は投機的な悪弊を排するための立法を目指した。相場の変動は投資家の信頼、景気循環、および徴税に影響を与え、よく機能する資本市場は公平な競争の場の出現を求める。二つの証券法はこれらの諸問題の解決を試みた。

一九三三年法は五月二七日に「州際および国際取引において、そして郵便を通じて売却された有価証券の性質について十分かつ公正な情報開示を行うべく、また、それらの売却における不正を防止すべく」発効し、翌年の六月六日、一九三四年法は流通市場で売買されている有価証券の規制およびSECの創設について定めた。

一九三四年法を通じて議会は財務会計原則を定め、SECに提出される財務諸表の形式と内容を明定する権限をSECに与えた。連邦証券法とSECの監督については下院のエネルギー・商業委員会に責任があり、下院の監視・調査小委員会がこれらの法の有効性と実施を調査する。

一言でいえば、SECは「情報開示」に携わっている。一九三四年法は公開会社に対して独立の会計士による監査を受けた定期的な財務諸表の公表を要求しており、適時の正確な会計開示は資本市場が適切に機能するための必要条件とみなされている。

SECはまた、会計実践の多様性を減らそうとし、その最初の重要な会計に関する行動は一九三八年四月の会計連続通牒（ASR）第四号の公表だった。有力な権威筋に支えられていない会計原則にしたがって作成・提出された財務諸表は、追加的情報開示の範囲にかかわらず、人を誤導するものとSECにみなされることとなった。

換言すれば、SECは、財務諸表の開示を単に要求する代わりに、財務諸表を承認する権限を自身に与えた*11。二年後、SECは、SECに提出される財務諸表の形式と内容に関する指示を成文化すべく、規則S－Xを採択した。

恐らく一九三四年法において最も知られているのは、会社の役員が、重要な非公開情報を有していながら、その会社の有価証券を売買することを禁じている箇所だった。経営陣は、もしも売買を控えるのであれば、この情報を開示しなくてもよかったが、もしも売買しようとするのであれば、この情報を正しく広く開示しなければならなかった。

情報開示が重要な問題となるのは株式売買がゼロサム・ゲームだからである。価格の変動は勝者と敗者を生む。株価が急騰した場合、直近の売手は評価を誤ったということになる。価格が急落した場合、直近の買手は損失を押し付けられることになる。不公平な優位性を持つ投資家は情報を持たない者からの大きな富の移転を享受することができた。

ペンシルバニア大学ウォートン・スクールの教授クレイグ・マッキンレーは二〇〇〇年の経営者教育セミナーにおいて次のような設例をもって説明している。一九二六年一月から二〇〇〇年六月までの間、一ドルを投資したとし、また、その際には①国債を購入して保有する、②複数銘柄の株式を一まとめにして購入して保有する、③この二種類の資産を毎月、売買して構成を調整する、という三つの選択肢が与えられていたとする。

国債をこの七五年の間、保有していたとすると、一ドルの投資は税引前で一六ドルに増加し、よりリスクの高い複数銘柄の株式は総計で約二、八〇〇ドルの価値を有するようになっているだろう。アルバート・アインシュタインは複利というものの力に驚嘆したが、彼がインサイダー取引のことは聞いたことがなかったのは明らかである。完全な情報を

〈図5－1〉　2年間における利回り

持っている場合、毎月の資産構成調整は一ドルの投資を年利三五%で八九億ドルにまで増やすこととなるだろう*[12]。

こうした情報を持つ者はいないことは明らかである。しかしながら、平均以上の情報を有する幸運な何人かは、より少ない情報しか持たない投資家を犠牲にして、利益を得ることができよう。配当の支払いはなく、また、一九二七年末の価格が一〇〇ドルだった株式を考えてみよう*[13]。この株価は、翌年、新製品の発売の失敗によって五〇ドルに下落したが、その次の年には一〇〇ドルに戻った。**〈図5－1〉**にはこの期間にわたる株式投資利益は〇%だったことが示されている。

さてここで、この会社の株式に三〇〇ドルを投資しようとしていた二名の投資家を比較してみよう。一人目は新製品の発売については何も知らず、すぐに二〇〇ドルを投資し、一年後に残りを投資した。二人目はマーケティングの混乱を予感させる声を耳にしていたため、最初の投資額はより控目に一〇〇ドルとすることにした。たとえこの株式がこの二年間を通じては値上がりしなかったとしても、

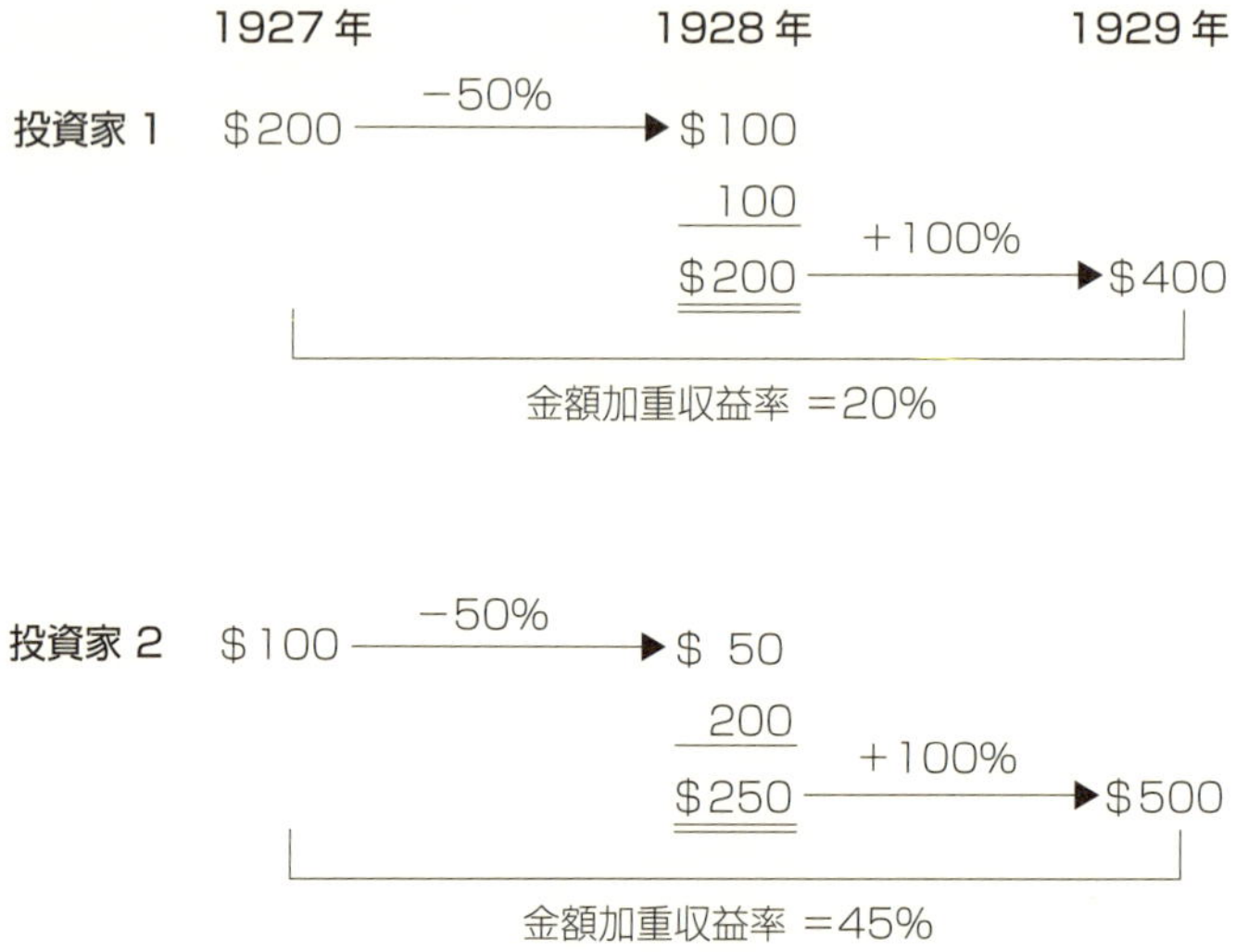

〈図５－２〉　２年間における２名の投資家の金額加重収益率

〈図５－２〉にはこの二人の投資家がより短期間に利益を得たことが示されている。

投資家二は曖昧な断片的な情報にもとづいて投資のタイミングを修正し、情報を持たなかったもう一人に比べ、遥かに有利な立場にあった。少しばかりの情報が大きな利益をもたらすかもしれない、ということだった。

議会は、アメリカの金融市場の公正性に対する投資家の信頼を高めるために、証券法を施行した。次いでＳＥＣは、投資の競技場をさらに均すために、会計情報開示の量と適時性を向上させようとしてきている。中間財務報告は、その年の間にインサイダー取引が行われる可能性を減ずるために、投資家に最新の簡約な情報を提供する。

SECは、一九四五年プログラムが会社の平時の活動への移行に関する情報開示を求めるまで、中間報告を要求することはなく、しかも、一九五二年にはこの要求を止めているが、店頭売買市場の規制を目的として一九六四年になされた一九三四年法の改正において中間報告は復活をみるにいたり、さらに、SECは一九七〇年に監査を受けない一〇-Q四半期報告を採用、爾来、四半期報告は北アメリカの慣習となった。

中間財務報告の意義に関する研究は多くない。或る理論モデルは、報告の頻度が高いと、株価に関する情報内容が向上し、不安定性が低下し、市場の流動性が高まる、ということを示したが、しかしながら、このモデルはまた、報告頻度の増加はアナリストの仕事を増やすということも示唆していた*14。四半期報告は一九九〇年代後半のテレコム・バブルにおいて財務会計に関する中心的争点となった。

規制者は四半期の情報開示をもって十分な頻度のものとは考えていなかった。四半期報告日と四半期報告日の間に行われる私的な面会が不公正な情報入手をもたらす可能性もあった。特別の投資家やアナリストに対する特別の情報開示を防ぐために、SECは二〇〇〇年に規則FDを設けた。会社の内部者が、当該会社の株式を売買する可能性がある人に対して、重要な非公開情報を提供した場合、当該会社は速やかに同じ情報をすべての利害関係者に開示しなければならない、とされた。

一九世紀には同業者団体が次々と出現をみているが、その目的は当該職業の社会的地位と経済状態の向上にあり、有名なものとしてはアメリカ医師会（一八四七年設立）、アメリカ建築家協会（一八五七年設立）、アメリカ歯科医師会（一八五九年設立）、アメリカ銀行協会（一八七五年設立）、およびアメリカ法曹協会（一八七八年設立）を挙げることができる。同業者団体は教育要件、職業資格証明、および倫理規約を設け、また、その多くはロビー活動のための事務所をワシントンに置いた。

一九三一年には、財務諸表を作成する専門家の利益を代表すべく、アメリカ経理部門責任者協会が設立をみた。この団体は、会員の教育に加えて、政策立案やロビー活動を手掛けていた。この団体は一九六九年に「フィナンシャル・エグゼクティブ・インスティテュート」、二〇〇〇年には「フィナンシャル・エグゼクティブ・インターナショナル（FEI）」に改称し、現在、FEIはアメリカの経理部門責任者、財務部門責任者、および最高財務責任者を代表する有力な同業者団体となっている。

一九三七年には有名なベンジャミン・グレアムを含む投資家たちが、投資意思決定のための財務諸表の賢明な利用を促進するために、ニューヨーク証券アナリスト協会を設立、この協会は一九四五年に『アナリスト・ジャーナル』を発刊、これはのちに『ファイナンシャル・アナリスト・ジャーナル』へと改称している。同様の団体が他の都市においても設立され、やがて投資家たちは自身の資格証明プログラムを設けるにいたったが、このプログラムにおいて認定証券アナリスト（CFA）の資格を得るには特に財務会計に精通していることが求められた。アナリスト協会およびCFAプログラムの運営は一九九九年に投資管理・調査協会の傘下に置かれた。

一九四一年には内部監査人協会が設立され、その目的は雇主にとっての内部監査人の重要性を主張し、高めることだった。内部監査人は会社の従業員であってその仕事は同僚によって行われた会計の正しさを検証し、また、上級管理者が会社の統制システムの適切さを評価するのを助けることであり、さらにまた、特定の状況下、内部監査人は公認会計士による独立監査を助けることもある。

すべての会計専門家（監査人、簿記係、経理部門の責任者、および税務管理者）のなかで自身の職の振興と社会的認知の確保に最も努めたのは独立監査人だった。監査人たちは一八八七年にアメリカ公共会計士協会〈訳者注〉を設立、これがのちにＡＩＣＰＡとなった。この団体は州の認可を求めてロビー活動を行い（一八九六年にニューヨーク州にて、一九二一年には全国で認可を取得）、質の高い業界誌を創り（一九〇五年に『ジャーナル・オブ・アカウンタンシー』を発刊）、大学教育を求め（一九三八年にニューヨーク州にて）、統一的な資格試験を設けた（一九一七年に設けられ、一九五二年には全国的に行われることとなった）*15。暴落ののち、この団体は委員会を設け、利益の決定と資産の分類に関する五つの基準をＮＹＳＥに提案しているが、こうした提案を行った同業者団体はほかになかった。

一九三三年四月のハスキンズ＆セルズのパートナーによる上院銀行・通貨委員会での証言は公認会計士の地位をさらに高めた。ニューヨーク州公認会計士協会の会長でもあった陸軍士官学校の卒業生アーサー・Ｈ・カーター大佐は、企業の財務諸表の監査は官吏が行うべきである、と考える懐疑的な上院議員たちに対して次のように証言している*16。

バークレー上院議員　二、〇〇〇人のメンバーを有するあなた方の団体と、昨日、代表者がここに来られた、これまた二、〇〇〇人のメンバーを有する経理部門責任者の団体の間には何か関係があるのですか?

カーター氏　全くありません。我々は経理部門の責任者を監査するだけです。

バークレー上院議員　あなた方が経理部門の責任者を監査するのですか？
カーター氏　そうです。公認会計士は経理部門の責任者の会計記録を監査するのです。
バークレー上院議員　では、誰があなた方を監査するのですか？
カーター氏　我々の良心です。
バークレー上院議員　結局のところ、経理部門の責任者は実際には監査人とすべて同じというわけではないと思いますが、監査のことを知っていなくてはならないのではありませんか？
カーター氏　彼は会社に雇われていて、上司の指示にしたがっています。
バークレー上院議員　それは分かっています。しかし、彼は監査のことを知っていた方がよいのではありませんか？
カーター氏　ええ。

〈訳者注〉一般に「公認会計士」と訳される「Certified Public Accountant（CPA）」は、しかしながら、実は「認可された公共会計士」と訳すのが正しいが、我が国では「公共会計士（Public Accountant）」という概念ないし呼称は余り馴染みがないため、この訳書では「Certified Public Accountant」は「公認会計士」とし、また、「Public Accountant」は（「アメリカ公共会計士協会」の場合以外は）「公認会計士」ないし「会計士」としている。

バークレー上院議員　彼は簿記のことを知っていた方がよいのではありませんか?
カーター氏　しかし、彼は独立の存在ではありません。
……
レイノルズ上院議員　どうしてあなた方のメンバーはこれらの会計記録を調べる権限を要求できるのですか?
カーター氏　あらゆる事業について独立監査はよいことである、と一般に考えられているからです。
レイノルズ上院議員　なるほど。しかし、それが(連邦取引)委員会に回されると、委員会は誰が正しいのかを確かめるために検査を行わなければなりません。つまり、改めてすべてを監査しなければならないのです。バークレー上院議員が示唆されたように、政府による監査が行われなければなりません。もしも監査機関がこうした多種多様な会社に関与するのであれば、政府は困難や出費や費やす時間を増やさないですむのですか?……監査機関は政府よりも経済的にそれができるのですか?
カーター氏　はい、そう思います。
ゴア上院議員　それについては疑問がないでしょう。
レイノルズ上院議員　どうしてですか?

カーター氏　我々は財務諸表の状況を知っています。我々は事業からもたらされるさまざまな問題を知っています。我々は会社の会計構造の陥穽を知っています。

カーター大佐は一気に二つのことを成し遂げた。すなわち、彼は連邦政府が企業の監査に関与することを回避し、また、公認会計士を経理部門の責任者、学者、原価計算の担当者、および内部監査人と区別した。連邦政府は、公認会計士はプロフェッションの性格を有している、と考えた。

監査に対するさらなる支持は一九三八年のマッケソン&ロビンス事件であり、これは医薬品の卸売業者が総額八、七〇〇万ドルの貸借対照表に一、九〇〇万ドルの虚偽の受取勘定と棚卸資産を計上していたというものだった*17。余談だが、マッケソンは五〇年後にも会計関係の事件に関与し、何人かの重役が有罪判決を受けている。

あとになって考えてみると、プライス・ウォーターハウスの監査人たちは、受取勘定の確認や棚卸資産の検分といったような、基本的な検査を行っていなかった。しかしながら、この一九三八年の事件に対する世間の反応は、正確な財務諸表の公表を経営者に期待することはできない、というものだった。監査を受けない財務諸表は自己採点の試験と同じである。立法者と投資家は、独立の会計士による証明だけが経営者の説明を意味のあるものにすることができる、と結論付けた。
アメリカ会計学会、全国会計士協会、経理部門責任者協会、および内部監査人協会は、いずれも、ＡＩＣＰＡが手に入れたような人々の敬意を手にすることはできなかった。一般投資家は外部監査人を会計プロフェッションと結び付けて考えるようになっていた。毎年、アカデミー賞の授賞式の司会者は投票の集計の責任者を務めるプライス・ウォーターハウスのパートナーを紹介し、また、合衆国郵政公社は一九八七年にＡＩＣＰＡの創立一〇〇周年を記念する切手を発行しているが、生産管理技術者や納税申告書作成代行者や支払能力審査員はそうした評価を受けたことがない。

監査人が受けた高い評価は両刃の剣をもたらした。公認会計士たちはプロフェッションの一員としての地位を固めていったが、他方、そのための彼らの活動は、意図せざる結果として、世論に影響を及ぼした。投資家たちは、公認会計士の第一の責務は、実際に監査報酬を支払っている会社に対するものではなく、一般投資家に対するものである、と考えるようになり、また、公認会計士の目的は、財務諸表が一般に認められた会計原則（ＧＡＡＰ）にしたがって作成されているかどうかについての意見表明ではなく、経営者の不正の根絶である、と考えるようになった。この**期待ギャップ**がこの世紀の残りの間、会計プロフェッションを悩ませることになった。

金を失って不満な投資家は、自分には失った金を取り戻すために外部監査人に対して訴訟を起こす理由がある、と考えるようになった。その論法は、監査人には投資家に対する義務があり、投資家に関係する財務問題が監査報告書で扱われていないということはこの義務に違反していることになり、また、投資における損失は直接的に損害を意味する、というものだった。株式を発行する会社には金がないことが少なくないため、投資家の損害賠償請求の矛先は裕福な公認会計士事務所に向けられることとなった。

監査人の法的責任という概念はイギリスの法廷制度に由来していた。イギリスの勅許会計士はアメリカの公認会計士に先んじており、イギリスの監査人には合理的に有能で注意深くて慎重な監査人が用いるような技量と注意と慎重さをもって務めを果たす義務があった。キングストン・コットン・ミル事件（一八九六年）においては、監査人は棚卸資産の量と価値の検証に際して、実査を行うのではなく、経営者の言葉を信じたが、そのクライアントは「高潔な人格の持主で紛れもなく有能」な人物だったことから、イギリスの法廷は、監査人には棚卸資産を調べる義務はなかった、と判決した。監査人には探偵である義務はなく、何か不正があるに相違ないという疑いの念をもって仕事に取り掛かる義務もなかった。彼は**番犬であって警察犬ではなかった。**

アメリカの法廷は投資家と債権者に対する監査人の義務の明確化に取り組んだ。一九二四年二月二六日、トゥシュ・ニーブン&カンパニーはゴム販売業者のフレッド・スターン&カンパニーの一九二三年の財務諸表に適正意見を与えたが、質の悪い監査により、この公認会計士事務所は虚偽の受取勘定と棚卸資産の過大評価を見付けることができなかった。実質的にこのクライアントは支払不能だった。

当時、スターンはウルトラマレス・コーポレーションから与信を受けるために監査済みの貸借対照表を利用していた。スターンは一九二五年一月に破産を申請し、ウルトラマレスは一六五、〇〇〇ドルの融資を回収することができなかった。ウルトラマレスはトゥシュに対して損害賠償請求の訴えを起こしたが、一つの論点は、監査を行った公認会計士事務所には監査報酬を支払っていない監査報告書の利用者に対しても義務があるかどうか、ということだった。

ニューヨーク控訴裁判所*18は、会計士は、不正のない監査証明を行う、ということについて、債権者と株式投資家に対して義務を有している、と判断した。しかしながら、害意のない失敗からは責任は生じない。この事件は会計プロフェッションを怯えさせたが、それは、単純な誤りといい加減な誤りの間には明確な境界線がないからだった。

二つ目の不意の衝撃はコンチネンタル・ベンディング・マシンの事件だった。ライブランド・ロスブラザーズ&モントゴメリーはこのクライアントの一九六二年九月三〇日に終了する年度の財務諸表を承認したが、その貸借対照表は関係会社からの多額の疑わしい受取勘定を含んでいた。実質的には最高経営責任者が個人的な投資の資金を調達するために会社の金を借りており、これは四〇年後にアデルフィア・コミュニケーションズのジョン・リガスがしたことと同じだった。その投資は失敗に終わり、最高経営責任者は借金を返済することができなかった。

一九三四年法は人を誤導する財務諸表であることの隠蔽を犯罪行為とした。陪審は、それが人を誤導するものであることを知りながらコンチネンタルの財務諸表を承認した、ということをもって三名の監査人を有罪とした。資産の評価に判断を要する場合、財務諸表がGAAPにしたがって作成されているということは十分な弁明にならなかった。上訴審の判事は、それまで非の打ちどころなく過ごしてきていたこの立派なプロフェッションのメンバーに有罪を宣告することが痛恨事であることを認めたのち、この判決を支持した*19。換言すれば、GAAPに準拠していても刑務所行きになる。

監査人に対して訴訟が起こされることの脅威はこの世紀の残りの間に増大した。或る著名な研究者の見積もりによれば、一九九三年までに、大規模な会計事務所の訴訟費用は収益の一〇%ないし一五%に上っていた*20。

会計士は、監査報告書において与える保証の範囲の縮小に努めることによって、訴訟リスクに対処した。一九三四年法以降、公認会計士にできることが「証明」から「意見」の「報告」に変わった。この変化は財務諸表の正しさについての責任が徐々に減少してきていることを意味している*21。監査事務所はまた、有限責任パートナーシップの形態を採用することによって、個人の無限責任を回避しようとした。

一九三四年法以降の立法、規制、および判決はそのすべてがうまく機能したのか？　歴史家と法学者は果てしない議論に十分な材料を持っている。元合衆国会計検査院長のチャールズ・A・ボウシャー（彼は会計教育における二本柱のイリノイ大学とシカゴ大学で学んだ）は、合衆国は大暴落の四〇年後、一九七〇年にペン・セントラル鉄道が破綻をみるまでは大規模な会計事件を経験することがなかった、と述べている*22。この鉄道は、経営難を隠すために、利益を過大計上して高配当を支払っていた*23。**四〇年間、重大な会計スキャンダルがなかったということは大恐慌期の立法者のしたことが正しかったということを意味している。**

第六章　基　準

先例によって一旦、解決をみたことも翌朝にはどうなっているか分からない。確実性と統一性は軽々しく犠牲にしてはならないものだからである。

——ベンジャミン・N・カルドゾ、法律学のパラドックス

株式投資家は財務会計実践における多様性に失望するようになり、やがて会社間の比較を容易にするために会計基準が登場をみる。二〇〇三年に石油産業の巨人ブリティッシュ・ペトロリアムとエクソンモービルはそれぞれ二、二五〇億ドルの収益を報告していたが、一方の収益勘定には税務当局に納める消費税が含まれていたのに対して、もう一方ではこの通過項目を除いていた。権威のある『フォーチュン』の年間売上ランキングにおける問題はアナリストの調整によって回避された*1が、もしも二つの新進企業が一般の人には分からない通過項目をそれぞれ別の形で報告したならば、その二社の成長見通しを評価する際に問題が生ずることは想像に難くない。選択の自由は問題をもたらす。

ハーバード・ビジネススクールのロバート・アンソニーは、各企業がそれぞれに会計の基準を設けることを認める、という自由放任主義アプローチを批判した。実践における多様性は多くの一般投資家の誤導を結果するだろうし、会計に関する共通の基本原則と一般的なフレームワークがない限り、個々の会社によって公表される財務諸表はその利用者の多くにとって理解可能なものとはならないだろう、ということだった*2。

規制者はアンソニーを支持した。その結果として生まれたアメリカの財務会計基準は、その設定過程において、諸問題について述べ、それらの解決方法を論じ、解決策を規定したが、ただし、残念ながら、公表された基準はそれが規定した解決策の選択方法と選択理由には言及していない。他方、医師や技術者や建築家といった他のプロフェッションにおいては同様の基準が登場することはなく*3、アメリカの法廷制度でさえ、基準は排し、制定法と条例と判例法の組み合わせを用いることによって、適当な行動の範囲を定めている。アメリカで財務会計基準が設けられたのは大恐慌が僅かな批判にしか応えてこなかったためだった。

統一的な会計実践を形成するための初期の試みがみられたのは保険業においてだった。

州の保険規制者は、州境線を越えて保険証券を売る保険業者に対する規制を調整するために、一八七一年に全国保険監督官協会を創設した。保険料の支払いと保険金の受け取りの間の時間差が、保険契約者に約束された給付金が支払われることを保証するために規制が必要である、と考えられるような状況をもたらした。

この公共政策の関心事は「勝者の呪い」だった。火災保険業者による強引な勧誘は将来における保険金の支払いを賄うには不十分な保険料の徴収に繋がるおそれがあり、ニューヨーク、シカゴ、およびボストンの大火災ののち、地域の財産保険業者は破綻するにいたった*4が、統一的な財務報告は州の当局者が保険会社の支払能力を監視する際に役立つものだった。保険規制のための会計原則は、無限の寿命と継続企業というGAAPの考え方ではなく、もしも全財産を即座に売却したら、保険金を支払うための現金をどれだけ手に入れることができるか、という清算会計にもとづいていた。

一九一六年に連邦取引委員会の委員長は統一的な会計実践が存在しないことと、一部の会社の減価償却が明らかに不適切であることについての不満を表明する書簡をAICPAに送った。政府は、経理部門の責任者ではなく、監査人に変化を求め、AICPAのメンバーはアメリカがドイツに宣戦布告する五日前、一九一七年四月一日付けの『フェデラル・リザーブ・ブレティン』に一四頁の論説を寄稿した。

連邦準備銀行が関与したのは商工業者によって発行された商業証券を扱っていたため

だった。購入側の銀行は与信リスクを評価するために発行側の貸借対照表に頼る。会計士の偏向を反映して、この論説は、会計のことには言及せず、資産、負債、および持分の額を検証する監査技術に焦点を合わせていた。

一九三〇年代の初期、プライス・ウォーターハウスのシニア・パートナーのジョージ・O・メイはNYSEと共同で財務報告の一般原則を設ける委員会の委員長を務め、一九三四年にこの委員会は収益認識と資産分類に関する五つの指針を提案している。

次いで一九三九年にはAICPAが会計研究公報（ARBs）を発行するために会計手続委員会（CAP）を設立、最初の委員は会計事務所の代表一八名、学者三名（A・C・リトルトン、ウィリアム・ペートン、およびロイ・ケスター）、そしてSECのカーマン・ブロウだったが、産業界の経理部門の責任者や内国歳入局の代表がいなかったことが注目される。

あたかもヨーロッパで第二次世界大戦が勃発した時、CAPはその最初の重要なステートメントである公報第二号『社債借換時における社債発行割引額と社債償還割増額』を公表したが、CAPは三つの案のなかから唯一の会計処理を選択することができず、これはこの世紀の残りの間に起こることの前兆だった。実践における多様性を減少させるためのアメリカでの最初の試みは、同じ事象を多様な方法で報告することにはほとんど意味がない、という考えを承認した。

CAPは会計における相違と矛盾を減らすことをその使命と考えていた。ただし、CAPは統一的な実践を厳格に強要しようとはせず、統一は目指す価値のある目標だが、財務報告において追求される他の特徴の排除が追求されるべきではない、としていた。実践における多様性は、従来のものが廃される前に新しい実践が試みられ、採用されることを認める場合に必然的にもたらされるものである、ということだった*5。

このアプローチはアーサー・ロウズ・ディキンソンの弟子であるメイによって形成された。会計を法の拡張部分として扱うプライス・ウォーターハウスにおけるイギリスの伝統が染み付いたメイは、財務報告は、専断的なルールに盲目的にしたがうことによってではなく、原則とプロフェッショナルの判断によって律されるべき、と考えていた。

或る者は、CAPは防火ではなく消火作業をしている、と批判し*6、また、或る者は、CAPは決してGAAPをはっきり示そうとはしていない、と批判した*7。公報は正式な調査にもとづいてはいなかった。実践を成文化しようという試みは未完だった。興味深いことに、あたかもCAPが設けられた時に議会と財務省は内国歳入法の発布をもって連邦所得税会計の成文化を果たした。

一九三九年から一九五九年までにCAPは無形資産、偶発損失準備金、所得税、年金制度、およびストック・オプション――今日にいたるまでの最新の話題――を網羅する五一の広報を発表しているが、残念ながら、誰も満足するにはいたらなかった。会計基準の多様性が続いているためにSECは不満だったし、学者は概念フレームワークがなく発行された公報に不満だった。

公認会計士のなかではアーサー・アンダーセン&カンパニーのレオナルド・スパチェックが最も声高の批判者として登場した。アンダーセンはサミュエル・インスルのシカゴの公益事業持株会社帝国における会社間取引の解明を担うことになった監査人として名声を得ていた。アンダーセンは被規制公益事業の実践の実態を明らかにし、料金設定のための比較を容易にする統一的な会計原則を支持していた。

業務執行パートナーのスパチェックは、創業者のアーサー・E・アンダーセンに立ち向かおうとしたアンダーセンの唯一の従業員、として悪評を得ていた。しかし、批判を受けたスパチェックは、自分はアイオワ出身で、いつでも家に帰ってトウモロコシを栽培できる、と上司に告げることによって、怖いものがないことを示し*8、こうした気骨によってスパチェックはアンダーセンの後継者として頭角を現すことができ、一九四七年から一九七〇年までこの事務所のリーダーを務めることができた。喧嘩好きの中西部出身者は上品なジョージ・メイを引き立てる役回りを務めた。

被規制公益事業の会計におけるスパチェックの経験は、財務会計実践における公正性は企業間の統一性を意味する、という強い確信を彼にもたらしていた。彼は、ジャーナリズムを比喩にして、もしも誰かが或る新聞の或る記事を読んだら、その人は別の新聞からもほぼ同様の記事を手に入れられるべきである、と述べており[9]、「アーサー・アンダーセン&カンパニー」の名前が何か意味を持つためには、この事務所はすべてのクライアントの仕事において同一の会計原則にしたがわなければならない、と考えていた。会計処理は監査意見に署名する個々のパートナーの考えに依拠すべきではなく[10]、同じ事実についてはすべての監査人が同じ結論に達するべきである[11]、ということだった。

スパチェックが彼が述べたことの裏付けと考えていたのは当時、手に入れたばかりのデュポンの監査におけるアンダーセン&カンパニーの処理だった。デュポンはジェネラル・モータースの株式の二三%を所有しており、GMが配当を宣言するのを待つことなく、GMの事業による利益を認識していた。スパチェックはこの処理（結局は一九七一年にAPB意見書第一八号によって認められ、のちにウォーレン・バフェットが「見通しの利益」と呼んだ）に同意したが、この持分法は当時はGAAPの一部ではなかった。スパチェックに促されて、アーサー・E・アンダーセンは事務所の意見を限定し、ただちに有名なクライアントを失った[12]。類似の頑固さはこの事務所に鉄道と貯蓄貸付組合のクライアントを失わせる原因となった[13]。

スパチェックは大規模な会計事務所を経営するニューヨークの仲間たちには全く愛情を持っていなかった。彼は彼の競争相手たちがアーサー・アンダーセン&カンパニーを公益事業の財務諸表を専門とする地域的な事務所とみなしていることを馬鹿にされているように感じていた。また、CAPによって示された柔軟性に対してほとんど敬意を持っていなかったスパチェックはCAPの見解を「一般に認められ、時代遅れになった会計原則」と呼んだりもした*14。

一九五〇年代にスパチェックは会計プロフェッションを批判する一連の過激な講演を行っているが、監査業界においてもAICPAにおいても、重要人物が世論の批判を導くのは前代未聞のことだった*15。スパチェックはCAPの非公開のやり方と公報を裏付ける証拠資料がないことを強く批判し、紛争について司法的判断を示し、判決理由について証拠資料を示すために、会計裁判所を創設することを提案した*16が、他方、営利企業をクライアントとしていたプライス・ウォーターハウスとハスキンズ&セルズは柔軟性の代表的な擁護者となった*17。

一九五七年一〇月、AICPAの新任の会長でライブランド・ロスブラザーズ&モントゴメリーの業務執行パートナーのアルビン・ジェニングスは財務報告の状態に問題があることを認めた。CAPは産業界の圧力に屈し、フレームワークについて提案をなすことはできなかった、と考えるジェニングスは、競争相手のアメリカ会計学会によって、SECの主任会計官がときに権威のある裏付けとして用いる理論的な会計原則が成文化されたことを気に懸けていた*18。

ジェニングスはハスキンズ&セルズのシニア・テクニカル・パートナーのウェルドン・パウエルを委員長とする特別専門委員会を設けた。パウエルとともにこの委員会に参加したのはSECの主任会計官のアンドリュー・バーとプライス・ウォーターハウスの執行パートナーのポール・グレディだった。この三名はイリノイ大学の同級生で、歴史的原価会計と実例から帰納された一般原則の頑固な擁護者として知られるA・C・リトルトン教授の下でともに学んだ仲だった。パウエルは、何としても統一性を求めるべき、とする主張には動かされなかった。すなわち、実業家は会計の問題についてさまざまな方法を試みる機会を持つべき、ということだった*19。

この委員会の活動は一九五九年九月一日、会計研究に依拠したしっかりしたルールの成文化を目的とする会計原則審議会（APB）の設置へと繋がった。APBは会計学の促進を目的として新たに設けられた会計調査研究部（ARD）の資源を用いることとされ、この二つの組織は会計基準に厳密な基礎を持たせるために協力することとされた。

しかし、これはうまくゆかなかった。CAPとAPBはともに、年毎に交代する二一名以下の非常勤の委員によって構成される有効に機能しない大規模な会議体、ということの悩みを抱えていた。SECは決してAPBをアメリカの会計基準に関する意思決定者とは認めていなかったし、また、APBは非公開の審議について批判を浴びた。

しかも、APBは、その最初の重要なステートメントの発布をもって、電動円鋸にぶつかった。ケネディ政権下、議会は一九六二年歳入法を成立させ、資本的支出と経済成長に拍車を掛ける投資税額控除（ITC）に関する規定が設けられた。適格な土地、工場、および設備を購入した企業は、投資年度における当該資産の購入価格にもとづき、直接的な税額控除を受けることとされ、納税すべき額を直接に減らす税額控除は課税所得額を減らす単なる控除よりも強力な刺激となるものだった。

この革新的なITCは未知の領域だった。二つの対抗する会計方針、すなわち繰延法と一括控除法が登場した。繰延法はITCを資産の原価から控除されるものと捉え、資産の耐用期間にわたって控除額を認識し、他方、一括控除法はITCを投資年度における所得税から控除されるものと捉え、そのすべてを資産取得年度に利益として認識するものだった。会計方法の選択はキャッシュ・フローには影響を与えず、黒字の企業が一括控除法を用いた場合、購入年度により多くの利益が報告されることになる。

〈表６－１〉には耐用年数五年の適格な設備を五万ドルで購入した企業が七％の控除を

〈表6－1〉 利益の認識には影響を与えるが，利益の総額には影響を与えないITCの会計処理

	1963年	1964年	1965年	1966年	1967年	計
繰延法						
税引前利益	$100,000	$100,000	$100,000	$100,000	$100,000	$500,000
35%の所得税	(35,000)	(35,000)	(35,000)	(35,000)	(35,000)	(175,000)
小計	65,000	65,000	65,000	65,000	65,000	325,000
控除額の認識	700	700	700	700	700	3,500
純利益	$ 65,700	$ 65,700	$ 65,700	$ 65,700	$ 65,700	$ 328,500
一括控除法						
税引前利益	$100,000	$100,000	$100,000	$100,000	$100,000	$500,000
35%の所得税	(35,000)	(35,000)	(35,000)	(35,000)	(35,000)	(175,000)
小計	65,000	65,000	65,000	65,000	65,000	325,000
控除額の認識	3,500	0	0	0	0	3,500
純利益	$ 68,500	$ 65,000	$ 65,000	$ 65,000	$ 65,000	$ 328,500
所得税額	$(35,000)	$(35,000)	$(35,000)	$(35,000)	$(35,000)	$(175,000)
税額控除	3,500	—	—	—	—	3,500
納税額	$(31,500)	$(35,000)	$(35,000)	$(35,000)	$(35,000)	$(171,500)

受ける場合が示されている。

会計方法の選択は利益の総額や税額やキャッシュ・フローには全く影響を与えないことが注目される。一括控除法の採用は単純に企業が適格な資産を取得した年度の報告利益を大きくする。

一九六二年一二月に公表されたＡＰＢ意見書第二号は繰延法の採用を求め、一括控除会計を禁止した。ＡＰＢは、利益は、単なる資産の取得からではなく、取得した資産の使用から生ずる、と説明した。その後、適格な資産が売却された場合には税の再徴収が行われることとなり、利益の実現は企業が資産の使用を継続することに依拠していた。したがって、繰延法は収益と費用をよりよく対応させるものだった。

財務会計基準審議会（ＦＡＳＢ）は動きが遅いことと、統一的な会計原則というほどには厳しく強制していないことが批判されたが、他方、ＡＰＢは試験には見事に合格したものの、政治音痴だった。

一九七三年、財務諸表の目的に関する（簡潔に論じられた）トゥルーブラッド報告書が公表された直後、ハーバード・ビジネススクールのデビッド・ホーキンスは、或る講演において、会計原則には国の経済目標およびこの目標を達成するための政府の諸計画との整合性が求められるべき、と主張した*[20]。

企業が一括控除法によって報告利益をただちに増やすことを禁ずることによって、APBはITCの財政的景気刺激策としての効果を減じたように思われた。APBは、連邦政府が財政的目標を達成するのを助けることを自身の責務とは認識していなかったことから、国の経済的目的とは相容れないことに気が付いた。

換言すれば、ホーキンスは、会計原則は決して中立的ではありえない、と主張した。どのような基準も財務諸表の作成者と利用者の行動に影響を与える。もしも基準設定者が政府の方針とは相容れない行動を喚起しようとするならば、政府は基準の決定権を取り上げるしかない。

APB意見書第二号に対してはすぐに反応があった。ビッグ・エイト会計事務所のうちの三事務所（プライス・ウォーターハウス&カンパニー、ハスキンズ&セルズ、およびアーンスト&アーンスト）が、この基準を用いる予定はない、とクライアントに告げた*21。SECは一九六三年一月に公表の会計連続通牒第九六号において見解の多様性を認め、すなわち、税額控除がいずれかの方法で会計処理されていれば、その財務諸表を認める、とした。この動きは設置されてからほどないAPBの活動を阻害し、また、不公正なものだった。SECは統一性を強く求めていたにもかかわらず、最初の論争点において多様な実践を認めたからである。

打ち負かされたＡＰＢは一九六四年三月に意見書第四号を公表し、企業が繰延法と一括控除法のどちらかを用いることを認め、また、この意見書においてＡＰＢは、ＡＰＢの権威は公表した意見書の一般的受容度に懸かっている、ということを認めた。ＡＰＢの二〇名のメンバーのうちの五名は意見書第四号の結論に反対だった。

ＡＰＢのメンバーで元ＳＥＣ委員のカーマン・ブロウは意見書第二号の支持を繰り返し表明し、例えば有力な関係者が或る意見書をすぐに受け容れなかった場合、ＡＰＢはそれを撤回すれば使命を果たすことができるということなのだろうか、という疑念を表明した。同じくＡＰＢのメンバーのアーサー・アンダーセンのスパチェックは、意見書第四号は、財務諸表の利用者が産業間および企業間の有意味な比較をできるようにする原則の確立を会計プロフェッションが全く失敗した、ということを例証した、という考えを示した。

税務会計の政治的な性格は頻繁な変更をもたらす。議会は一九六六年にＩＴＣを停止し、一九六七年に復活し、一九六九年に廃止し、一九七一年に再導入した。ＡＰＢは一九七一年に、ＩＴＣの申告を見越して、再び一括控除会計を制限しようとした。上院の或る委員会は一九七一年歳入法の制定に際して次のように述べている。

株主や債権者等に対する財務報告における投資税額控除の会計処理方法は報告利

益に重要な影響を及ぼし、したがって、景気回復に重要な影響を及ぼす。委員会は、下院においてと同様、この法案に規定される投資税額控除には極めて大きな経済刺激の効果があるということを懸念している*22。

議会はその力を誇示し、「納税者は、連邦政府機関の管轄を受ける財務報告ないし連邦政府機関に対する報告において、税額控除に関して特定の会計方法の採用を求められることはない」という規定が設けられた*23。一九八六年の税制改革法がＩＴＣを除くまで、ＩＴＣの適用対象となった企業の大多数が財務会計報告書の作成において一括控除法を選択した。

ＡＰＢの連れ合いの会計調査研究部（ＡＲＤ）は自身の問題を経験した。歴史的原価による資産評価および損益計算書における収益と費用の対応に異議を申し立てる独創的な会計のフレームワークを提案したＡＲＤだったが、アメリカの企業はインフレーション会計、値洗い、保有利得の開示、および無形資産の認識に関するＡＲＤの考えに対応する準備がまだできていなかった。財務諸表の作成者とＡＰＢはＡＲＤのフレームワークを無視した。

こうした問題にもかかわらず、或る研究者は二つの業績をＡＰＢのものとして挙げており、すなわち、意見書の第三号と第一九号は公開会社による資金フロー計算書の広範な採用へと繋がり、また、意見書の第九号、第一三号、第二八号、および第三〇号は損益計算書における分類を明確にし、その結果、財務諸表利用者は営業の成果を末梢的ないし一時的な事象と峻別できるようになった、とされている*24。しかしながら、こうした成果は分類に関するものであって、認識や評価といったより難しい問題にかかわるものではなかった。

ＡＩＣＰＡは一九七〇年までにＡＰＢに対する信頼を失っていた。ＡＰＢは指針として受容される諸原則を作り上げることもできず、「収益」や「資産」といった用語を定義することもできず、会計実践の多様性を減ずることもできず、また、利用者が理解できない財務諸表を認めるような会計のフレームワークが存在しないことを主張したバルーク・カレッジのアブラハム・ブリロフのような実業界のうるさ型からの批判に立ち向かうこともできなかった。批判者たちの結論は、ＡＰＢには会計の統一性を作り出し、強要しようとする気概がない、というものだった。

一九七一年一月、ＡＩＣＰＡは新たに二つの特別専門委員会を設けた。会計事務所トゥシュ・ロスの会長ロバート・トゥルーブラッドが率いたのは財務諸表の目的を検討する委員会（トゥルーブラッド委員会）だったが、彼は公認会計士試験の成績をもってＡＩＣＰＡ

の一九四一年のイライジャ・ワット・セルズ・シルバー・メダルを授与されていた。また、元ＳＥＣ委員のフランシス・ウィートが長を務めたのは会計原則の確立を検討する委員会（ウィート委員会）だった。

九名の委員から構成されるトゥルーブラッド委員会は一九七一年一〇月に作業を開始し、しかし、一九七三年一〇月まで報告書を出さなかった。トゥルーブラッド委員会は五〇回のインタビューと三五回の会議を行ったが、同委員会が報告書を出した時にはＡＩＣＰＡは最早、会計基準の設定を担ってはいなかった*25。

この報告書は、財務諸表は意思決定に有用な情報を提供する、と結論付けた。恐らく最も重要な情報は投資家や債権者が企業の将来のキャッシュ・フローの額、時期、および確実性を予測するのを助ける情報だったが、この報告書は、投資家や債権者がこうした予測に際して会計情報をどのように用いるのかは誰にも分からない、ということを認めた。

七名の委員から構成されるウィート委員会は時間を無駄にしなかった。この委員会は一九七一年三月に組織され、一九七二年三月に報告書を出した。この委員会は基準設定作業をＡＩＣＰＡから独立の組織に移すことを勧告し、この勧告から生まれたＦＡＳＢは有給で重任可の五年任期の常勤者七名によって構成される独立の組織だった。ＳＥＣは、一九七三年一二月発行の会計連続通牒第一五〇号をもって、正式にＦＡＳＢを認めた。Ｃ

ＡＰもＡＰＢもこうした正式の認可を受けたことはなかった。

審議会のメンバーに公認会計士の資格は求められなかった。ＦＡＳＢはまた、すべての利害関係者に意見を求めることが予定されている連邦機関のための手続き上の指針である一九四六年の連邦行政手続法にもとづく網羅的なデューディリジェンスを行うことでもＣＡＰやＡＰＢと異なっており、すなわち、次のようなプロセスが予定されていた[*26]。

或る問題の検討を承諾したＦＡＳＢは通常、その問題に精通した者をもって構成される特別専門委員会を設ける。この特別専門委員会は通常、問題点を明確にし、さまざまな解決策を提案するために、討議メモを公表する。次いでＦＡＳＢは公聴会を催したり、書面による意見表明を募ったり、或る会計処理を提案する公開草案を発表したりすることができる。利害関係者は書面をもって意見を述べる。もし必要とあれば、ＦＡＳＢは追加の公聴会を開くことができる。

次いでＦＡＳＢは新しい財務会計基準書を公表してこれをＧＡＡＰに加えるか、そうでなければ棚上げにするか、あるいはその件を終わりにする。この手続きには三年を掛けることができる。例えば連結のように、ＦＡＳＢが発足するまでは解決をみなかった問題もいくつかあった。好ましいことにＦＡＳＢのやり方は慎重で開放的である。

〈表6－2〉 主要な財務会計基準設定機関

	会計手続委員会	会計原則審議会	財務会計基準審議会
設置期間	1939～1959年	1959～1973年	1973年～
人員	18～21名	18～21名	7名（ときに6名）
CPAの資格要件	○	○	×
有給・常勤	×	×	○
主要な成果物	51の公報	31の意見書	150以上の基準
審議プロセス	控目	有意義	徹底的
公表物の性格	提案	勧告	ルール

〈表6－2〉には基準設定を担う組織が前任の組織の経験から学んできたことを示されている。

学者と一部の実務家は、指導原理がないままに基準を成文化した、ということについてCAPとAPBを批判した。理論がないと、会計ルールが政治家任せになってしまい、有力者に都合のよいものになるおそれがある。大方の意見は、強固な理論的根拠が安定的で首尾一貫した基準をもたらす、というものだった。

FASBは、創設されてすぐに、アメリカの財務会計基準を正当性のある原則にもとづかせるための概念フレームワーク計画に着手、これは二〇年の歳月と何百万ドルもの費用が掛かるものだった。しかし、FASBは議会によって設けられた連邦行政機関、すなわちSECの意のままに働くことを早くに学んだ。政治家は有権者に仕えるのであって、理論に仕えるのではない。

〈表6－3〉　融資の価値と実効利子率を引き下げる債務再編成

	元の融資条件			緩和された融資条件		
年	収入	割引率	現在価値	収入	割引率	現在価値
1	$ 100	0.9091	$ 91	$ —	0.9091	$—
2	100	0.8264	83	—	0.8264	—
3	100	0.7513	75	100	0.7513	75
4	100	0.6830	68	100	0.6830	68
5	1,100	0.6209	683	100	0.6209	62
6			—	1,100	0.5645	621
			$1,000 ←→	$1,400		$826
	融資の内部収益率(IRR)		**10.0%**		条件緩和後の融資のIRR	**6.3%**

一つの教訓は不良債務の再編成にかかわるものだった。一九七三年のアラブの石油輸出禁止後の不況は多くの不良債権をもたらした。主な債務者のなかにはSECの元主任会計官サンディ・バートンが財務担当副市長を務めていたニューヨーク市も含まれていた。貸手側の銀行は、貸付金回収の可能性を高めるために、返済が困難になった借手に譲歩することが少なくない。債務再編成は一九七〇年代の半ばまでFASBの重要課題だった。

或る銀行が、利息は年一〇％の利率で年毎の支払い、元本の返済期限は五年後、という条件で一、〇〇〇ドルを貸したとする。融資を受けた直後に借手は財務的困難に陥り、返済条件の緩和を求めた。〈表6－3〉に示されるように、貸付金を守りたい銀行は一年分の利息を放棄し、その他の支払いについて一年間の猶予を借手に与えた。

条件の緩和は、一〇％の割引率で計算した場合、融資の価値を一七四ドル（一、〇〇〇ドル－八二六ドル）減らした。この損失を認識するということは銀行の株主の持分の減少を意味する。規制下にある銀行は、営業を続けるために、自己資本比率の要件を満たさなければならない。負担が大き過ぎると、銀行は融資を続けられなくなるおそれがある。

一九七六年七月にＦＡＳＢは、その審議手続きの一部として、ニューヨーク市の主な銀行家の証言を聴く機会を持ち、そこで先頭打者を務めたシティバンクのウォルター・リストンが強く主張したのは、不良債権の再構成を行った際にはその損害を損益計算書に示すことを貸手たちに強いるような厳格な会計基準の必要性、だったが、そうした基準が設けられた場合、諸銀行は優良ではない借手に対する融資により慎重になり、その結果、財政難に陥った市、不動産開発業者、および少数民族企業は融資を受けにくくなることが考えられた[27]。

ＦＡＳＢはこれにしたがってステートメント第一五号『債務者と債権者による不良債務の再構成の会計処理』を公表した。取引にかかわる経済状態の変化を示すことは目指しつつも、利益への賦課を貸手に強制することは好まないＦＡＳＢは、融資条件の変化は新たな取引を意味するものではない、と結論付けた。

割引前の利息と元本の支払いの総計が少なくとも融資の帳簿価格になる（条件を緩和した場合の一、四〇〇ドルが融資の帳簿価格一、〇〇〇ドルを上回っている）限り、貸手は単により低い利回り（再構成前が一〇％だったのに対して六・三％の実効利回り）を認識するだけで、損益計算書の損失計上は避けることができる。

二〇〇一年にあと知恵をもって執筆された代表的な会計のテキストは、損失の認識を繰り延べ、貯蓄金融機関が不良債権を隠すことを許したこの複雑な基準は、これが設けられたことが一九八〇年代におけるさらに大きな危機、すなわち納税者に何十億ドルもの負担をもたらした貯蓄貸付組合危機に繋がった、としている*28。外見上は無害な会計に関する決定も、これが影響力の大きい、意図せざる結果に繋がることがある。

政治が勝利を収めた第二の例は石油とガスの探鉱に関する会計処理にかかわるものだった。一九七三年の石油輸出禁止は価格の三倍増を結果し、国内における石油探索の費用効率をより高いものとした。大規模な、多角化した石油会社は「成功部分原価法」を採用し、不成功井の探鉱費を損益計算書に計上していた。

規模の大きくない会社は「全部原価法」を採用し、探鉱の成否にかかわらず、探鉱のための支出をすべて資産化していた。当時、アメリカ本土の新しい埋蔵地帯で採算がとれるのは三〇に一つだった*29が、山師たちは、不成功井は採算がとれる井を発見するために必要なコストである、と主張していた。探鉱のための支出を資産化して徐々に費用処理してゆくことは利益の平準化に繋がる。

この場合も会計処理方法の選択は会社のキャッシュ・フローには全く影響を与えず、時が経つにつれて、二つの方法の利益の累計は近似してゆくこととなった。株式を増やすと証券投資利益の変動が減るのと似て、単に或る会計期間における掘削を増やすだけで利益の不安定性は低くなるはずだった*30。が、しかし、規模の小さい会社は大規模な会社のように多くの掘削を行うことはできなかった。

SECはFASBに会計実践における多様性を減らすことを求めており、一九七七年一二月のステートメント第一九号『石油生産会社およびガス生産会社による財務会計と報告』の公表はこの要求によるものだった。FASBは石油会社とガス会社に成功部分原価法の採用を求めた。

小規模な会社は異議を申し立て、利益の変動を避けるために探鉱を減らすと威嚇し、また、助力を求めて議会やその他の連邦機関にロビー活動を行った。或るエネルギー省の役人は、小規模な会社は、好ましくない利益の状況を報告することを懸念して、石油やガスの探鉱を減らすだろう、と考え、司法省は、業界における競争状態が弱まることを懸念して、SECに採択の延期を求めた*31。圧力を受けてSECは一九七八年八月にASR第二五三号を公表し、登録会社に全部原価法の採用を認めた。

ＡＰＢが投資税額控除の会計処理に関する自身の立場を逆転させなければならなかったのとまさに同じく、ＦＡＳＢは一九七九年二月にステートメント第二五号『石油生産会社およびガス生産会社に対する特定の会計処理方法採用の要求の停止』を公表し、二つの方法をともに認めるしかなかった。ＳＥＣでさえ、埋蔵量計上法という会計処理方法の案出を自ら試みたものの、実行の複雑さからこれを断念した。

ＡＰＢとＦＡＳＢはその使命について連邦政府から同じことを伝えられた。すなわち、有権者に配慮しつつ、実践における多様性を減ずること。大半の会計原則の選択は長期的には全く違いをもたらさない、という事実は政治においては全く意味がなかった。

初期における理論に対する政治の勝利にもかかわらず、ＦＡＳＢはＣＡＰ（二〇年存続）とＡＰＢ（一四年存続）を合わせたよりも存続している。ＦＡＳＢはＳＥＣの意のままに仕え、そのしかるべき手続きの一部としてこの行政機関と協議することに熟達してきている。対照的にＡＰＢは、ＳＥＣが一括控除法の検討を提案したにもかかわらず、そっけなく一括控除法を退けた。或る評者は、ＦＡＳＢの成功の原因はＦＡＳＢが論争に加わり、結果として生ずる批判を引き受けるなどして、ＳＥＣの熱遮蔽として行動しようとしていることにある、としている[*32]。

会計ルールの量は減る気配がほとんどないままに増え続けている。このことからもたらされた好ましくない事態の一つは会計教育の性格の変化である。一九八〇年以降に刊行された財務会計の中級テキストはどれも皆、一般原則よりも個々のルールを教えることに重きを置いている。

或る教授は、会計学の学生が学んでいるのは、問題の考え方ではなく、手続きである、と嘆き、また、彼によれば、公式の基準は、事実を分析し、議論にふけるよりも、規定を復唱する方が容易であると思うような力のない教師にとっては天の賜物だった*33。対照的に、法律学の学生は先例に異議を申立て、司法試験のための暗記を減らすことを学んでいる。

恐らくすべてのルールの背景には、勧奨された会計処理方法に**異議のある経営者を目の前にした監査人が「私たちには何もできません」といえるようにする**、という意図があった。厳格な基準は競争相手の監査事務所からの**オピニオン・ショッピングを減らす**だろう*34し、また、数値で線引きをするルールにしたがうことは監査人の**プロフェッショナルとしての責任範囲の拡大を限定する**だろう。

全く同じ財務会計基準をもってしてさえも、公開会社は減価償却、退職給付債務、繰延税金、製品保証費、および不良債権について固有の評価を行うに違いない。簿記から判断を除くことは決してできない。

会社が十分に確立した原則を用いている限り、特殊性は問題ではないかもしれない。一九九九年にフランクフルト証券取引所の新市場に登録されている株式について、買値と売値の開き（買手と売手の間の好ましくない情報の非対称性の尺度）と出来高（好ましい株式の流動性の尺度）の比較を行った或る調査の結果をみてみよう。なお、上場会社は国際会計基準（IAS）ないしアメリカのGAAPにしたがって財務諸表を作成することができ、また、よりよい開示は小さい開きと高い流動性をもたらすはずだった。

アメリカのGAAPによる開示がIASによる開示に優っているという証拠はなかったが、しかしながら、どちらの会計のフレームワークもドイツの原則には優っているように思われた。すなわち、GAAPないしIASを用いていた新市場の会社の株式は、ドイツのルールの下で報告していた類似の会社の株式よりも、開きが二四％小さく、出来高が三〇％大きかった*35。GAAPやIASのような十分に確立した会計システムは外部者のニーズにとてもよく応えるはずだった。後続の章において論じられるように、問題はルールにあるのではなく、財務諸表作成者の行動にある。

第七章　学術的知見

すべてのモデルは間違っているが、いくつかのものは役に立つ。
――ジョージ・E・P・ボックス
（ウィスコンシン大学教授）

財務会計基準に関する議論が進展するにつれ、学者たちは意見を求めるために努力した。実業界の批評家アブラハム・ブリロフ教授は、会計基準の設定は公共部門によるべきか、民間部門によるべきか、という議論は学問の世界における排中律を伴っていない、と嘆いた*1が、時が経つにつれて、学者たちは実務家が財務会計に関する議論を行う際に役立つ手段を開発した。

二〇世紀を迎えるまでの会計教育は商業算術、習字、および商業通信文書法の領域に入れられていた*2。

一八八一年、或るフィラデルフィアの企業家の寄附によってペンシルバニア大学にウォートン・スクールが創立され、これはまだ経営のテキストや事例研究などといったものがなかった時代に創られた世界初の大学におけるビジネススクールだった。このウォートンは一八八三年に初の大学における会計講座を開設、これには「会計の理論と実践」という連続講義も含まれていた＊3。また、ダートマスは一九〇〇年にエイモス・タック経営・金融大学院を創設、これは経営大学院の嚆矢だったが、その最初のカリキュラムには会計の科目はなかった。

一九〇〇年にはウィリアム・モース・コールがハーバード大学の経済学科に会計科目を開設、これは卒業後はビジネスの世界に進みたいと考えている教養課程の学生に対する職業指導という性格のもので、翌年には半単位が認められ、一九〇五年には単位が完全に認められた。一九〇八年にハーバード経営大学院が開設された際、この科目は三つの必修科目の一つとなり、あとの二つは契約とマーケティングだった＊4。

一九〇〇年にはまた、チャールズ・ウォルドー・ハスキンズがイライジャ・ワット・セルズとともにニューヨーク大学の商業・会計・金融学部を創設しているが、ＡＩＣＰＡはこの創設に助力し、初期の奨学基金を提供している。ハスキンズは初代の学部長を務め、最初の会計学教授職を設けた。

二〇世紀の初期のテキストは知的厳密さを増し、その例としてはロバート・モントゴメリーによるディクシーの『監査論』のアメリカ版（一九〇五年）、チャールズ・エズラ・スプラグの『会計原理』（一九〇八年）、ウィリアム・モース・コールの『財務諸表——その構成と解釈』（一九〇八年）、およびヘンリー・ランド・ハットフィールドの『近代会計学』（一九〇九年）を挙げることができる*5。

一九〇八年にはノースウェスタン大学がシカゴの中心部における夜間課程として商学部を開設しており、その翌年にはアーサー・E・アンダーセンという名の若き公認会計士が講師に加わっている。アンダーセンはノースウェスタン初の終身在職権を有する会計学教授となり、自身の名を冠した監査事務所を設立した。また、一九一五年までに四〇近い他の大学が商学部ないし経営学部を開設しており*6、一九三九年にはイリノイ大学が初の会計学博士の学位を授与している。

会計学における卓越した教育者の嚆矢であるアナニアス・チャールズ・（A・C・）リトルトンとウィリアム・ペートンは会計教育に中西部の影響を与えた。当時、投資銀行家を育てる教育はアイビー・リーグの領分で、他方、会計教育は主としてビッグ・テン〈訳者注〉によって担われていた。

一八八六年に生まれたリトルトンはイリノイ州南部のブルーミントン高校を卒業、シカゴ&オールトン鉄道に二年間、勤務したのち、イリノイ大学で三つの学位を取得して同大学の教員となり、大学院に会計学課程を設けた。一九五二年にリトルトンが退職するまでに同大学は会計学において二二五の修士号と二六の博士号を授与したが、その修士号の三分の一と博士号の九〇％は彼が指導したものだった。

一八八九年に生まれたウィリアム・ペートンはミシガンの田舎で育ち、ミシガン大学に進学、一九五八年まで続くその教員生活を一九一四年に始めているが、アメリカ経済学会の年次大会に参加していた会計学教員たちが会計学の教育課程の開発について連携するために非公式の会合を持ったのは翌一九一五年のことだった。

さらにその翌年にペートンは、一九三五年に「アメリカ会計学会（ＡＡＡ）」へと改称されることとなるアメリカ大学会計学教員協会の設立を手伝い、その後、この協会の会誌の初代の共同編集者を務めている。また、多くの本や研究論文や論説を執筆した彼は、ＡＩＣＰＡの一九八七年の一〇〇周年記念の際に「今世紀の傑出した教育者」に選ばれている。

一九二三年にシカゴ大学のジェームズ・O・マッキンゼーはＡＡＡがアメリカ経済学会を離れて独自に年次大会を行うことを提案し、ＡＡＡは資産の評価額を原価から引き上げ

〈訳者注〉アメリカ中西部の大学競技連盟。イリノイ大学、ミネソタ大学、ノースウェスタン大学、パデュー大学、ウィスコンシン大学、インディアナ大学、アイオワ大学、オハイオ州立大学、ミシガン大学、ミシガン州立大学等が加盟。

るという一九二〇年代の企業の実践に異議を唱えた。

ＳＥＣの設立直後の一九三六年にＡＡＡは『会計原則試案』というステートメントを公表しているが、そこで注目すべきルールは、取引は「価値」ではなく「原価」をもって記録すべき、というものと、貸借対照表は払込資本と留保利益を区別すべき、というものだった*7。このステートメントはアメリカの会計団体が整除された会計原則を文書化した最初の例だった。

競争相手のＡＩＣＰＡは『試案』に反応することなく、監査人の雑誌『ジャーナル・オブ・アカウンタンシー』はこのステートメントに言及することすらなかった。ＡＡＡはこのステートメントを一九四一年、一九四八年、一九五七年、および一九六六年に改訂しているが、会計士もＳＥＣのスタッフも関心がないようだった。また、ＡＡＡの会員たちはインフレーション会計や監査の原理などといったテーマの理論的な論文を公表しているが、カリフォルニア大学バークレー校のモーリス・ムーニッツは一九七四年の論文において、ＡＡＡの著作物はそのすべてが会計の実践にはほとんど直接的な影響を与えていない、ということを認めている*8。

一九三九年にＡＩＣＰＡは、プライス・ウォーターハウスのジョージ・Ｏ・メイの発起により、会計手続委員会を設けた。メイは、指針となる原則をもって会計における問題を解決しようとするＡＡＡのやり方を否定し、代わりに、特定の論点に依拠した公報を発行するというコモンロー・アプローチを選択した*9。

一九四〇年一月にはペートンとリトルトンの『会社会計基準序説』が刊行されている。この小冊子は、特定の基準よりも、基礎的な概念を扱っており、著者たちは、努力と成果の適切な対応により、会社の収益力についての信頼しうる情報を提供することをもって財務諸表の目的とし、また、公正性についての責任は独立監査人の双肩に懸かっているとしていた。この小冊子はＡＡＡの刊行物のなかで**初めて実務家に広く読まれたものだった***10。

第二次世界大戦後、ハーバード・ビジネススクール（ＨＢＳ）は第一学年の会計と統計の授業を合体させて「統制」という第一学年の必修科目を設けた。そのシラバスにおいては、目的を果たすために数字と会計記録を用いること、そして経営意思決定を支援するデータとしてのそれらの限界を理解することが重視されていた*11。大半の学校が外部者向けの財務会計的な観点を採用していたのに対し、ＨＢＳは内部者向けの原価計算的なアプローチを重視していた。

一九五九年にはカーネギー財団が『アメリカン・ビジネスマンの教育』、フォード財団が『ビジネスのための高等教育』を刊行しているが、どちらも、ビジネス教育は技術的に過ぎ、思考力を高めるものとなっていない、としてこれを批判し、また、法曹や医師のような確立されたプロフェッションの場合には、学部における教養科目を保持するために、技術的な訓練は大学院で行うこととされている、という事実を指摘の上、教養科目や理系の科目をより多く学ぶことを勧告していた*12。

一九六〇年代までに会計研究における初期の巨人たち（例えばハットフィールド、スプラグ、ペートン、リトルトン、およびバッター）は学界の支持を失うにいたっていた。彼らの仕事には資料も理論もなく、また、彼らの仕事は、曖昧は資産か否か、残高の測定は原価によるべきか価値によるべきか、会計単位は資本主のものとみるべきか独立の主体とみるべきか、といった問題に焦点を合わせていた*13。

一九六〇年にはシカゴ大学が普通株式の利回りを測定するために証券価格研究センター（CRSP。「クリスプ」と読む）を設立し、一九六四年には機械で読み取ることができる歴史的株価データベースが初めてCRSPによって公開されているが、この時までに、エコノミストは、高速のコンピューターのお蔭で、証券価格の変動を統計的手法をもって分析できるようになっていた。そして、一九七〇年には金融論の教授ユージン・ファーマが、株価は会社の将来性に関するすべての買手と売手の知識を反映している、ということを示唆する理論とその証拠を提示することとなる*14。
ファーマは、金融市場は関係のある新公開情報に即座に反応する、と考えた。投資家が新情報によって売買益を得ようとしても、その時にはその情報は証券価格に織り込まれている。変動したその株価は誰の持つ情報よりも多くの情報を反映している。したがって、株価は発行会社の将来性に関する「不偏の」評価を表しており、理論的に完全な値と比べて低くも高くもなりうる。ファーマの効率的市場仮説(EMH)は、投資家は流動的な資本市場における証券売買によって継続的に利益を得ることはできない、ということを示唆していた。

積分学、代数変換、および「サブマーティンゲール・モデル」のような用語は一般の読者を怯ませた。一九七〇年にファーマの理論を打破する意欲と能力のある経理部門の責任者ないし監査パートナーはほとんどいなかった。しかも、人々は、利益を求める投資家はかなり迅速に経済情報を咀嚼している、ということをすぐに理解した。本書で紹介される三大金融理論の一つがこのEMHである。

今日、金融市場が完全に効率的であると考える学者や投資の専門家はいないが、株を選択する者が取引コスト控除後の市場指数に先んじようとして直面する困難さを考えてみれば明らかなように、金融市場が競争的であることはほとんどの人が認めている。一九四五年から一九六四年に掛けて一一五のオープンエンド型投資信託を対象として行われた或る独創的な研究によれば、概して資金運用担当者は証券価格を予測することができず、また、偶然から期待された成果よりも大きな成果を収めることができた資金運用担当者がいたという証拠はほとんど認められなかった*15。一九七二年までに会計と金融の研究者はＥＭＨの有用性を認めるにいたっていた*16。

一九六八年にはレイ・ボールとフィリップ・ブラウンの「会計利益数値の経験的評価」という論文がシカゴ大学の『ジャーナル・オブ・アカウンティング・リサーチ』に掲載されているが、この論文で、企業における会計実践の多様性に着目し、異質な利益数値に意味があるか否かを問題とした執筆者たちは、もしも利益が投資家にとって重要であるなら、株価は決算発表に反応するはずである、と推論した。

ボールとブラウンは、回帰分析により、一九四六年から一九六六年までのスタンダード＆プアーズのコンピュスタット〈訳者注1〉における利益数値をＣＲＳＰの有する株価データと比較しているが、その分析結果は、年次利益が期待価値と異なる場合、株価はその差異と同じ方向に反応する、ということを示し、したがって、その後の株価の変動によって明らかなように、利益にはかなりの情報量がある、ということが示されていた*17。

この論文は**会計学の中心をシャンペーン**〈訳者注2〉**からハイド・パーク**〈訳者注3〉**へと**

一二〇マイル北方に移動させることとなった。イリノイ大学は最初の会計学博士課程、アメリカ会計学会の五人の会長、ならびにA・C・リトルトン、ロバート・ムーニッツ、ノートン・ベドフォード、およびアーサー・ワイアットといった高名な教師を生んでいたが、シカゴは、定量的な仮説の正しさないし誤りを立証するために統計的推論を用いるウィリアム・ビーバー、マイケル・ジャンセン、シャム・サンダー、およびジョージ・ベンストンといった経済学者を育てることによって、この覇権に挑戦した。彼らの仕事は会計情報と証券価格の関係に焦点を合わせ、会計を規範的な言語から実証科学へと変えるものだった。

初期のリーダーのビル・ビーバーはブルーミントンのA・C・リトルトンの生家の近くのペオリアに生まれ、ノートルダム大学を経てシカゴ大学のMBA課程と博士課程へというエリート・コースを進み、ジョージ・ソーターの指導を受けた博士論文では、企業倒産の予測変数として財務比率を評価していた。

この仕事においてビーバーが採用することとなったのは、例えば合併の発表、株式分割、

〈訳者注1〉　スタンダード&プアーズが提供しているデータベース。
〈訳者注2〉　イリノイ大学の所在地。
〈訳者注3〉　シカゴ大学の所在地。

配当の増額、あるいは、ビーバーが取り上げた会計原則の変更などといった別個の事象に対する株式や社債の価格の反応を評価する「事象研究」という方法だった。証券価格の変動を市場全体の変動と比較することによって、会計研究者は会計数値情報の意義を評価することができた[*18]。

ビーバーと彼の同僚たちは報告利益と株価の変動の間に有意な相関関係を確認したが、しかしながら、この関係は単純なものではなかった。株価の変動はしばしば利益の発表に先行し、これは利益以外（例えば労働者のストライキ、物価の変動、ライバル企業の参入）の情報も株価に影響を与えるということを示唆しており、会計情報の開示が証券価格に及ぼす影響をその他の種々の因子と分離することは難しかった。

数値をもって仮説を量的にテストするシカゴの学者たちは質的な手法を用いる同僚たちに大きな影響を及ぼし、博士論文はどんどん数学的で抽象的になっていった。利益数値と株価は測定されるべき無限のデータをもたらし、学者たちは、**利用できる手法を用いるために、研究を手法に合わせるようになり**、そうした状況について或る教授は、眼鏡を磨くのに忙しくて、ものをみるためにそれを掛けることができない人、という比喩を用いた[*19]。

また、一九六六年と一九八二年にシカゴ大学で開催された会計学会議の出席者を比較した調査によれば、一九六六年の会議の出席者がＡＩＣＰＡの代表および企業の会計と財務を担当する役員だったのに対して、一九八二年の会議は完全に学者によって構成されていた。会計研究は学問としての地位を手に入れたが、しかし、実務からは遠く隔たることとなり*20、洗練された研究は、一年間、微積分と統計学入門の授業に出席した程度の実務家たちにとって、ますます難しいものとなった。

シカゴで教育を受けた博士の何人かはロチェスター大学に移り、ロス・ワッツとジェロルド・ジマーマンの下で会計研究の実証学派を形成した。ワッツとジマーマンの二人は、会計方法の選択の是非を判断しようとするのではなく、会計実践の説明と予測を試み、例えば、どうして製鋼会社は一九六八年に減価償却の方法を定率法から定額法に変更したのか、といったことを問題にした。

この実証学派は会計実践における経営者の選択を構造的に説明しようとしていた。統計的研究は、借り入れによる資金調達が多いと、報告利益の現在価値を高めるような会計方法が選択される、ということを示し、これについて考えられる因果関係は、負債を抱えた企業には借入契約における会計条項に違反することを避ける誘因がある、というものだが、しかし、**相関関係は因果関係ではない**。

また、この研究者たちは、利益連動型の報酬を受け取る経営者は報告利益を増やすような会計方法を選択し、恐らくはより規制的な監督の下にある大企業は報告利益を減らすような会計方法を選択する、ということを発見したが、ただし、この分析は、こうした行動の良否、という規範的な問題に答えようとするものではなかった。

ＥＭＨとそれに関連する統計的研究の含意の一つは、財務会計基準は問題ではない、ということだった。全体としての投資家は、会社の将来を予測するために、あらゆる種類の会計データと非会計データを吟味する。ＬＩＦＯに関する議論において示されたように、投資家は会計の中身を見抜いている、ということについてはかなりの証拠がある。資本市場がうまく機能している場合には、明確に示された財務会計ルールに厳格にしたがう、ということは必要がないかもしれない。もしも投資家が会計上の利益の奴隷であるならば、何人かの賢いアナリストは、表面的な会計の基準や方針に対して調整を行うことによって、莫大な利鞘を稼ぐことができるだろうが、その方法を発見した者はまだいない。

実務家と規制者は科学的な分析に無関心だった。何人かの者は、学者は回帰分析に忙しくて現実の世のなかに注意を払う時間がない、と感じていた。ＳＥＣの主任会計官サンディ・バートンは一九七五年の講演において、会計のモデルは、長年にわたり、実務のなかで常識にもとづいて育ってきた、という見解を述べた。会計は測定の純粋さを欠いているが、しかし、理解できるという長所を有している。対照的に、経済学のモデルの場合、実践的な記録の必要に悩むことは決してなかった[*21]。

一九八三年にはジェネラル・モータースの経理部門の副責任者補が、FASBとSECは、株式市場は大規模な公開会社のために情報を処理することができる、という認識を深めてきていると述べている[*22]が、しかしながら、そうした認識がFASBやSECの態度を変えることはなかった。

また、一九八三年にはアーサー・アンダーセン&カンパニーの主任会計専門パートナーで、元イリノイ大学会計学教授のアーサー・ワイアットも、FASBに加わる前に次のように述べている。「実務に携わる会計士でEMHの考え方を知っている者は少なく、また、これを理解している者はさらに少ない」[*23]。

彼のクライアントは節税を犠牲にしてFIFOによって大きな利益を報告したり（第三章を参照）、為替換算レートの変動による会計リスクを軽減するためにヘッジ取引を行ったり（第九章を参照）、買収を持分プーリング法によって処理するために面倒な手順を踏んだり（第一〇章を参照）、あるいは負債を貸借対照表に記載しないために不利な借入条件を受け容れたり（第一一章を参照）していた。要するに、ワイアットの経験は、企業の経営者たちは資本市場は「効率的ではない」かのように行動している、ということを意味していた。会計の専門家たちはＥＭＨとその基礎をなす研究の妥当性を無視ないし疑問視していた。

効率的な資本市場というものは誤った会計行動を防止するはずであり、利益を誤魔化すための愚かな行為は株価を下落させ、経営者たちを失職させるはずである。しかしながら、もしも彼らが投資家の行動について誤った考えを持っているなら、ＥＭＨはそうした経営者たちを律することはできないかもしれない*24。「もちろん、私はキャッシュ・フローが会計上の利益に優っていることを知っていますが、無知な投資家たちはそうではありません。だから、私はそうした投資家たちが欲する利益数値をもたらすような会計方法を選択するつもりです」。

ＣＡＰとＡＰＢの批判者はこれらの組織が指針となる原則がない状況において財務会計基準を発布した点を非難していた。ＣＡＰの公報もＡＰＢの意見書もその場限りの解決策を示しており、会計公準を作ろうとする学問的な試みは日の目をみることがなかった。

ＦＡＳＢはそのステートメントの基盤となるものを追求していた。その結果として生まれた概念フレームワークは財務報告の理論をまとめた文書としては最大の、最も費用を掛けたものとなった。数百万ドルと数百万人時を費やして七つの財務会計の諸概念に関するステートメントが二二年間に公表された。

現在、**この概念フレームワークは会計理論に君臨している。**このフレームワーク構築の試みは基準設定者が会計学を作り上げようとした試みのなかで最高のものである。このフレームワークは、現在に至るまで不可能とされてきている会計ルールの成文化の所産ではなく、原則を示したものであり、FASBは財務会計に関する議論においてこの原則をますます用いてきている。

〈表7-1〉には二〇〇頁のものが一つの表に要約されている。

財務会計の諸概念に関するステートメント（SFAC）第一号はトゥルーブラッド報告書に由来し、財務諸表は外部の利害関係者が企業の将来のキャッシュ・フローの額、時期、および確実性を評価しうるようにする情報を提供すべきである、としている。パラグラフ五〇における経営者の受託責任に関する議論はジェンセンとメックリングによって取り上げられたエージェンシー問題に取り組んでおり、また、次のパラグラフにおける収益力に関する議論はグレアムとドッドによる古典的な投資入門書に具体化されている考え方を反映している。

SFAC第二号においては会計情報の質が階層的に整理されており、最上位の階層には「目的適合性」（違いをもたらす情報）と「信頼性」（検証可能な情報）が置かれている。事

〈表7－1〉 財務会計の諸概念に関するステートメント

	タイトル	要旨等
第1号 1978年11月	営利企業の財務報告の目的	財務会計は会社の外部者が会社の将来のキャッシュ・フローの額，時期，および確実性を評価しうるようにする。
第2号 1980年5月	会計情報の質的特徴	会計の意思決定有用性は報告数値に目的適合性と信頼性を要求する。
第3号 1980年12月	営利企業の財務諸表の構成要素	第6号に差し替えられた。
第4号 1980年12月	非営利組織体の財務報告の目的	非営利組織体には単純な業績尺度がなく，また，売却ないし譲渡しうる所有者の持分もない。
第5号 1984年12月	営利企業の財務諸表における認識と測定	認識は測定可能性，目的適合性，および信頼性を必要とし，また，測定属性には歴史的原価，現在価値，現在市場価値，正味実現可能価額，および現在価値がある。
第6号 1985年12月	財務諸表の構成要素	資産，負債，持分，包括利益，収益，費用，利得，損失，出資者による投資，および出資者への分配の定義を示している。
第7号 2000年2月	会計測定におけるキャッシュ・フロー情報と現在価値の利用	会計測定におけるキャッシュ・フローと現在価値の利用のためのフレームワークを示している。

例証拠によれば、監査人が検証が容易な硬い数値を好むのに対し、財務諸表の利用者は目的適合的で軟らかい情報を選好する。第八章には、外部者が報告数値を目的適合的なものとは考えなかったために、ＦＡＳＢがインフレーション会計基準を放棄したことが述べられている。

ＳＦＡＣ第五号においては、財務諸表にはどのような情報が記載されるべきか、会計上の認識はいつ行われるべきか、という問題に関する指針が示されている。パラグラフ九は、認識とは財務諸表の本体において当該項目の名称と金額をともに示すことである、と明確に定義しており、したがって、脚註ないし補足的開示は会計上の認識を構成しないこととなる。ＦＡＳＢは、資本市場は、不偏の証券価格をもたらすために、利用可能なあらゆる情報を用いる、というボール、ブラウン、ビーバー、およびその他の研究者たちの見解をほとんど信用していない。換言すれば、ＦＡＳＢはＥＭＨを認めない[25]。

ＳＦＡＣ第六号は果敢にも財務諸表の一〇の基本要素について定義を示しているが、特に重要なものは、出資者以外を源泉とする取引およびその他の事象から生ずる一期間における持分の変動、という包括利益の定義であり、この包括利益を報告するということは、会社は為替換算や株式投資などの未決済取引にかかわる未実現損益を計上しなければならない、ということを意味している。

会社はその他の包括利益累計額を株主持分の構成要素として報告する。ＦＡＳＢは、実現取引と未実現取引をともに持分勘定に含めることによって、財務諸表の重点を損益計算書から貸借対照表に戻した。**貸借対照表は鉄道の時代には主役の座にあったが、株主資本の台頭によってその栄光を失い、そして概念フレームワークのお蔭で返り咲きを果たした。**

貸借対照表の優越は、資産＝負債＋株主持分、という複式簿記の基本等式に恐らくよりよく適っている。或る期間におけるフローよりも或る一時点におけるストックの方が測定しやすいことから、基準設定者や監査人は貸借対照表に焦点を合わせることを選好するかもしれない。

所得税、投資、為替、および年金に関するＦＡＳＢのステートメントは後続の章で紹介されるが、そこには基準設定における貸借対照表の復活をみることができる。しかしながら、財務諸表の利用者や金融メディアは依然として実現取引にもとづく利益数値に根差している。一般の投資家がＦＡＳＢにしたがって貸借対照表の返り咲きを認めるかどうか、は時が経てば分かるだろう。

結局のところ、その取引をその会計期間に認識するかどうか、そこにどれだけの金額を附すか、そしてそれを財務諸表のどこに記載するか、といったことは謙虚な会計の専門家が決めなければならない。経済学の研究は会計実践が証券価格に与える影響の予測には役立ってきたが、しかし、簿記係のなすべきことを教えてくれたことはない。

第八章　インフレーション

あなたは袋のなかに大小二つの重りを持っていてはならない。あなたは十全な正しい重り……を持っていなければならない。

――旧約聖書申命記*1

インフレーション会計の問題は学者が財務会計にかかわる論争の解決に学術的知見を用いることができた最初の例であり、本章は学者と実務家の連携がうまくいった場合にはどうなるかの事例研究である。

会計は共通の測定単位を必要とする。一七九二年にアメリカはドルを通貨単位に定めたが、これは近代国家が十進法通貨制度を採用した最初の例だった*2。しかしながら、独立戦争中に発行された〈「何の価値もない」〉大陸紙幣〈訳者注〉を例外として、初期の連邦政府は通貨を発行しなかった。

その代わりに、銀行が一覧払いの約束手形を発行し、理屈上、預金者は発行銀行においてそれを金ないし銀と兌換することができた。一八六〇年までに何千もの銀行手形がアメリカの経済において流通したが、信用度は発行銀行によって多様であり、ドルについて統一的な定義がないことが同時点における財務記録の信頼性に疑念を投げ掛けた。南北戦争期に北軍政府は政府証券に裏付けられた一覧払いの約束手形を発行することができる公認銀行を設けるための法を制定し、ドルにもとづく会計記録が意味を持つこととなった。

近代所得税が法制化された一九一三年に政府は中央銀行の機能を担い、通貨の安定に資する連邦準備制度を創設し、この制度はアメリカの統一的な通貨となる連邦準備券を発行する権限を与えられていたが、しかしながら、ドルの購買力は物価の変動によって依然として多様だった。

一九三〇年代以降、アメリカの会計は資産を取得するために支払われたドルの額を貸借対照表における評価の基準としてきた。歴史的原価によって会計の専門家や監査人は実際に支払われた額を知ることができた。その後の評価額は信頼しうるとは限らず、取得後における再評価は問題だった。

インフレーションは歴史的原価の有用性を害なう。持続的なインフレーションは通貨の購買力を低下させ、同一の資産を購入するために必要なドルの額を増やす。土地のように長期的に所有する資産は取替原価の何分の一かの額をもって貸借対照表に記載しておくこ

〈訳者注〉 何の価値もない（not worth a continental） 大陸紙幣（Continental notes）。

ともできるかもしれない。また、初期のＬＩＦＯの採用者は依然として第二次世界大戦中の価格をもって評価された在庫を有している。

インフレーションは一様ではないということがさらなる複雑さをもたらす。民生用電気製品のようなものは一貫して価格の低下をみてきているのに対し、石工や木工のように労働集約的な用役の取替原価は急上昇してきている。すべての資産を或る一つの有意な購買力水準で示すことは難しい。また、価格と数量の測定値は質の向上を反映しない、ということも複雑さをもたらす。今日における乗用車の価格は一五年前に乗用車の購入に要したドルの額よりも高いが、しかし、その高い価格の一部はよりよい技術等に起因している。

最も重要なことは、インフレーションは誤った対応をもたらすおそれがある、ということである。収益は販売時の価格を反映しているのに対し、費用は歴史的な対応と棚卸資産原価を反映している。現在の価格と過去の原価の対応は架空の利益、すなわち棚卸資産や設備資産の市場価格の上昇による単なる保有利益をもたらすかもしれない。

利益は大きくなるとはいえ、誤った対応による利益を報告する企業は費消した棚卸資産や設備資産を取り替えるためにかなり大きな支出をしなければならない。古い売上原価や減価償却費にもとづいて算定された課税所得は過大な負債をもたらし、株主資本を害なう。会計上の利益にもとづく経営者の報酬制度は保有利益を実現しただけのことに対して報酬を与えることとなってしまいかねない。知識の不十分な経営者は架空利益から配当を支払い、企業の生産能力を減じてしまいかねない。

定型的な例として、或る運送業者が一九七九年に見積耐用年数が五年のトラックを一〇万ドルで購入した場合を考えてみよう。歴史的原価にもとづく定額法によって、この会社は年に二万ドルの減価償却費を計上しており、また、年に五％の収益の伸びはインフレーションによるものであり、トラックの取替原価はインフレーションの三倍の速さで上昇したとする。〈表8－1〉には以上のことがまとめられている。

減価償却費は増大する取替原価を反映していないため、この会社は、単純に毎年五％の値上げを行うことによって、安定的な利益の増加を示し、コスト・インフレーションと気前のよい四〇％の配当が生産能力を減少させた。

取替原価にもとづいた場合、この会社は一九八〇年に二三、〇〇〇ドル（二〇、〇〇〇ドル×一・一五）、一九八一年に二六、五〇〇ドル（二三、〇〇〇ドル×一・一五）……といったように減価償却費を計上してゆくべきだったが、歴史的原価会計は減価償却費の過小計上と利益の過大計上をもたらした。保有利益は配当を通じて株主に分配されるべきではなく、配当は逸失再投資を意味していた。配当は不十分な減価償却費によって過大計上された報告利益にもとづいていたため、この会社は一九八一年の初めに資本を減少させており、過

〈表8－1〉 利益の過大計上と資本の侵食をもたらすおそれがあるインフレーション

	1979年	1980年	1981年	1982年	1983年
収益（5％増）	$100.0	$105.0	$110.3	$115.8	$121.6
営業費（5％増）	(70.0)	(73.5)	(77.2)	(81.0)	(85.1)
減価償却費	(20.0)	(20.0)	(20.0)	(20.0)	(20.0)
税引前利益	10.0	11.5	13.1	14.8	16.5
35％の所得税	(3.5)	(4.0)	(4.6)	(5.2)	(5.8)
純利益	6.5	7.5	8.5	9.6	10.7
40％の配当	(2.6)	(3.0)	(3.4)	(3.8)	(4.3)
再投資利益	$3.9	$4.5	$5.1	$5.8	$6.4
収益	$100.0	$105.0	$110.3	$115.8	$121.6
営業費用	(70.0)	(73.5)	(77.2)	(81.0)	(85.1)
修正減価償却費（15％増）	(20.0)	(23.0)	(26.5)	(30.4)	(35.0)
プロフォーマ税引前利益	10.0	8.5	6.6	4.4	1.5
所得税	(3.5)	(4.0)	(4.6)	(5.2)	(5.8)
プロフォーマ純利益（損失）	6.5	4.5	2.0	(0.8)	(4.3)
配当	(2.6)	(3.0)	(3.4)	(3.8)	(4.3)
プロフォーマ再投資利益	$ 3.9	$ 1.5	$ (1.4)	$ (4.6)	$ (8.6)

大な配当は従業員、供給業者、および債権者を害した。

理論家たちは一九〇〇年代初期からインフレーションが財務報告に及ぼす影響について議論していた。一九二〇年代にウィリアム・ペートンは測定単位としてのドルの不安定な変化しやすい性質について論述し、会計手続委員会（ＣＡＰ）の批判者として知られるアーサー・アンダーセン＆カンパニーのレオナルド・スパチェックは資産の取替原価にもとづく減価償却を支持した。

財務会計と税務会計においてＬＩＦＯを認めた一九三九年の税のルールを除いて、基準設定者は報告基準に重要な変化をもたらすということが全くなかった。一九四七年の一二月にＣＡＰは「近年の物価水準の急上昇に鑑みて工場設備の取替に適切に備えるという問題に」対する検討をまとめた公報第三三号『減価償却と高い原価』を公表しているが、この委員会は、改められた減価償却費の適切性を判断する客観的な基準がないことを懸念して、固定資産の再評価をすべて否定している。

その後、名目的なドル額の修正について二つの方法が現れた。「恒常ドル」会計は一貫した購買力尺度をもって歴史的原価数値を修正するために一般物価指数を用い、指数としてはアメリカの消費者物価指数と国民総生産（ＧＮＰ）デフレーターが推薦された。「現在原価」会計は企業の生産能力の一部について現在の取替原価の測定を試み、取替原価は、インフレーションは経済の全体にわたって一様ではないということを反映するために、個別の調整を行うものだった。

インフレーションは朝鮮戦争とベトナム戦争の間に弱まり、一九六三年には会計原則審議会の姉妹組織である会計調査研究部が会計研究叢書第六号を公表し、この『物価水準の変動の財務的影響に関する報告』は一般物価水準の変動の影響を示す修正財務諸表を支持したが、ほとんど注目されることがなかった。

ＡＰＢは一九六九年六月にステートメント第三号『一般物価水準の変動について修正を施した財務諸表』を公表した。ＡＰＢのステートメントは特定の開示を求めるものではなく、ＡＰＢのより正式な意見書よりも影響力が小さい。ステートメント第三号は商務省の四半期毎のＧＮＰデフレーターを用いた物価変動修正に関する補足情報の公表を勧告し、また、財務諸表の利用者が一般物価水準の変動に適切に対応しうるようにする情報提供の手段は財務諸表全体の包括的な修正をおいてほかにない、という見解を表明した。

一九六九年時点のＡＰＢの一八名のメンバーはその全員が支持したにもかかわらず、ステートメント第三号はアメリカの財務報告実践には影響を与えず、このステートメントの勧告にしたがった公開会社はインディアナ・テレフォン・コーポレーションだけだった*3。

一九七三年一〇月　アラブ諸国とイスラエルの間に、のちに第四次中東戦争として知られることとなる紛争が勃発し、その後のアラブ諸国による石油輸出禁止措置は石油価格の四倍増と価格インフレーションの復活をもたらした。一九七四年にFASBはまずは討議資料を、次いで公開草案を公表し、この公開草案『一般購買力単位による財務報告』は恒常ドル会計の採用と一般物価指数にもとづく修正を勧告した。

議会はアメリカの財務報告基準設定の権限をSECに与え、SECは基準の設定を非公式にCAPとAPBに委ねていた。もし自身がそれを選択すれば、SECは公開会社に対して自身の基準を設けることができた。注目すべき例は投資税額控除（ITC）および石油とガスの探鉱に関する会計処理だった。一九七〇年代の中頃、SECの主任会計官サンディ・バートンはこの権限を行使する途を選択した。

生意気で賢い公認会計士の息子サンディ・バートンは大学生の時にブルックリン・ドジャースの統計係を務めていた。リベラル・アーツ・カレッジ〈訳者注〉で会計学の授業科目はないハバフォード大学を卒業後、コロンビア大学のMBA課程に進学し、その後、

〈訳者注〉　学部レベルのきめ細かな教養教育に特化した大学。

アーサー・ヤング&カンパニーの監査部門に入ったバートンは、しかし、コロンビア大学で博士号を取得するために会計士業界を去り、同大学のビジネススクールにおいて教員の職を得ている。一九七二年にSECの主任会計官に選任された彼は五年間、この職を務めたのち、財政危機に陥ったニューヨーク市の財務担当副市長に就任、また、一九八〇年代にはコロンビア・ビジネススクールに戻って校長を務めた。

このバートンは、監査報告書における「適正に表示している」という表現を分析した(いかなる聖書学者の評釈にも引けをとらない)六、〇〇〇語の講演*4からも分かるように、細かいことに意を払う人物だった。歴史的原価財務諸表に対するインフレーションの影響に関心を持ったこの主任会計官は、業種別の取替原価の方が財務諸表利用者のニーズに適合する、という結論に達し、コメントや講演を通じてこのことを主張した。

彼は一般的なインフレーション指数にもとづく単純な歴史的原価の調整方法を嘲笑った。バートンは「PuPU」という頭字語を作るためにFASBの「購買力単位(purchasing power units)」という用語を曲解、単一の物価指数にもとづく機械的な調整に対して軽蔑的な態度を示した*5。大まかな指数によって測定された一般的なインフレーションよりも個別の価格の方が企業に適合する、というバートンの主張は石油価格の均衡を失した上昇によって裏付けられた。

ＳＥＣからの強い要請によって、一九七五年一一月にＦＡＳＢはインフレーション会計に関するステートメントの公表を遅らせることを決定した。その代わりに、ＦＡＳＢはその後の三年間、インフレーション会計および一九七四年の公開草案の実地試験に参加した一〇一社の事例の研究に従事した。

一九七六年三月にＳＥＣは会計連続通牒第一九〇号『特定の取替原価情報の開示を要求するための規則Ｓ－Ｘの改正』を公表した。ＡＳＲ第一九〇号は棚卸資産と有形固定資産の合計額が一億ドル超の登録会社に、これらの資産の取替原価に関する補足情報および取替原価にもとづいて算定された売上原価と減価償却費を年次報告書に記載することを要求した。批判者たちは、この要求は財務報告実践により大きな矛盾をもたらすおそれがある、と主張した。

アメリカがイラン革命とアメリカ大使館における人質事件からもたらされた第二次石油危機の影響を受ける直前の一九七九年九月、ついにＦＡＳＢは、インフレーションに関する情報開示について定める必要に迫られている、との認識の下、ステートメント第三三号『財務報告と物価変動』を公表した。

ステートメント第三三号はＳＥＣの選好に留意し、棚卸資産と有形固定資産に関する補足情報として現在原価数値と恒常的購買力単位による測定値をともに要求した。ＦＡＳＢ

は、もしもステートメント第三三号が発効した時にSECがASR第一九〇号を撤回しなかったら、ステートメント第三三号の要求と期限について必要な修正を加えることとなろう、と述べた。その後、SECはASR第一九〇号の要求を弱め、段階的に廃止した*6。

ステートメント第三三号を実験的なものとして捉え、サンセット条項〈訳者注〉を設けたFASBは次のように説明している。

> 財務報告書の作成者と利用者は、恒常ドルと現在原価の情報の一般的、実際的な有用性について、いまだ意見の一致をみるにはいたっていない。両方の情報について、組織的、実際的な利用の経験が積まれるまでは、意見の一致をみることはありそうにない。……本審議会は実施にかかわる諸問題をすべて解決したふりをするつもりはない*7。

ステートメント第三三号の要求は五年に及ぶものとされ、五年後にその価値が評価される予定とされた。この要求の成功は利用者と作成者がともにその情報開示を有用とみなすことを意味していた。このステートメントは棚卸資産と有形固定資産の合計額が一億二、五〇〇万ドル超ないし総資産額が一〇億ドル超の会社に適用された。皮肉にも、

SECとFASBはともに、インフレーション会計のルールの適用範囲を定める際に名目ドル額を用いた。

推奨された恒常ドル指数は、商務省の四半期GNPデフレーターではなく、労働基準局の月次の消費者物価指数だった。完全にインフレーション修正を施した貸借対照表や損益計算書の公表は要求されていなかった。恒常ドル会計を擁護するに際して、FASBは財務諸表の作成者と監査人がそれを選好していることに言及した。この選好は、判断すること、その結果、訴訟を起こされるおそれがあることを監査人が嫌っていることに起因していたと思われる。

ステートメント第三三号の公表の僅か数週間後、ステートメント第三三号を公表した一九六九年時点のAPBの一八名のメンバーの一人だったシカゴ大学のシド・デビッドソンは、影響を受けるおよそ一、三〇〇社の多くが営業による利益を超えた配当宣言を報告するだろう、と予測した。インフレーション会計は財務報告に風穴を開けるように思われた*8。

〈訳者注〉規則等の適用期間を限定する条項（当該規則等は期限が過ぎたら失効する旨を定めた条項）。

しかし、実業界はステートメント第三三号を欠伸しながら迎えた。経済学の研究によれば、ASR第一九〇号とステートメント第三三号のいずれによるものだろうが、インフレーション情報開示に対する資本市場の反応はほとんど認められなかった。学界的な用語によれば、インフレーション修正情報は「価値関連的な」情報とは思われなかった。一九八四年一一月、FASBは一般物価水準に関する情報開示の要求を廃したステートメント第八二号を公表した。

私の個人的な経験もこうした研究の結果を裏付けるものだった。私は一九八五年の初め頃、インターナショナル・ペーパー・カンパニーの一九八四年の年次報告書におけるインフレーションに関する注記を監査したことがあるが、その際、工場設備の額を修正するためのうんざりするような計算をやっと終えた私が経営者に修正額の不安定さについて質問してみて分かったことは、このクライアントは経営や投資の意思決定にこの数値を用いていない、ということだった。

一九八五年一一月の『フォーブス』の或る論説は「五年間、インフレーション修正会計を試してみたのち、アメリカの実業界の大半は緊急問題リストの五七番目辺り（狂乱したカナダ雁の侵入の脅威よりも下位）にそれを位置付けた」*9という記述に始まり、デュポンの或る重役の話を紹介しているが、それによれば、デュポンにおいてナイロンの生産設備の取替原価を見積もることは可能だが、将来、同社が導入するのは性能のより高い設備であるため、その見積もりは目的適合性を持たなかった。

この論説に紹介されたインフレーション会計の非本質的な支持者はFMCコーポレーション（以前はフード・マシナリー・コーポレーション）だった。多角的メーカーの同社にあってその経営陣は内部報告と意思決定にインフレーション修正数値を用いる必要があり、同社の洗練された内部報告システムは一九八六年に当時はビジネススクールに在籍していた私に同社の金融部門の採用面接を受ける気を起させた。

FMCの株価は負債による資本再編によって急騰したが、その後の事業展開はそれに相応する株式の時価総額の増大をもたらさなかった。そこで得た教訓は、洗練された内部報告システムは持続的な富の創出の十分条件ではない、ということだった。

一九八六年一二月、FASBは敗北を認め、ステートメント第八九号を公表した。現在原価情報の開示を企業に奨励はするものの、要求しないこのステートメントはインフレーション修正情報の開示の指針を示し、実験を奨励するものだった。

七名のFASBのメンバーのうちの三名はステートメント第八九号の公表に反対していた。デビッド・モッソは二〇世紀において「本審議会が直面する最も重要な問題は一般物価の変動と個別価格の変動の相互作用にかかわる会計である」*10と考えていた。

一九八〇年代の後半までにインフレーションが緩やかになったとはいえ、時の経過に伴うインフレーションの複合的な影響は依然として重大である。

二〇〇四年版の『アカウンティング・トレンズ＆テクニックス』は公開会社六〇〇社の会計実践を調査しているが、それによれば、棚卸資産ないし有形固定資産について自発的に現在原価額を示している会社は一社もなかった*11。二一世紀の初め、インフレーション会計はもはや関心を持たれない問題になっていた。

〈図8－1〉には一九一四年以降の消費者物価の年毎の変化にもとづいたインフレーションの時系列が示されている。インフレーションは世界大戦と朝鮮戦争の終了時に急進し、その後、一九七〇年代まで緩やかだった。この太平期に会計実務家たちはＡＩＣＰＡの会計研究部やアーサー・アンダーセンのレオナルド・スパチェックのような人々による提言を無視した。財務会計は基準設定を促すために危機を必要とする、ということである。

公報第三三号は第二次世界大戦後のインフレーションの急進後に登場し、ＡＳＲ第一九〇号は第一次石油危機の直後に登場した。インフレーション会計を抹殺したステートメント第八九号はインフレーションの減速とともに登場した。或る文献調査によれば、一九九〇年代のインフレーションの沈静期にはビジネス紙誌にこの問題に関する議論が見

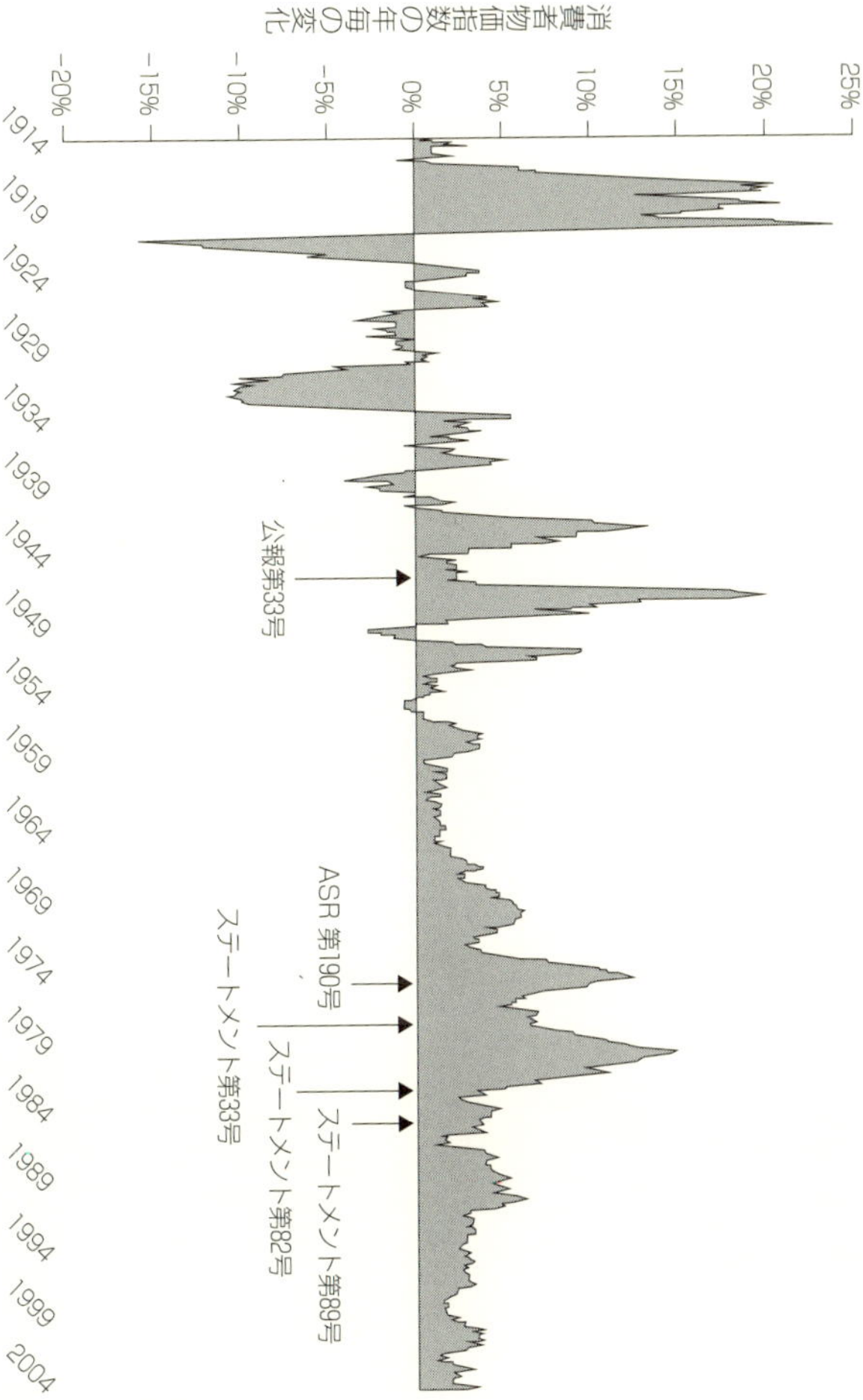

〈図8－1〉 環境の変化とインフレーション会計基準

当たらなかった。

インフレーション会計の実験は失敗した。利用者たちは修正された数値に目的適合性や信頼性を見出さなかった。また、LIFOを採用した場合、貸借対照表上の棚卸資産の原価額はどんどん時期遅れのものになってしまうことから、LIFO会計は部分的な解決策でしかなかった。ただし、この論争は、**学者は財務会計の問題の解決において財務諸表の作成者を支援することができる**、ということを示していた。

或る評者によれば、もう一つの不幸中の幸いは、ステートメント第三三号による情報開示が企業に優しい経済再建税法、すなわち、法人税において加速減価償却制度の導入と投資税額控除の拡充を行った一九八一年の経済再建税法の制定を促した、ということだった[*12]。この事例研究はまた、学術的知見は財務会計基準の評価に利用できる、ということを示している。

第九章　不安定性

市場は効率的なものかもしれないが、しかし、そこには不安定性と驚き、この二つが依然としてある。

——ジェローム・ヨーク（クライスラーとＩＢＭの元ＣＦＯ）、『フォーチュン』一九九七年一一月二四日

企業金融史における第二の重要な出来事は資本資産価格形成モデル（ＣＡＰＭ）の開発だった。しかしながら、財務諸表の作成者はこの革新的な考えにほとんど注目しなかった。したがって、企業経営者は不安定な利益を報告することに対する誤った不安を克服することができなかった。

一九六〇年、二六歳のＵＣＬＡの経済学博士学位請求論文提出有資格者ウィリアム・シャープは論文のテーマを探していたが、近所のランド・コーポレーションで働いていた彼はそこで経済学者のハリー・マーコウィッツと出会った*1。

一九五二年のマーコウィッツの有名な論文「ポートフォリオ選択」は金融資産の集合に

おけるリスクとリターンについて研究したものであり、そこでは分散がリスクの低減をもたらすことが示されているが、しかしながら、マーコウィッツは、個々の資産のリターンの間の相互関係がポートフォリオ全体のリスクに及ぼす影響を突き止める、という難題と苦闘していた。

二人の議論は証券価格とポートフォリオにおける金融資産の要求利益率にかかわる論文のテーマをもたらした。資本コストともいわれる要求利益率は、或る特定の投資について資本を調達するために必要な期待利益、を意味している*2が、この予測値は投資家の考えに依存しており、直接に確認することはできない。

この問題に熱心に取り組んだシャープは一九六二年にその成果をシカゴ大学で発表、これが好意的な反響を呼び、就職の勧誘を受けたものの、それを断った彼はその後、権威ある『ジャーナル・オブ・ファイナンス』に発表の要旨を投稿したが、編集者はそれを掲載不可とした。

シャープは再審査を要求、その結果、同誌は一九六四年九月に「資本資産の価格：リスクの下における市場均衡理論」を掲載、この仕事はシカゴ大学のユージン・ファーマによって「CAPM」と名付けられた。一九九〇年、シャープ、マーコウィッツ、およびマートン・ミラーは、現代金融経済学の基礎を築いた、という理由でともにノーベル賞を受賞した。今日、大学レベルの金融のテキストはそのすべてがシャープのモデルを取り上げている。

シャープの主張によれば、所与の株式の投資リスクは不安定性それ自体だけで決まるものではない。投資家のリスクには分散によって除去できるものとできないものがある。金融商品の買手は経済活動の規則的変動に起因する「システマティックな」リスクに対して補償を求め、個々の会社の固有のリスクのことは余り気に懸けない。分散化されたポートフォリオにおける証券所有は第二のリスクを軽減する。

大型のハリケーンがマイアミの住宅に深刻な損害を与え、地元の損害保険会社が破綻に瀕したとしても、金融市場はこの会社に途方もない資本コストを突き付けたりはしない。潜在的な投資家たちは、暴風のお蔭で売上の急伸が予想される木材会社の株式を所有することにより、分散化を行うことができる。ハリケーンが発生するかしないか、ということは両社の株式の複合的リターンには影響を及ぼさない。

しかしながら、システマティックなリスクはポートフォリオの分散化によって除去することはできない。投資家は全体としての株式市場や債券市場によって変化するリスクに対して補償を求める。売上の好不調が循環的に変動する企業や固定費が大きい企業や債務が多い企業はシステマティックなリスクがより大きく、資本コストもより多く掛かる。金の価格は一般的な経済活動とともに変動するものではないことから、CAPMによれば、近郊の資本コストは低くなる。負債が大きく、固定費も大きく、好不調が循環的な電気通信会社は投資家の気を惹くためにたっぷりしたリターンを提示しなければならないだろう。

CAPMの驚くべき含意は、投資家は多くの企業の一時的な変化を無視している、ということである。気候や訴訟や為替のリスクにかかわる利益の不安定性は会社の資本コストと株価に影響を与えるとは限らず、その証拠としては再保険会社の例を挙げることができる。再保険会社は元受会社が不安を感ずるような莫大な保険の引受リスクを負っており、そうした会社の場合には利益の不安定性が極めて大きくなるおそれがあるが、株式資本の調達に支障があるということはない。

利益の不安定性は会社の資本コストにどのような影響を与えるのか？　それは明らかでない。経済学者は、株式資本のコストを測定するため、利益をその他の諸特性から分離するための議論を重ねてきている。多くの事象研究が、市場は利益を通してみている、ということを示唆している。さらに、経済的な損失のおそれは増大しない場合であっても、資本市場は会計の不安定性を増す事象に対して否定的な反応を示す、という証拠もある*3。本章の冒頭で引用したジェローム・ヨークの説を論駁した学者はいない。

財務会計の目的は企業の将来のキャッシュ・フローの額、時期、および確実性の予測に際して外部者を支援することだが、報告の不安定性にかかわる問題は一九三〇年代以降、基準設定者と財務諸表作成者の間の緊張をもたらしてきている。経営者は、投資家は、企業の収益力の評価に際して、浮き沈みの多い利益を否定的に捉える、と考えている。すなわち、浮き沈みのない予測可能な利益を報告すれば、株価は上昇するだろう、ということである。対照的に、基準設定者は企業の利益曲線上の瑕疵の存在について外部者に警告を発しつつ、企業がありのままを示すことを望んでいる。

三つの事例研究がこの緊張関係を説明しており、その最初のものは外貨換算にかかわる。国は国内的な交換手段として通貨を定めているが、他の通貨との比較におけるアメリカ・ドルの市場価格は政治的事象や経済的事象にもとづく需給要因に依存する。

イギリスで財や用役を購入しようとしているアメリカの企業は一般にまずはドルをポンドと交換する。必要な額のポンドを手に入れるために必要なドルの額は為替レートに依存する。アメリカの企業が財や用役をポンドで販売している場合には、利益を本国に持ち帰る「資金の本国環流」の前に、その外貨をドルに換算しなければならない。

換算レートは取引日と資金の本国環流日の間に変動する。外貨換算は取引を、それが最初から親会社の通貨で記録されてきたように示そうとする。問題は、会社が財務諸表を公表する時には多くの取引が未決済のままである、ということである。

外貨換算は未完の取引（すなわち、現金が本国に送られる前の進行中の活動）の状況を記録する際に暫時的な為替レートを用いる。資金の本国環流は会社間の配当の支払いや売上収益や国外事業の清算を通じて行われる。期間的報告は暫時的な為替レートの選択と取引から生ずる在高の分類を必要とする。

一般に会計の専門家はこの過程において三つの為替レート、すなわち、取引の開始時点における歴史的レート、直近の決算日における現在的レート、および当該期間の平均レートのなかから選択し、また、貸借差額は貸借対照表の株主持分の部において加減される。

或るアメリカの会社が、為替レートが一ポンド一・五ドルの時に、イギリスに子会社を設立し、その後、ポンドは徐々に値上がりし、決算日には二ドルになっている場合を考えてみよう。〈表9－1〉にはポンド建ての財務諸表数値をドル建てに換算する一つの方法が示されている。

この例は貨幣性の資産と負債を決算日のレートで換算し、非貨幣性の項目は当該資産および負債の原初記録時の歴史的レートで換算し、減価償却以外の損益計算書項目は当該年度の平均レートで換算しており、〈表9－1〉には三つの異なったレートを用いることによって貸借対照表が均衡しなくなってしまう状況が示されている。

〈表9－1〉 為替換算調整と貸借の均衡

	外資	換算レート		本国通貨
損益計算書				
売上	£200,000	平均レート	1.90	$380,000
売上原価	(130,000)	歴史的レート	1.85	(240,500)
管理費	(42,000)	平均レート	1.90	(79,800)
利息	(8,000)	平均レート	1.90	(15,200)
税引前利益	20,000			44,500
所得税	(7,000)	平均レート	1.90	(13,300)
純利益	£13,000			$ 31,200
貸借対照表				
現金	£ 5,000	現在レート	2.00	$10,000
受取勘定	25,000	現在レート	2.00	50,000
棚卸資産	40,000	歴史的レート	1.90	76,000
有形固定資産	100,000	歴史的レート	1.80	180,000
資産計	£170,000			$316,000
支払勘定	£22,000	現在レート	2.00	44,000
長期負債	100,000	現在レート	2.00	200,000
負債計	122,000			244,000
資本金・資本剰余金	15,000	歴史的レート	1.50	22,500
期首利益剰余金	20,000	歴史的レート	1.80	36,000
当期純利益	13,000			31,200
期末利益剰余金	33,000			67,200
換算調整	—			(17,700)
株主持分	48,000			72,000
負債・株主持分計	£170,000			$316,000

この会社は、為替レートが一・八ドルの時に、工場設備の建設資金として一〇万ポンドを借り入れており、ドル建てでは一八万ドルの債務と一八万ドルの価値がある工場設備を有していたが、ポンドが二ドルに値上がりしたのち、この債務と工場設備（減価償却前）の額は二〇万ドルとなった。しかしながら、非貨幣性項目の工場設備を歴史的為替レートで換算すると、工場設備の額は一八万ドルに限られ、二万ドルの好ましくない差額が出てきてしまう。

多様なレートを用いることによる複合的な換算差額は一七、七〇〇ドルとなり、貸借を均衡させるためにはこの好ましくない差額を調整しなければならなかった。この調整は単純に貸借を均衡させるもので、キャッシュ・フローには全く影響を与えなかった。（歴史的レート、当該年度の平均レート、現在レートのなかの）どのレートを用いるか、ということと、換算調整をどうするか、ということが外貨会計の最重要点である。

一九四四年のブレトン・ウッズ協定が為替レートを規制したことから、外貨会計の重要性は限られたものとなった。ＣＡＰが一九三九年に発表した公報第四号は財務諸表の換算のための為替レートの選択について緩やかな指針を設けていた。一九六五年に公表されたＡＰＢの意見書第六号は長期の受取勘定と債務を決算日レートで換算することを支持した。そうでなければ通貨会計の問題は休眠状態のままだった。

一九七一年八月一五日の日曜に事態は変わった。この日、リチャード・ニクソン大統領が発表した政策は物価と賃金の統制およびドルと金の交換停止だった。ブレトン・ウッズのルールは消滅した。二年のうちに世界経済は変動為替相場制度に移行し、それは、市場の力がドルの他通貨での価値を絶えず改める、ということを意味していた。

衰退期にあったAPBは、変動為替レートの意義は認識しつつも、指針を示すことはなかった。一九七三年一二月に新設されたFASBの最初のステートメントはこの問題を認識し、換算方針（〈表9-1〉の「換算基準」の欄）の開示および換算にかかわる調整が財務諸表のどこに分類されているか（すなわち、まずは損益計算書に計上されるか、直接に株主持分の部において加減されるか）についての開示を求めるものだった。

一九七五年一〇月にFASBはさらに前進し、換算調整額を換算損益として捉え、損益計算書に計上することを求めるステートメント第八号を公表した。財務諸表の作成者はこれを嫌い、マルコム・フォーブスはこの基準を非難する社説を書いた*4。

為替市場の策謀によって会社の利益が決まり、平準的な利益の報告という経営者の目標が果たされなくなるおそれがあった。本書の例でいえば、ステートメント第八号の換算調整によって、キャッシュ・フローは影響を受けないにもかかわらず、子会社の換算後の税引前利益の四〇%が消えてしまうことになる。

学者たちは、多国籍企業が現金収支を伴わない会計上の調整を最少にするような為替契約を結ぶようになる、ということがステートメント第八号の唯一の意義であることを見出した。企業は、利益の不安定性を回避するために、現金収支を伴わないリスクの回避と利益の平準化を目的とする先物為替予約においてキャッシュを危険にさらした*5。

一九七八年五月にFASBはその最初の一二のステートメントについて利害関係者にコメントを求めたが、コメントの八五%がステートメント第八号の再考を求めていた*6。

一九八一年一二月にFASBはステートメント第五二号を公表、このステートメントは独立性のある子会社に対して、(貸借対照表にかかわる換算調整の影響〈訳者注〉を減少させるために)貸借対照表の数値を現在レートで換算することと為替調整額を株主持分の部における独立項目として示すことを求めるものだった。ここには、貸借対照表を重視し、未決取引を包括利益として扱う、というFASBの姿勢の初期の例をみることができる。

ステートメント第五二号の公表により、報告利益はもはや不安定な為替市場の影響を受けなくなった。財務諸表を作成する経営者たちは胸を撫で下ろし、株主持分の変動には余

〈訳者注〉ステートメント第八号を適用した場合に生ずるおそれがあったいわゆる換算のパラドックス。

り意を払わなかった。ステートメント第五二号は為替換算を人々のレーダー画面から消した。

利益の不安定性に関する二つ目の事例研究は利子率と株式の利回りが年金債務に与える影響にかかわるものである。

第二次世界大戦後、にわかに登場した確定給付型年金は退職者に年間賃金と勤続年数にもとづく額を支払うことを保証するものだった。この契約の年間コストの算定は従業員の在職年数、賃金、平均余命、および投資の利回りについての予測を必要とし、確定給付型年金の会計に比べると減価償却は児戯に等しい。

この債務の評価を困難にしているのは、それが極めて長期にわたることと、その結果、割引率と予測投資利回りについて控目な調整が行われる傾向があるということである。経済予測における悪気のない変化が会社の年金費用をゼロにしたり、二倍にしたりする可能性がある。

損益計算書上、年金費用は次のように三つの要素から構成される。

年金費用＝勤務費用＋利子費用－運用益

勤務費用は従業員の勤続による年金債務の増加を意味し、利子費用は時間の経過から生ずる年金債務の増加を意味する。また、毎年、将来の支払義務は一二か月ずつ近くなり、運用益は将来の給付のための投資からの配当等と投資対象の値上がりから構成される。

一九四八年一一月、CAPは最初の年金会計基準である公報第三六号を発表し、この公報は、資金の準備がない過去の累計の勤務費用（年金制度が設けられる前の勤続期間についてもこの制度を適用し、従業員に受給権を与えた場合の費用）について、それを残りの勤続期間にわたって認識することを求めていた。年金を設けることにより、勤労意欲の向上、老齢で職に絶えない従業員の除去、および有望な人材の勧誘と保持といった将来の便益がもたらされることから、このルールはより適切な対応を結果するだろう、と考えられたためだった。

年金制度の母体企業の多くは資金を信託に委ね、信託が投資と将来における年金の支払いの責任を負うこととなり、会計の専門家は当該年度に経営者が信託に委ねた金額を年金費用として認識した。

一九五六年九月、CAPは公報第四七号を発表、この公報は確定した（従業員が受給権を確保した）未積立給付額を貸借対照表において年金債務として認識することを会社に奨励するものだった。財務報告上の過ちと目されたものの一例はスイフト&カンパニーが一九五七年の年金拠出を前年の一、三六〇万ドルから一一〇万ドルに減額した例だった。この裁量による差額はスイフトの一九五七年の報告利益にほぼ等しいものだったが、アーサー・ヤング&カンパニーは、内密の議論ののち、この監査クライアントに適正意見を与えた。

一九六六年一一月、APBの二〇名のメンバーは意見書第八号『年金制度の費用の会計』を異議なく採択、この意見書は現在および将来のすべての給付を或る期間に獲得した収益と対応させる発生基準の採用を求めるものだった。また、一三か月後に公表された税務会計に関する意見書第一一号はアメリカの財務会計基準における対応の絶頂を示していた。APBは意見書第八号の審議過程において正式の調査研究を実施し、会計実践における多様性を減じたことから、何人かの評者はこの意見書を上出来の基準と評価した*7。

意見書第八号は基準設定の転機となった。一九三九年以降、アメリカの基準設定者は広範な指針を示してきていたが、ここでAPBは年金費用の算定について詳細な規定を示した。例えばパラグラフ一七bは許容しうる最大の費用額について次のように述べている。

毎期の年金費用の計上額は(一)正常費用、(二)過去勤務費用の一〇%(完全に焼却されるまで）、（三）制度の修正から生ずる過去勤務費用の増減額の一〇％（完全に焼却されるまで）、および（四）年金費用の計上額と拠出額の差額に関するパラグラフ四二ないしパラグラフ四三に定める利子相当額の合計を超えてはならない。

この一節は会計記録のための指針というよりは納税申告書における指示のようであり、プライス・ウォーターハウスのカール・ティーティエンは意見書第八号を、**財務会計の料理本時代の幕開け**、と形容した*8。

原則からルールへの移行によって二つの利害関係者が利益を得た。すなわち、SECは政治的に依怙贔屓しているという非難から逃れることができ、また、監査人は会社が数値的な基準にしたがっていることを示すことによって業務上の過誤による訴訟を減らすことができた*9。**敗者は財務会計プロフェッションにおける判断の役割だった。**

FASBは、年金の母体企業により多くの債務を貸借対照表において認識させようとする一九八二年の提案をもって実践の多様性をさらに減らそうとした。経済学の研究によれば、投資家は既に未積立の支払義務を債務としてみており、それは借入コストの増大と債券の格下げをもたらしていた。会社により大きな、恐らくは貸借対照表上の資産の九〇％にも達する額の年金債務の認識を強いることは、それによってもたらされる情報は追加的な目的適合的なものではないかもしれないとはいえ、その結果、借手が借入契約における制限条項に抵触してしまうおそれがある*10。

五〇〇通のコメント・レター、二回の公聴会、およびその後の五年間の審議をもってFASBは一九八五年一二月、ステートメント第八七号『雇用主の年金会計』を公表、ただし、七名のメンバーのうちの三名は不賛成だった。この基準は債務算定の数理的方法の選択肢の数を五から一に減らし、また、過去勤務費用の規則的な償却、数理上の差損益、およびステートメントの適用による経過的な資産ないし負債を含めるために年金費用の定義を拡大した。雇用主の年金債務は積立額が期間の年金費用を下回った場合に生ずる。

金融市場は利子率を決め、したがって、年金の年利の算定に用いられる割引率を決める。また、利子率と株式の利回りは年金債務の変化にかかわる運用成績に影響を与える。こうした不安定要素が年金資産と年金負債の長期的な性格と相まって、また、現実の世のなかの動きは年金制度の前提から逸れるため、不安定な年金費用の報告がもたらされる。

ステートメント第八七号は他のどのアメリカの会計基準よりも利益の平準化に寛容だった。FASBは、投資プロジェクトにおける変動や数理上の差損益を何年にもわたって繰り延べることと、調整の影響が損益計算書に及ばないようにするために、株主持分の部の「その他の包括利益累計額」を貯蔵タンクとして用いることを財務諸表の作成者に認めた。

会社は、年金費用を軽減し、報告利益をさらに平準化するため、利子率と投資の利回りの前提を変え続けた、という説得力のある証拠もある*11。

第三の事例研究は企業が所有する有価証券の評価にかかわるものである。アメリカの会社法は州が司っており、一八八九年にスタンダード・オイルが登録されているニュージャージーが会社による他社の株式の所有を認めた*12ため、会計の専門家たちは直ちに、流動性のある有価証券について市場価格を用いることと歴史的原価会計の間にうまく折り合いを付ける、という問題に取り組むこととなった。異なる日に購入した或る会社の同一の株式を多様な購入価格をもって貸借対照表に記載する、ということは論理的には思われなかった。

観察可能な市場価格は基準設定者による目的適合性と信頼性のテストに合格するように思われる。ニューヨーク大学のジョージ・ソーターは、もしも財務諸表が証券価格に影響を与えることができるなら、証券価格が会計数値に影響を与えてはいけないということはないだろう、と皮肉った。

歴史的原価を用いることは厄介な事態を招く。企業は多くの場合、時の経過とともにかなり大きな価格の幅をもって購入した株式を所有している。日和見的な経営者は、会社が報告利益を増やしたい期間に、価格が上昇した証券を売却することができる。このようなよいとこ取りは利益が安定的に伸びているように見せ掛けるとともに、残っているのは不振な証券ばかり、という状況を会社に課すこととなる。

例えば或る会社が一、〇〇〇ドルで購入した流動性のある普通株式が決算日には一、四〇〇ドルに値上がりしていたとすると、決算時にはその投資をどのように評価すべきだろうか。〈表9－2〉には三つの選択肢が示されている。

方法一は、その株式を売却するまでは市場価格の変動を無視する、という最も単純なやり方である。売却が済んだのち、会社は市場価格と帳簿価格の差額を損益計算書に損益として記載する。この例においては、売却は行われず、財務諸表における再評価も行われない。

方法二は、その株式が未売却であっても、投資額を一、四〇〇ドルの市場価格に修正する。この時価修正は税引前で四〇〇ドルの未実現保有利益をもたらす。この利益に対する税は、第三章で論じた実現原則により、会社がその株式を売却し、現金を受け取るまでは支払う必要がない。したがって、会社は将来の債務を繰延税金負債として貸借対照表に記載する。

方法三もまた、株式の時価修正を行うが、しかし、その利益は損益計算書に記載されず、

〈表9－2〉 市場価格が上昇した株式投資の会計処理

	方法1	方法2	方法3
損益計算書			
収益	$1,782	$1,782	$1,782
営業費用	(1,475)	(1,475)	(1,475)
営業利益	307	307	307
未実現保有利益	0	400	0
税引前利益	307	707	307
35%の所得税	(107)	(247)	(107)
純利益	$200	$460	$200
貸借対照表			
市場性のある有価証券	$1,000	$1,400	$1,400
その他の資産	1,250	1,250	1,250
資産計	$2,250	$2,650	$2,650
繰延税金負債	$0	$140	$140
その他の負債	1,025	1,025	1,025
負債計	1,025	1,165	1,165
資本金・資本剰余金	525	525	525
期首利益剰余金	500	500	500
当期純利益	200	460	200
期末利益剰余金	700	960	700
その他の包括利益累計額	0	0	260
株主持分	1,225	1,485	1,485
負債・株主持分計	$2,250	$2,650	$2,650

繰延税金負債を除いた額がその他の包括利益累計額に記載され、すなわち、為替換算や年金会計の調整累計額を記録する場合と同様、その他の包括利益累計額が貯蔵タンクとして用いられる。

貸借対照表の総額は方法二の場合と方法三の場合には等しくなる。どちらの場合も、株式の時価修正を行うことによって、株主持分が二六〇ドル増え、一四〇ドル（利益四〇〇ドル×税率三五％）の繰延税金負債が生ずる。方法二の場合には純利益と留保利益が大きくなり、他方、方法三は、経営者が株式を売却するまで、その他の包括利益累計額に未実現利益を隔離する。最終的な累計結果は三つの方法のいずれの場合も同じになる。

いわゆる「公正価値会計」を取り上げた最初の会計基準は一九四七年八月にＣＡＰが発表した公報第三〇号だった。流動資産と流動負債（決算日から一年以内に実現される資産と返済される債務）の評価について、この委員会は、流動性のある有価証券の市場価値が原価を著しく下回り、経営者がこの下落は一時的な現象ではないと判断した場合には、簿価を市場価格に切り下げるべきである、と考えた。会計の専門家たちは正常な証券の値動きを気に掛けるべきではない。

公報第三〇号は棚卸資産の評価に用いられていた低価法の適用対象を証券に拡げた。興味深いことに、反対意見を述べたＣＡＰの或る委員は、市場性のある有価証券について、それが原価を上回るか下回るかにかかわらず、市場価格をもってする評価を選好していた。一九七五年一二月、FASBは、一九七三年から一九七四年に掛けての資本市場の下げ相場を受けて、ステートメント第一二号『市場性のある持分証券の会計』を公表した。このステートメントは普通株式と優先株式の簿価の切り下げを扱い、株価が取得原価よりも高くなった場合のことは検討しなかった。

ステートメント第一二号は、個々の株式についてではなく、流動的なものと非流動的なものに分けた株式の集合体について低価法を適用することを会社に求めた。流動的な株式については、市場価格の総額が低下した場合の簿価の切り下げと、その後、市場価格が回復した場合の取得原価への切り上げが〈表9－2〉の方法二による損益計算書において行われ、また、非流動的な株式については、簿価の切り下げと切り上げが、方法三によって、株主持分の部に記録される。

注目すべきことに、ステートメント第一二号は債券については無言だった。金融仲介機関は一般に株式よりも債券に多くを投資する。大規模な地方債の発行体であるニューヨーク市はほとんど破産していた。大規模な銀行は不安定な外国政府にかなりの融資を行っていた。そして、借り入れによって多額の資金調達を行っていたいくつかの不動産開発会社が破綻していた。一年半後に公表されたステートメント第一五号には第六章で言及したが、このステートメントが扱っていたのは民間融資の再構成であって、公募債の評価ではなかった。

金融機関は債券を償却原価で報告し続けた。投機的な債券を所有して利益を追求する投資家は値上がりした債券を売却し、また、報告利益を平準化するために、値下がりした証券を原価で所有し続けることができた。FASBはよいとこ取りを理解した。

FASBの一九九一年一二月のステートメント第一〇七号は金融商品の市場価値の脚注での開示を要求した。SECの主任会計官のワルサー・シュッツェは一九九二年に、既に脚注での市場価値の開示が行われていたにもかかわらず、財務諸表における時価会計の必要を主張した。彼の主張は、財務諸表の利用者にとっては市場価値がより目的適合的であり、また、個人投資家は投資情報提供業者からもたらされる脚注のない情報を用いている、というものだった。この場合、シュッツェは効率的市場仮説をはっきり否定していた*13。一九九二年にFASBは債券と株式の公正価値評価に関する公開草案を発表した。九〇日のコメント募集期間にFASBは六〇〇のコメントを受け取った。まず念頭に浮かんだのは有価証券を時価評価した場合の報告利益の不安定性の問題だった。

外貨と年金に関する経験から学んだFASBは一九九三年五月にステートメント第一一五号『特定の債券および株式に関する会計処理』を公表、このステートメントは投資家と経営者の双方を満足させる妥協点を示していた。

ステートメント第一一五号は市場性のある有価証券について三分類を求めた。会社が満期まで保有する意思と能力を有する債券については、償却原価をもって記載すべきである(方法一)。債務不履行がなければ、保有損益は満期までになくなる。

近い将来に売却する意図をもって購入した債券や株式は時価評価し、未実現損益は損益計算書に記載すべきである(方法二)。

売却目的証券にも満期保有証券にも分類されない債券と株式は売却可能証券として分類すべきである。ここに分類された有価証券もまた時価評価し、未実現損益は貸借対照表の株主持分の部におけるその他の包括利益累計額に記載すべきである(方法三)。

会社には指定した有価証券の分類を変える自由がほとんどなかった。或る同業者の言によれば、FASBは経営者に、コースを選んだらずっとそこにいるように、と命じていた。ステートメント第一一五号の下、「満期保有」は限定的な基準であり、経営者に債券を売却する機会をほとんど残していなかった。その上、報告利益を証券市場の不安定性に曝したいと考える会社はなかった。ほとんどの会社は「売却目的」の分類を用いなかった。注目すべき例外が第一四章で論じられるエンロンだった。消去法的に、市場性のある有価証券を所有するほとんどの組織は「売却可能」を選択することとなった。

次の一〇年間にデリバティブ契約（例えばオプション、先物、先渡し、スワップ）が投資およびリスク管理の手段としてどんどん人気を博した。経営者は不安定な利益の報告を回避しようとしたが、基準設定者はこうした契約に公正価値評価を適用しようとした。一九九八年六月にＦＡＳＢが公表したステートメント第一三三号は会計基準における『戦争と平和』だった。

何百頁ものルールと解説を通してこのステートメントが基本的に述べていることは、デリバティブ契約には貸借対照表上、公正価値をもって示されなければならない資産および負債がある、ということである。公正価値の変動は、損益計算書には記載することなく、株主持分に記載することができる。ＦＡＳＢはその他の包括利益累計額を臆病な経営者を安心させるために利用した。

このステートメントの作成者は、不安定性を正常な事業活動の帰結として捉える代わりに、その他の包括利益累計額をアメリカの財務会計における捨てられた玩具の島〈訳者注〉、すなわち、時価会計による好ましからざる不安定性を取引の実現時まで保管しておく場所、として利用した。

〈訳者注〉　アニメ番組『赤鼻のトナカイ、ルドルフ（Rudolph the Red-Nosed Reindeer）』に登場する島（Island of Misfit Toys）。

第一〇章　無形資産

私たちはニューエコノミーに参加しており、ルールは劇的に変化しています。私たちが持っているものは、もはや以前ほど重要ではありません。

――エンロンの一九九九年度年次報告書、株主の皆様へ

財務会計は資産に関する経営者の受託責任を監視する手段から株式投資家が株式を評価する手段へと発展したが、その過程において財務会計が無形資産の台頭に対応したことはなかった。内部的に生じた無形資産の会計処理は財務会計において未解決の大きな謎のままである。

無形資産とは会社が利益を上げて成長するのを助けるブランド、文化、顧客リスト、および工程上の秘訣などといった不可視の資源のことである。これらの形のないものは多くの場合、会社それ自体と分離して売買することができない。経営者は稀少な物的資産の配分方法を決めなければならないが、他方、従業員は無形資産を多くの場所で同時に利用す

ることができる。多くの無形資産が利用の増加とともにその価値を増している。

エルドン・ヘンドリクセンは六〇〇頁に及ぶ一九七〇年の著書『会計理論』〈訳者注〉において無形資産にはたったの二〇頁しか割いていない。三〇年後、無形の資源は取得する価値のある唯一の重要な企業の資産として認識されるようになった。受取勘定、棚卸資産、機械、および土地の多くは容易に取り替えることができる。

債権者のための貸借対照表は無形資産にはほとんど重きを置かない。有形資産は直接に観察することができ、二次市場で売却することができ、そして融資の保証のための担保として用いることができる。無形資産は貸手にほとんど安心を与えない。或る評者が述べているように、もしあなたがそれを手放すことができないなら、どのようにしてそれを担保に借りることができるのだろうか*1。

〈図10－1〉に示された時系列は株式投資家が無形資産を重視する度合いの増大を示している。株価純資産倍率は会社の市場価値を貸借対照表上の純資産で除したものである。これが一倍であるということは、株式市場が会社の純資産について会計の専門家と同様の評価を行っている、ということを意味しており、これが一倍をかなり上回っているという

〈訳者注〉ただし、一九七〇年刊は第二版。初版は一九六五年刊。

ことは、投資家が純資産を財務会計の担当者よりも熱烈に評価している、ということを意味している。

一九三三年の証券法の制定時から一九八〇年代の中頃まで、ダウ・ジョーンズ平均株価指数における三〇銘柄の株価純資産倍率は一倍から二倍の間で変動した。すなわち、投資家は貸借対照表に記録された純資産額の二倍までの価格で株式を購入しようとしていた。〈図10－1〉には、これらの会社の認識された価値のほとんどが純資産額に含まれていた、ということが示されている。

次の一〇年間にこの倍率は劇的に高まり、一九九九年のインターネットと電気通信をめぐるバブルの絶頂時には六倍に達した。

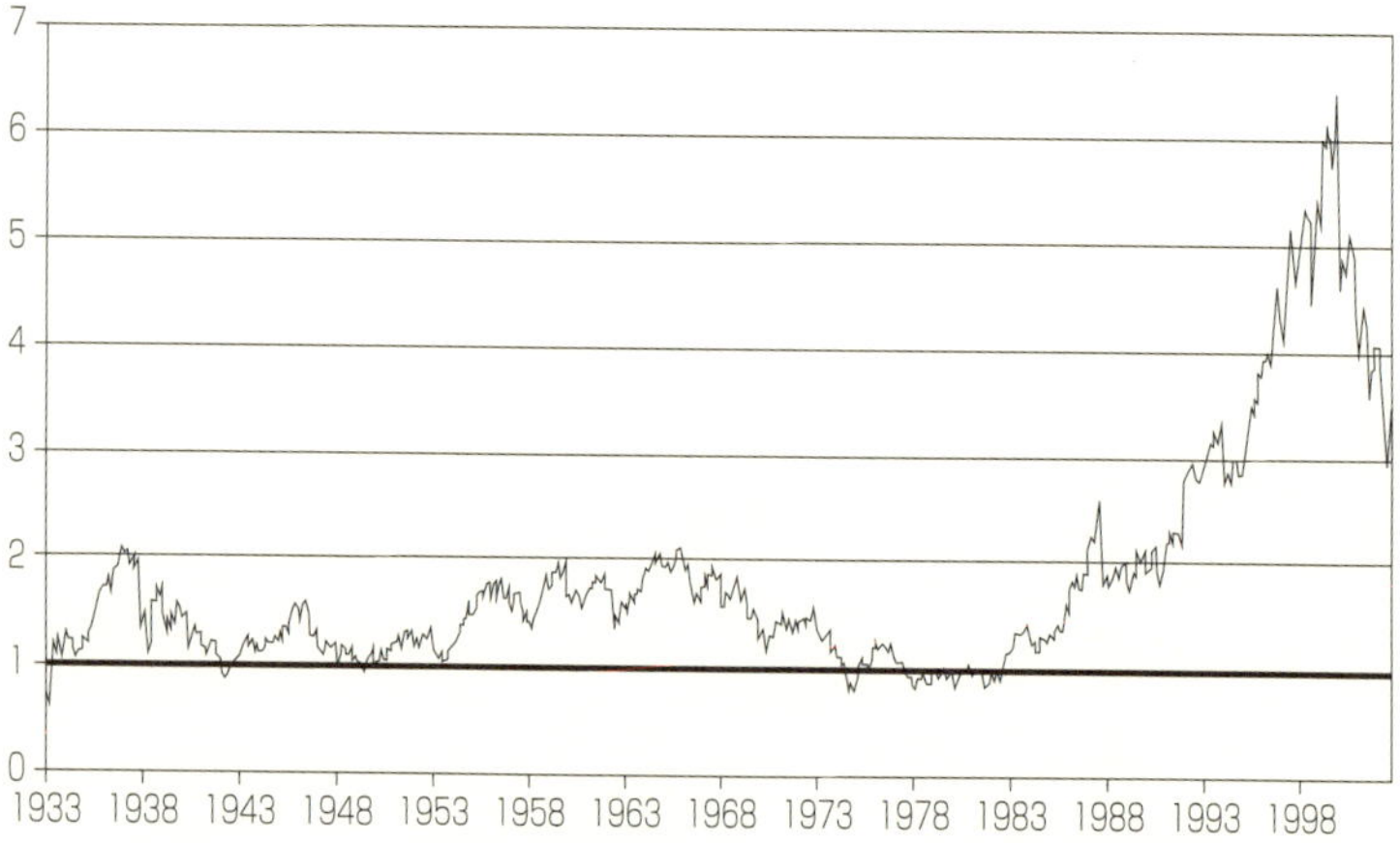

〈図10－1〉 1933～2002年のダウ・ジョーンズ平均株価指数における株価純資産倍率

思い起こせば、これらの株式はインターネット関連の新興企業ではなく、大規模な、既に地位が確立されたアメリカの三〇社だった。レーガン政権下の或る時期から、投資家は研究開発（R&D）、従業員の訓練、ブランド開発、事業プロセスの再構築などといった類いの活動に投資する会社を評価するようになった。アメリカの実業界の無数の宣伝活動、特許、品質管理サークル、およびIT活動の一部が成果を出した。バブルが弾けたのちにおいてさえも、この倍率は歴史的に高い三倍にとどまっていた。

いくつかの会社は成熟市場においても利益を上げて成長し、いくつかの優れた会社は金融危機をものともせずに何十年間も経済的な利益を得ているが、物的資産がこうした勝者を特徴付けることはほとんどない。一般にこうした会社は低コストないし強い価格決定力をもたらす無形資産、すなわち価値のあるブランド、文化、知識、取引関係などといった無形資産を有しており、こうしたものを用いて、平均的な会社の場合よりも、価格とコストの差を拡げ勝利を収める*2。

ウォールマートにおける従業員の訓練、在庫システム、および仕入先との関係は、「いつも低価格」を付けているにもかかわらず、この小売業者に安定的な利益をもたらした。ノードストロームの高級なブランドと手厚いサービスはこの小売業者に高価格販売を可能にした。いくつかの会社は高い価格を設定しつつ、コストを下げることができた。

一九九〇年代、アメリカの消費者はトヨタのブランドの力によって同社の車に高い代金を支払ったが、他方、同社は優れた製造現場作業によって低い製造原価をも享受していた。

幸いにして持続的な競争上の強みを持っている会社には、それほど幸運ではない会社に比して、より大きく、より早く、より確実なキャッシュ・フローを期待することができる。無形資産の存在を示唆する情報は投資家にとって極めて役立ちうるものだろう。

マイクロソフトの二〇〇二年六月三〇日の要約貸借対照表について考えてみよう。マイクロソフトの帳簿価格は五〇〇億ドル、株式の時価総額は三、〇〇〇億ドルだった。資本市場の下げ相場が三年目に入った二〇〇二年に六倍の株価純資産倍率を誇っていた会社が何かそれに相応しいことをしていないはずはなかったが、しかし、貸借対照表に記録された資産は現金、有価証券、受取勘定、および建物などだけで、その他のものは余りなかった。〈表10－1〉に示されるように、記録された無形資産の総額はたったの一七億ドルで、同社の株式の時価総額の一％を下回っていた。

そのソフトウェアが世界中のPCの九〇％を動かし、その株式は世界中で最も高価値(株式の時価総額が最高)だったマイクロソフトには明らかに特別な何かがあった。しかしながら、報告された資産は無類の技術や収益力を示唆するものではなかった。

無形資産にかかわる会計上の問題は、目的適合性ではなく、信頼性だった。どの会社も

〈表10－1〉 マイクロソフトの2002年6月30日付けの要約貸借対照表

（単位：100万ドル）

現金・市場性のある有価証券	$38,652	支払勘定	$ 1,208
受取勘定	5,129	前受収益	7,743
その他の流動資産	4,795	未払所得税	2,022
有形固定資産	2,268	その他の負債	4,493
持分投資	14,191	負債計	15,466
暖簾・無形資産	1,669		
その他の資産	942	株主持分	52,180
資産計	$67,646	負債・株主持分計	$67,646

技術を有しており、マッキンゼーのコンサルタント、ゴールドマンの銀行家、およびワクテルの弁護士はさまざまな形で感銘を与える。これらの組織の内部的に開発された知識を市場取引なしに評価する信頼性のある手段を開発した会計の専門家はいない。これらの三つの優れた組織のうち、ゴールドマン・サックスだけが株式を公開し、そうした価格の発見をもたらした。

会計手続委員会（CAP）は一九四四年一二月に公報第二四号『無形資産』をもってこの問題に初めて取り組んだ。CAPは（一）購入した無形資産と内部的に開発したものを区別し、（二）耐用年数が有限のもの（例えば特許権や免許）と無限のもの（例えば暖簾や永久的な一手販売権）を区別した。この公報は「研究、実験、宣伝、ないしその他のもの」を通じて内部的に開発された無形資産の評価については何の指針も示さなかった*3。

この委員会は、第三者から取得した無形資産は他の資産と同様に、すなわち、原価による最初の評価、便益をもたらす期間にわたっての規則的な償却、そして減損の場合における評価減、といったように扱うべきである、という見解を示した。耐用年数が無限の無形資産は、会社がその資産の耐用年数が有限になったと判断した時まで、すなわち、償却ないし評価減が行われるべき時まで、歴史的原価で繰り越されるべきである。

公報第二四号の興味深い誤魔化しは、購入した無形資産の多額の評価減は、会社の収益力について投資家を誤解させることがないように、損益計算書を経ることなく、株主持分において処理することができる、としていることだった。換言すれば、額の大きい無形資産の評価減については、公的な損益計算書における葬儀を行うことなく、私的な貸借対照表における埋葬で済ますことができた。

実務の多様性を減らすための次の試みは一九七〇年八月に公表された、これまた『無形資産』というタイトルのAPBの意見書第一七号によるものだった。CAPと同様、APBはこの問題を二×二のマトリックスで捉えたが、この場合は（一）内部的に開発された無形資産と第三者から購入したものを区別し、（二）特許権、一手販売権、および商標権のような識別可能な無形資産と識別不可能な暖簾を区別していた。

暖簾は買手の会社が或る会社をその会社の識別可能な有形資産と無形資産の公正な市場価値を上回る価格でもって取得した場合に生ずる。会計の専門家は購入価格との差額を暖簾に割り当てるが、この暖簾とは企業文化、仕入先との関係、ブランド資産価値、および当該取得対象会社に標準的な利益を上回る利益をもたらしてきたと買手が考えるその他のすべてのものから構成される観測不可能な資源のことである。学者たちは、購入した暖簾は株価を説明する際に統計的に有意たりうる、ということを見出している。

しかしながら、大きな変化は、APBが、すべての無形資産は耐用年数が有限であり、四〇年を限度として、便益を受ける予想期間にわたって償却されるべきである、と結論付けたことだった。四〇年はどこからきたのか。APBは、すべての無形資産の価値は最後にはゼロになるに違いない、と推論してこの選択を実践的な解決策と考えた。顧客は死亡し、好みは変化し、仕入先は廃業し、特許権は期限切れとなり、法律は進化し、そして革新が生ずる。四〇年ルールは単純に実務の多様性を減らした。暖簾の償却は、報告利益に影響を与えるが、キャッシュ・フローには影響しない。

一九七〇年のAPBの一八名のメンバーのうちの四名は意見書第一七号に反対し、例えばインフレーション会計の支持者シドニー・デビッドソンは、この根拠のない四〇年ルールはいかなる状況においても適切なものとはなりえない、と考えていた。これらの反対者は、明確に線引きをするルールよりも、専門的な判断にもとづいて償却期間を決めることを選好していたが、他方、監査人と規制者は恐らく明確な四〇年という時間枠があった方が安心だった。

意見書第一七号は内部的に開発された識別可能な無形資産については何の指針も示さなかったが、一九七四年一〇月にはFASBがステートメント第二号『研究開発費の会計処理』を公表、その七名のメンバー全員の賛同の下、設立されてほどないFASBが示した基準は**アメリカのGAAPにおいて最も簡潔なものだった。**

本ステートメントに扱われるすべての研究開発費は発生時に費用処理されるべきである*4。

このステートメントはまた、各会計期間に費用処理されたすべての研究開発費を分類の上、脚注にて開示することを会社に求めていた。

目的は企業のR&D活動に関する会計実践の多様性を減らすことだった。FASBが引き合いに出した数字によれば、アメリカの国内総生産（GDP）の二%超が公共部門と民間部門の組織によって R&Dに費やされていた。FASBが即時の費用処理を求めることとした理由は、個々の R&D活動からもたらされる将来の便益に不確実性があることと、R&Dのための支出と将来の収益の間に明確な因果関係がないことだった。

ハーバード・ビジネススクールのロバート・アンソニーは、会計実践に関する意見の多様性の証拠として、FASBが受けたコメントを引き合いに出した。学者は三名がこの審議会に賛同して一一名が不同意、会計事務所は六事務所が賛同して三事務所が不同意、企業は三四社が賛同して一七社が不同意だった。アンソニーが示唆しているように、もっと難しく複雑な会計問題が生じた場合を想像できるだろうか*5。

ジェネラル・モータースの経理部門の副責任者補ユージン・フレームは、このステートメントは、明白な弊害がないにもかかわらず、経営者の判断を排除し、唯一の基準にしたがうことを強いている、という理由をもって、ステートメント第二号を「これまでに設けられたもののなかで最悪の基準」と称した*6。

判断は、R&Dと日常的な活動をどこで区別するか、という点において依然として生ずる。FASBは「研究」を新しい知識の発見を目的とする調査と定義し、「開発」を研究の成果を新しい製品ないし工程に移すことと定義した。例えば新しい機械について考えてみると、会計担当者は、試作品の開発から日常的な分解点検にいたる連続体のどこで、支出を費用処理するか、それとも資本化するかの線引きをすればよいのだろうか。

製薬会社は桁外れに大規模なR＆Dを行っている。好調な製薬会社は株価純資産倍率が大きいが、それは、費用処理されているR＆Dのための支出が、市場による株式の評価においては、暗黙のうちに資本化されるためである。換言すれば、投資家は、GAAPはこうした会社の純資産を過小評価している、と考えている。

ソフトウェアの開発の重要性の高まりを受けて、SECはコンピューターのプログラミングのコストにかかわる会計方針の変更に関する覚書を公表した。ソフトウェアには価値があり、この無形資産の多くは内部的に開発される。FASBは一九八五年八月にステートメント第八六号『販売、リース、ないしその他の形によって市場に出されるコンピューター・ソフトウェアの原価の会計処理』を公表した。

ステートメント第八六号は、R＆Dのコストについて、当該R＆D計画の「技術的実施可能性」が確定するまでのコストはこれを費用処理することを求め、確定後のすべてのソフトウェア制作コストはこれを貸借対照表に資産として記載し、見積経済的耐用年数にわたって償却することとされた。また、この資産は償却額控除後の原価額と正味実現可能額の低い方の額をもって報告することとされた。すべてのR＆Dのコストについて費用処理を選択したFASBが、しかし、ソフトウェアの開発はこれを例外としたことについては納得しがたい向きもあった。

一〇年後の一九九五年七月五日、IBMは企業向けアプリケーション・ソフトウェアの大手企業ロータス・デベロップメント・コーポレーションを買収するために三二億ドルの現金を支払った。IBMの一九九五年度の年次報告書は、会計方針の説明において、技術的実施可能性の確定後に生じたソフトウェアのコストは資本化することとした、と述べているが、この方針は明らかにステートメント第八六号にしたがっていた。

IBMは、或る独立の評価業者を雇って、ロータスの資産の公正市場価値および買収額の取得資源への配分について意見を求めた。その評価業者によれば、取得した有形資産（例えば現金、受取勘定、土地、建物、および設備）の公正市場価値が買収額の一〇%を占め、買収額の残りの三分の二はいまだ技術的実施可能性の確定にいたっていない「購入仕掛研究開発」に対するものだった。IBMは三二億ドルの買収額のうちの一八億ドルを費用処理した。

大ヒットになったノーツの電子掲示板と有名な表計算プログラム「一-二-三」を含むロータスのソフトウェアが一九九五年七月までに広く用いられるにいたっていたことには疑いの余地がなく、当時、私の勤務先ではほとんど全員がこの両者を使用していた。どのような基準に照らしても、ロータスは技術的実施可能性の確定段階に達した一揃いのソフトウェア製品を開発していた。しかし、IBMは買収額のうちの二億九、〇〇〇万ドル（九％）だけを当時のソフトウェア製品に配分していた。

意地悪な見方をすれば、経営陣は将来の利益を平準化する手段を求めていたのかもしれない。一時に莫大な額を費用処理することによって、経営陣は報告利益の水準を下げることができ、また、資本化された支出を将来の会計期間に償却しなければならない事態を避けることができた。ときに「バネ荷重」と呼ばれる*7一時の費用処理は経営者の交代後に利益の伸びを示すのに役立つ。

二〇〇一年六月にFASBはステートメント第一四二号『暖簾およびその他の無形資産』を公表したが、またもや基準設定者は内部的に開発された無形資産の会計には取り組まなかった。その代わりに、このステートメントは購入、合併、ないし買収によって取得した有形資産および無形資産に対する購入額等の配分に焦点を絞っていた。

意見書第一七号が、すべての無形資産は耐用年数が有限の減耗資産、と結論付けたのに対して、ステートメント第一四二号は、暖簾およびその他の無形資産は耐用年数が無限であり、任意に償却すべきではない、と結論付けた。無形資産は少なくとも年次に減損の有無を検査し、確認された減損はすべて利益に賦課すべきである。ステートメント第一四二号は、無形資産の償却が将来の利益の重荷になる、という事態から会社を解放したが、しかし、不測の減損による将来の利益の不安定性をもたらした。

今日にいたるまで、会計基準設定者はソフトウェア以外の内部的に開発された無形資産の評価方法を決定していないが、この問題についての最も興味深い事例研究はインターネット・サービス会社アメリカ・オンライン（ＡＯＬ）に関するものである。

一九九〇年代中頃のＡＯＬの大革新は、無料のディスクをパソコンのある各家庭に勝手に送付する、というものだった。ＡＯＬは、電話回線を通して、アメリカの一般的な人々に初期のインターネット接続をもたらしたが、この攻撃的な成り上がりは多数の加入者を得るために多額の支出を行い、急成長するにいたっていた。より多くの資金を必要とする公開会社は安定的な利益を報告するということについて非常に大きなプレッシャーを感ずる。分散可能リスクに関するビル・シャープの主張は野心的な会社の財務部門の責任者にとってはほとんど意味がない。

ＡＯＬはどうしたのか。取得コストを貸借対照表において資本化し、二四か月にわたって償却する。一九九五年六月三〇日現在、ＡＯＬは四億五〇〇〇万ドルの資産を有し、そのうちの七、七〇〇〇万ドル（一九％）が「繰延加入者取得費」だった。一年後、この額は三億一、四〇〇万ドル、すなわち総資産の三分の一に膨れ上がった。もしもAOLがこれらのコストを費用処理していたら、損失を報告することになっていただろう。

会計の専門家は無形資産の開発コストを資本化することを躊躇する。これらのコストが不確実な将来の収益とどのように対応するかは誰にも分からない。AOLの財務会計方針はビジネススクールの事例研究とSECの調査の対象となった。SECは、AOLは将来の収益を通じてこの取得コストを回収しうることを立証しえていない、と非難した。二〇〇〇年五月、AOLは罰金三五〇万ドルの支払いおよび一九九五年度と一九九六年度の利益の修正に同意した。

その後、AOLは一連の著しく大胆な買収によって成長した。急上昇するその株価は大きな会社を買収する貨幣をもたらした。その絶頂は二〇〇一年一月、AOLがその過大評価された株式を用いてマスメディア界の巨人タイム・ワーナーを買収した時だった。これは、資産のない会社が見通しの立たない会社を買収した、とも評された史上最大の企業買収だった*8。

AOLタイム・ワーナーの二〇〇一年度の貸借対照表は暖簾が大半を占め、すなわち二、〇八〇億ドルの資産のうち、一、二八〇億ドル（六二％）が暖簾だった。また、この貸借対照表には一一〇億ドルのブランドおよび商標権、それに二七〇億ドルのケーブル・テレビの免許およびスポーツの独占興行権が記載されていた。

ＦＡＳＢはステートメント第一四二号を公表し、二〇〇二年一月一日以降に開始する会計年度に暖簾の減損を検査することを求めた。二〇〇二年三月三一日に終了する四半期に経営陣が減損処理した暖簾は五四〇億ドルに上り、これは、或るジャーナリストによれば、エクアドルのＧＤＰに相当する額だった。減損額の控除後においてさえ、同社は依然として八〇〇億ドルの暖簾と四五〇億ドルのその他の無形資産を有していた。

資産の耐用年数が以前の見積もりよりも少ないということが判明したため、この控除は過年度の利益が過大だったということを示唆していることになる。多額の減損処理を行った公開会社は一九七五年には五％未満だったが、一九九四年には二一％に上っていた*9。ゴールドマン・サックスのアビー・ジョセフ・コーエンによれば、二〇〇二年にアメリカの実業界は一九九〇年代の度を越した買収の代償を支払い、一、四〇〇億ドルの無形資産を減損処理したが、この額はそれ以前の八年間の減損処理額に相当していた*10。

ＬＩＦＯを別にすれば、アメリカの財務報告において最も奇妙なものは企業結合における持分プーリング法という会計処理である。この用語はラーニッド・ハンドによって書かれた一九四三年の「ナイアガラ・フォールズ・パワー・カンパニー対連邦動力委員会」事件の判決文において初登場した。その水道会社は一九一八年に二つの会社の結合によって生まれたが、その際、この二つの前身会社は新会社設立のために株式を拠出した。前身会社は自社の株式を売却せず、後継会社はどちらからも株式を購入しなかった。前身会社はどちらも新会社に持分を保持していた。

論議は結合された設備の評価について生じた。歴史的原価にもとづく低い資産評価額は後継会社の料金の値上げの可能性を制限することとなるため、低い水道料金を目指す連邦動力委員会は、売買は行われていないことから、歴史的原価が適切な資産評価額である、と主張したが、他方、この会社は、企業結合の場合には資産を結合時の公正価値で評価することができる、と考えていた。

ハンド判事は、二つの旧会社は持分をともに保有している、という見解を述べた。その時以降、この二社は、従前どおりの評価額が付与されているものとして資産を扱うことが必要だった。資産の再評価をもたらすような独立の当事者間の取引の存在を認める根拠は全くなかった。もしも通常の取引が行われていたならば、パーチェス法の会計処理をもって資産額を公正価値に改め、買収日から損益計算書を結合することとなった。

持分プーリング法は三つの点においてパーチェス法と異なっている。持分プーリング法は（一）その年度の初めから貸借対照表および損益計算書を合算し、（二）より大きな収益および利益の報告をもたらし（一二月三一日に完了したプーリング取引であっても一二か月分の収益および利益が結合される）、そして（三）新会社の損益計算書を増大した資産価値による減価償却の負担から免れさせる。持分プーリング法とパーチェス法の選択はキャッシュ・フローには影響を与えない。

持分プーリング法対パーチェス法の議論の経験は、原則もルールも基準設定における論争解決の特効薬ではない、ということを示している。会計手続委員会は一九五〇年九月に公報第四〇号『企業結合』を発表した。このARBは、前身会社が同等の規模を有し、類似した事業を行っており、また、所有権と経営陣に継続性が認められる場合には持分プーリング法が用いられるべきである、としていた。同委員会は七年後に公報第四八号においてこれらの指針を引き継ぎ、一九六六年にはAPBが意見書第一〇号においてこうした指針を示した。

ナイアガラ・フォールズの不運な出来事はコングロマリットの経営者たちと彼らを顧客とする投資銀行にとってはもっけの幸いだった。ウォール街は、CEOたちが、報告利益を良好にするために、規模の同等性も事業の類似性もない組織の結合に持分プーリング法を用いるのを助けた。コングロマリットとその監査人たちは会計の指針を無視した。持分プーリング法が適用された買収のいくつかは買収会社の規模の一％にも満たなかった。経営陣は単純に即座に利益が出てくることを欲した*11。

イリノイ大学のアート・ワイアットは一九六三年に持分プーリング法の会計処理を批判する論文を書き、その四年後には、恐らくはこの業界で最も有名なうるさ型であるバルーク・カレッジのアブラハム・ブリロフが広く読まれた論文「汚れた持分プーリング法」を書いた*12。ブリロフは持分プーリング法の処理がいかに投資家を誤解させるかを示したが、この論文で最も有名な箇所は「財務諸表はビキニのようなものである。つまり、それがみせているものは興味深いが、それが隠しているものが重要である」という部分である。

悪弊を減らすため、APBは一九七〇年に意見書第一六号をもって原則に代えてルールを示した。APBは持分プーリング法を用いる際には一二の条件を満たすことを求めた。創作力のある銀行家たちはこの制約条件を満たすために取引を作り上げることによって対応した。一つの意図せざる結果は、買収を意図する会社が持分プーリング法の採用を欲する場合には買収対象会社の側が交渉を有利に運ぶ力を手に入れる、ということだった。

報告利益に対する強迫観念によって、一部の会社の経営陣は持分プーリング法を用いるためなら、どんな異常なことでもしようとした。一九九一年九月のAT&TによるNCRコーポレーションの七五億ドルの買収の際には、経営陣は意見書第一六号の要求にしたがうために五つの障害を克服しなければならなかった。AT&Tは約五〇億ドルの暖簾の認識を回避するために、すなわち、以後四〇年にわたる年一億二、五〇〇万ドルのキャッシュ・フローを伴わない償却を回避するために大きな経済的コストを負担した*13。

一九九九年四月二一日、FASBは企業結合の会計処理から持分プーリング法を除くことを発表した。持分プーリング法を用いていることが知られていた会社の株式の利回りはこの発表の直後に株式市場において三%の異常な低下をみた。二〇〇〇年一二月二〇日、FASBは、パーチェス法によって生ずる暖簾はもはや償却する必要がない、と発表した。多額の暖簾を有するいくつかのサンプル企業の株式の利回りは二%の異常な上昇を享受した*14。

投資家は報告利益よりもキャッシュのことを気に懸けるという考えとは相容れないこれらの結果は金融市場の乱雑さを示しており、すなわち、効率的市場仮説について、自信を持って大雑把な一般化をできる者はいない。しかしながら、他方、買収側の会社の株主は持分プーリング法の財務報告への影響を有益とは考えない、ということを確認した研究もある*15。

第二章　負債

人間の基本的欲求は単純である。すなわち、十分な食料を手に入れること、雨露を凌ぐこと、そして負債を貸借対照表に載せないでおくことである。

——リチャード・グリーン、

『フォーブス』一九八〇年一一月二四日＊1

実務家たちは効率的市場仮説にはほとんど関心を示さなかった。その結果、多くの財務諸表作成者は、外部の債権者と投資家は財務諸表における表示の「特殊効果」によって欺かれる可能性がある、と考えた。分析者が会社の健全性を評価する際に、貸借対照表の形式は経済的実質に優越しているようにみえ、このことは貸借対照表上の負債の会計において最もはっきりと現れる。負債の存在は企業の弱さの標《しるし》としてみられるようになったため、経営者たちは基準設定者に圧力を掛け、会社が負債を貸借対照表に載せないことを認めさせようとした。

貸借対照表の左側は会計の慣習によって認識された資産を表示し、右側は資産の所有権を債権者と所有者に配分している。もし会社が債務を適時に返済できなかったならば、債権者は所有者から支配権を奪うかもしれない。会社の資産のうちの負債を通じて調達した資金にもとづく資産の部分が、恐らくは、企業金融における最重要問題である。

株主の残余財産請求権には期限がないのに対して、債権者に対する債務には期限がある。所有者は中間配当の支払いを受けるかもしれないが、会社にはそうした配当について契約的な責務は全くない。株主が自身の金を取り戻すのは株式を流通市場において他の投資家に売却した場合、あるいは株式の買い戻しないし清算によって会社が株式を償還した場合であり、株主は債権者よりも大きなリスクを負い、より大きな報酬を求める。

アメリカの税法は一八九四年以降、会社の課税所得の算定に際して利子費用を控除することを認めているが、他方、税法は投資家に対する配当についてはそうした規定を設けていない。利子を控除できるということが会社の資本構造、すなわち長期的な資金調達における負債と株主持分の配分、すなわち会社の価値の決定要素に大きく影響する。或る程度の負債は会社を所得税から守り、過大な負債は会社を破産に導く。

五〇〇〇万ドルの長期資金の調達を必要とし、年に二〇〇〇万ドルの営業利益がある会社の例を考えてみよう。所有者は一定の利率でもってさまざまな額を債務によって調達することができるとする。〈表11－1〉においては、負債金融によって利益の絶対額は減少して

〈表11－1〉　節税と１株当たりの利益の増加をもたらす負債

	資本における負債の割合		
	ゼロ	多少	大
負債	$　　0	$1,500	$4,000
株主持分（額面価格１ドル）	5,000	3,500	1,000
資本計	$5,000	$5,000	$5,000
営業利益	$2,000	$2,000	$2,000
８％の利息	0	(120)	(320)
税引前利益	2,000	1,880	1,680
35％の所得税	(700)	(658)	(588)
純利益	$1,300	$1,222	$1,092
営業利益	$2,000	$2,000	$2,000
税	(700)	(658)	(588)
債権者と株主にとっての留保利益	1,300	1,342	1,412
負債による節税	**$　　0**	**$　　42**	**$　112**
１株当たりの利益	$　0.26	$　0.35	$　1.09

いるが、しかし、債権者と株主にとっての留保利益は増加していることが注目される（一株当たりの数値を除き、単位は一、〇〇〇ドル）。

負債金融には節税効果があり、それにより、資本提供者は会社の利益をより多く留保することができる。負債を株主からの出資の代わりにすると普通株式の発行数が減り、したがって、一株当たりの利益（ＥＰＳ）が増大する。また、負債は会社の評価をさらに高めると考える向きもあるが、それは、債務を間違いなく返済するために杜撰な計画等は回避するだろう、という理解によっている。

しかしながら、或る点を超えると、追加的な負債は問題を生ずる。繰り返し生ずる多額の利息支払いの脅威によって、会社の所有者は広告、設備等の保全、従業員の訓練、ないし研究開発への支出を控えるかもしれない。

財政難の見通しによって貸手は、所有者は債権者の利益に反する行動をとる可能性がある、と心配する。借入過剰の会社の株主は、社債権者の負担により、窮状を脱するかもしれない。例えば、会社が多額の現金配当を行うことにより、清算時に債権者に残される資産が減る、というケース、会社がさらに債券を発行することにより、古い債券はリスクが高まり、価値が下がる、というケース、会社が価値の大きい資産を売却することにより、債権者にとっては債権の担保が減る、というケース、会社がハイリスク・ハイリターンの投資に手を出すことにより、清算時の社債権者の状況が悪化する、というケースなどが考えられる。

一九六〇年代、バークレーを優秀な成績で卒業し、ウォートン・スクールでＭＢＡを取得したマイケル・ミルケンは驚くほど単純な結論を出した。債券市場は借り入れの多い会社の信用リスクに価格を附すことが十分にできた。格付けにおいて投資不適格とされたいわゆるジャンク債も、種々のそれを組み合わせて所有する場合には、各社の固有のリスクを緩和することができ、適切な利回りを得ることができた。他方、リスクの高い借手は、銀行や保険会社を通すことなく、債権を直接に低コストで売ることができた。債券の発行は格付けにおいて投資適格とされた会社の領分だった。

一九六九年に瀕死のフィラデルフィア投資銀行に入ったミルケンは高利回りの債券投資の顧客創出に力を入れ、やがて高利回りの債権の証券化についてその発行者を支援し、リスクの大きい融資を流通市場で売買しうる一、〇〇〇ドルの債券にした。その後、ドレクセル・バーナム・ランバートに入って新たな活力を得た彼は、不安な債券所有者が所有債券を容易に売却しうるように、こうした債券の市場を作り出すために尽力した。

ミルケンは、借入負担が大きい種々の企業を支えるため、資本構造の設計に超人的な力を発揮した。証券は資本提供者間において分配と議決の権利を区分し、資本構造はこうした権利について投資家と債権者の順序や条件を決める。

ミルケンは、債券、株式、およびオプションを基本的な構成要素として用いて、さまざまな利害関係者のニーズを満たすような洗練された混成証券を作り出した。彼はまた、多くの債券発行者から新株引受権を受け取っており、この長期のオプションによって、借入負担の大きい企業が多額の債務を返済した場合における値上がりの可能性を把捉することができた。

環境も彼に味方した。一九八一年の税法は、固定資産について、一九五四年の税法改正において認められた加速度償却よりもさらに速い減価償却を会社に認めた。これによる大きな節税効果によって、会社はより多くのキャッシュ・フローを債務の返済に充てることができるようになり、また、さらに多くの借り入れを行うこととなった。近年の規制緩和によって貯蓄機関はジャンク債に投資することができるようになった。レーガン政権による独占禁止法の適用緩和によって、会社は同じ産業内の会社の買収に借り入れを用いることができるようになった*2。

一部には、借り入れを多く用いることによって、経営者が所有者の利益に反する行動をとる、というエージェンシー問題を解決することができる、と考える向きもあった。論点は、経営者が会社の所有権をほとんど有していない場合、成熟した会社における大きなキャッシュ・フローは損害に繋がる、ということだった。いい加減な経営者は、キャッシュを投資家や債権者に還元する代わりに、それを役得や大きな損害に繋がる多角化に浪費するだろう。

負債による資金調達を多く用いることにより、いい加減な経営に規律をもたらすことができた。大きな利子の負担によって、経営者は無駄な出費を切り詰め、経営効率を上げることを余儀なくされた。レバレッジド・バイアウト（ＬＯＢ）〈訳者注〉の達人は、買収対象会社の資産とキャッシュ・フローを担保に多額の借り入れを行い、従前の株主の持株に対して割増金を払い、会社を手に入れるとともに非公開会社化した。こうした金融家たちは、いまや非公開会社となったその会社の所有権を共有することにより、経営陣にもっと一所懸命に働く気にさせるような刺激を与える。さらにいえば、借り入れの賢明な利用は、たるんだアメリカの企業を無駄のない、世界的な競争力のある企業に変えることができた。

初期の成功例は一九八〇年代には敵対的買収（非友好的なＬＯＢ）に取って代わられた。ジャンク債による資金調達によって、Ｔ・ブーン・ピケンズはガルフ・オイルを買収しようとし、ソール・スタインバーグはディズニーを支配しようとし、カール・アイカーンはフィリップス・ペトロリアムを、サー・ジェームズ・ゴールドスミスはクラウン・ゼラバックを等々。ドレクセルはその債券投資家のネットワークから数日間に何十億ドルもの資金を調達する方法を学んだ。その頂点はコールバーグ・クラビス・ロバーツ＆カンパニーによる二六〇億ドルをもってするＲＪＲナビスコの買収だった。

借り入れの極端な利用は一九九〇年代に不興を買うようになった。ルドルフ・ジュリアーニという名の大望のある法律家が、インサイダー取引およびその他の証券法違反を告発することによって、ミルケン帝国を没落に追いやり、また、ＬＯＢのなかには、キャッシュ・フローが借り入れの負担を支えることができなかったため、失敗に終わったものもあった。業界に関する専門知識のない経営陣による買収には経営効率を悪化させ、必要とされる研究開発や設備の近代化や広告を会社から奪う傾向がある、という批判が支持を得た*3。

一九九〇年代、借り入れ、少なくとも多額の負債による資金調達があるということは弱さの標としてみられるようになった。一流企業には価格決定力、無駄のない原価構造、効果的な広告、および世界的な流通経路があった。豊かな利益は負債による資金調達を不要にした。

世論の指標の一つは『フォーチュン』の年次の「最も称賛される企業」リストだった。**〈表11－2〉**には一九九〇年代に二回以上、上位一〇社に入った企業が各社の無担保債に対する当時のスタンダード&プアーズの格付けとともに示されている。これらの企業のなかにジャンク債の格付けを受けたものはなく、最も称賛される企業――コカ・コーラ、プロクター&ギャンブル、およびメルク――は堅固な貸借対照表を維持していた。

投資家とジャーナリストは負債を弱さの標としてみていたように思われる。すなわち、

〈訳者注〉　借入金を梃子にした企業買収。

〈表11－2〉『フォーチュン』の「最も称賛される企業」リストにおいて複数回，上位10社に入った会社の格付け

会　社	1990年	1991年	1992年	1993年	1994年	1995年	1996年	1997年	1998年	1999年
コカ・コーラ	AA	AA	AA	AA	AA	AA	AA	AA－	AA－	A＋
プロクター＆ギャンブル	AA＋	AA	AA	AA	AA	AA	AA	AA		
メルク	AAA	AAA	AAA	AAA			AAA	AAA	AAA	AAA
ラバーメイド	BBB＋	BBB＋	A－	A	A	A	A			
マイクロソフト					[債券なし]	[債券なし]	AA	AA	AA	AA
スリーエム	AAA	AAA	AAA	AAA	AAA	AAA				
ウォルマート	AA	AA	AA	AA						AA
ジョンソン＆ジョンソン		AAA	AAA				AAA	AAA	AAA	
インテル						A＋	A＋	A＋	A＋	A＋
ペプシコ	A	A	A							
リズ・クレイボーン		[債券なし]	[債券なし]	[債券なし]						
ユナイテッド・パーセル・サービス					AAA	AAA		AAA		
モトローラ					AA	AA	AA			
ディズニー					[格付けなし]				A	A
ヒューレット・パッカード						AA＋	AA＋		AA＋	
バークシャー・ハサウェイ								AAA	AAA	AAA
ボーイング		AA		AA						
リーバイ・ストラウス			[格付けなし]	[格付けなし]						
ＪＰモルガン				A	A					
ホーム・デポ					A	A＋				
ミラージュ・リゾーツ							BBB＋	BBB＋		
ジェネラル・エレクトリック									AAA	AAA
サウスウェスト航空									A－	A－

健全な会社には価値を作り出すための節税効果は必要ない、ということだった。なかには、貸借対照表において報告される負債を減らし、外見上の借入余力を増やそうとした経営陣もあった。リース、訴訟、偶発事象、および連結が基準設定者の注意を惹いた。

一般的な方法の一つはリースである。レッサーと呼ばれる固定資産の所有者が不動産、設備、ないしその他の資産を貸し、レッシーから料金の支払いを受ける。賃貸料は資産の所有者にとって資産の損耗と財務コストを埋め合わせるものとなる。リースには、一組のゴルフ・クラブを数時間、といったものから、一区画の土地を一〇〇年間、といったものまである。

会計上の問題は、リース取引が賃貸借から融資を伴う売買に変わるのはいつか、ということである。車の一日だけの貸借が所有権の移転を伴うと考える者はいない。しかしながら、契約が数週間、数か月間、ないし数年間も続くとなると、問題は明確でなくなる。或る点を過ぎると、レッシーは資産を支配し、その資産とそれにかかわる金融債務を貸借対照表に示すべきことになる。

貸借対照表に債務が記載されることを気に懸ける会社はそうすることを望まない。対照的に、基準設定者はレッシーが遺漏なく債務を開示することを望む。リースを貸借対照表において資本化するか、単に損益計算書においてリース料を報告するだけにするか、という会計上の判断はキャッシュ・フローには影響を及ぼさない。資産の全耐用期間を通してみた場合には会計処理は何の違いももたらさない。

この点を説明するために、一九七六年の初めに一五、〇〇〇ドルの機械をリースした会社の例を考えてみよう。この設備の所有者は六％の借入利息と五年間の耐用期間にわたる定額法による減価償却費に相当するリース料を請求しているとする。この場合、もし利用者がこの取引を資本リースとして処理するならば、一五、〇〇〇ドルの資産と一五、〇〇〇ドルの債務がともに示され、この両者は五年にわたって償却されることとなるだろうし、他方、もし利用者が、資産は減価償却を通じて、債務は返済を通じて、この契約をオペレーティング・リースとして処理するならば、この会社は単に毎年、リース料を記録することとなるだろう。〈表11－3〉にはオペレーティング・リースの会計処理と資本リースのそれがともに示されている。

いずれの会計処理においてもこの会社は五年間、年に三、五六一ドルを支払う。キャッシュ・フローは影響を受けない。この取引を資本リースとした場合の会計処理は貸借対照表上の債務の額を増やし、利子費用を早い年度に前倒して配分する。リースを資本化した場合の財務諸表は契約期間の早い時期には見栄えがよくない。しかしながら、一九八〇

〈表11－3〉 資産の全耐用期間においては違いがない
オペレーティング・リースと資本リース

年	債務の償却					減価償却
	期首残	利息	支払い	債務の減少	期末残	
1976	$15,000	$ 900	$ (3,561)	$ (2,661)	$12,339	$ 3,000
1977	12,339	740	(3,561)	(2,821)	9,518	3,000
1978	9,518	571	(3,561)	(2,990)	6,529	3,000
1979	6,529	392	(3,561)	(3,169)	3,359	3,000
1980	3,359	202	(3,561)	(3,359)	0	3,000
		$2,805	$(17,805)	$(15,000)		$15,000

年	資本リース				オペレーティング・リース		差
	利息	＋減価償却	＝	計			
1976	$ 900	$ 3,000		$ 3,900	－ $ 3,561	＝	$339
1977	740	3,000		3,740	3,561		179
1978	571	3,000		3,571	3,561		10
1979	392	3,000		3,392	3,561		(169)
1980	202	3,000		3,202	3,561		(359)
	$2,805	$15,000		$17,805	$17,805		$ 0

年の末までには、現金の支払いと発生費用は合計一七、八〇五ドルになる。会計方針の選択は単に暫時の財務諸表における報告利益と債務の額に影響を与える。

一九七三年にSECによって公表された会計連続通牒第一四七号は資本化されない長期のリースについて支払リース料の現在価値の開示をレッシーに求めた。新たに設けられたFASBはリースの会計処理を優先的な課題とした。当初の七年間、FASBはその人員の半分をリース会計の問題に充てた*4。

一九七六年に公表されたステートメント第一三号『リースの会計処理』は究極的なルールにもとづく会計基準だった。レッシーについては、四つの基準のどれか一つを満たす契約は資本リースとみなされ、そうでなければオペレーティング・リースとみなされ、資産と債務は貸借対照表に記載されないこととされた。この四基準のなかで最も重要なものは、リース料の現在価値が資産の公正価値の九〇％以上となるかどうか、というものだった。進取的な取引の達人であればリースの資本化を回避するために数値を操作することができた。

ＦＡＳＢはステートメント第一三号の実施後評価を七名の学者からなる調査団に依頼し、彼らはステートメント第一三号の実施前と実施後においてリースを利用した会社と利用しなかった会社について調査を行った。彼らは財務諸表を分析し、金融の専門家に意見を求め、綿密なインタビューを行い、株式と債券の利回りを調査した。

その結果、判明したのは、ステートメント第一三号によって企業は資本化を回避しうるような契約を構築するようになった、ということだった。企業は、資産と債務を貸借対照表に載せずにいられるように、既存のリースの契約に修正を施した。しかし、金融市場はこのような粉飾を気に懸けていないようだった。調査団によれば、ステートメント第一三号によるリースの資本化が債券の利回りや株価に負の影響を与えたという事実は全く認められなかった。経営者たちは単にリースの資本化が財務諸表利用者の認識に影響を与えることを心配していた*5。

このような考えは二〇年後にも存続していた。ユニオン・パシフィックは二〇〇四年に、建設費用の八九・九％を保証するオペレーティング・リースにより、新しい本社ビルを開設した。サン・マイクロシステムのウェブサイトによれば、財務部門は「多くの銀行によって課される制約的な契約条項から逃れる」ために「資産を貸借対照表に載せずにおく手段として」リースを促進した。或る自動車リース会社のウェブサイトは、オペレーティング・リースは「貸借対照表を、銀行家の目からみて、よりよくみえるように」する、と述べていた*6。

リース会計と興味深い対比をなしたのは一九七五年三月のステートメント第五号『偶発事象の会計処理』の公表だった。偶発事象はその後の展開によって損失がもたらされるおそれがある不確実な状況を意味し、係争中の訴訟や他人の債務の保証が代表的な例であり、その会計上の問題は、その成り行きをいつ財務諸表において認識するか、という点にあった。

ＦＡＳＢは、その成り行きが蓋然的であるとともに見積もりが可能である場合には、会社は偶発損失を認識すべきである、と結論付けた。蓋然性と見積可能性のどちらについても明確な線引きの基準はなく、会計担当者は偶発損失の認識と評価において個人的な判断を用いなければならない。

驚くことではないが、企業の会計処理には一貫性がなかった。環境浄化義務に関する一九九七年の或る調査によれば、大規模な企業や報告利益の小さい企業においてはこの義務に関する情報開示がより一般的だった*7。また、六〇〇社を対象とした二〇〇四年の或る調査によれば、すべての会社が重要な訴訟問題を抱えていたにもかかわらず、貸借対照表において偶発事象を表示していたのは二九五社にしか過ぎなかった*8。

要は、ＦＡＳＢは、一年のうちに、厳格なルールにもとづく基準と一般的な原則にもとづく基準を公表した、ということだった。持分プーリング法に関する議論のように、批評家たちはルールと原則の両方に問題を見出し、財務諸表作成者の判断と明確な規制はどちらも財務会計方針の問題に対する解決策ではないとしていた。

企業は債務を貸借対照表に載せずにおくことに努めている、ということのさらなる証拠は連結に関する基準設定の進行の遅さである。連結財務諸表は親会社と子会社ないし関連会社からなる企業集団を単一の経済主体とみなした場合における当該集団の財務状態と営業成果を表示する。

異なる資産、負債、収益、および費用を一つにまとめる連結の観点は、それらが別々に報告された場合に比して、株主と債権者に対してより有意義な観点をもたらす、ということが連結の根拠だが、他方、連結の批判者は、異なる貸借対照表から持ってきたリンゴとオレンジを一まとめにすることは財務状態を不明瞭にする、と主張する。

小売業者のシアーズは一九九三年までオールステート・インシュアランスを所有していた。シアーズは大量の家庭用品の在庫を有し、他方、オールステートは多額の投資を有していた。シアーズの負債のなかには借入金があり、他方、オールステートの負債のなかには未経過保険料や未払保険金のような業界固有の項目があった。シアーズの財務諸表においてこの二つの事業を連結することの妥当性については論理的な人々の間でも意見が分かれた。アーサー・ロウズ・ディキンソンは、一九〇三年にプライス・ウォーターハウスが当該財務諸表に監査証明を与える前に、USスティールに対して、連結数値を示すことを求めた。

経営陣は連結数値の表示を避けようとするが、それはほとんどの場合において貸借対照表上の負債を増やすことになるからである。負債の増加は借入余力の減少と財務力の低下を意味する。

〈表11－4〉　金融子会社を有するメーカーの会計処理

	金融子会社	持分法	連結
現金	$ 15,000	$ 15,000	$ 30,000
受取勘定	—	50,000	50,000
棚卸資産	—	75,000	75,000
貸付金	250,000	—	250,000
金融子会社への投資	—	80,000	—
有形固定資産	15,000	180,000	195,000
資産計	$280,000	$400,000	$600,000
支払勘定	—	$ 50,000	$ 50,000
負債	200,000	**100,000**	**$300,000**
負債計	200,000	150,000	350,000
株主持分	80,000	250,000	250,000
負債・株主持分計	$280,000	$400,000	$600,000
財務レバレッジ：負債／(負債＋株主持分)＝		**29%**	**55%**

負債の評価方法の一つに財務レバレッジとして知られるものがあり、これは借入金や株式資本のような長期的な資金を分母とし、借入金を分子とした分数〈訳者注〉をもって示されるものである。

設備の販売促進のために顧客に融資を行う金融子会社を設けた或るメーカーの例を考えてみよう。製造部門の貸借対照表には買掛金と借入金を原資とする棚卸資産、土地、工場および設備が記載され、金融部門の貸借対照表には借入金を原資とする貸付金が記載されている。**〈表11－4〉**にはこのメーカーの金融子会社の純資産に対する投資の状況が（持分法ないし一行連結と呼ばれる方法による）簡略な貸借対照表において二九％の財務レバレッジとして示されている。

このメーカーが金融部門を貸借対照表に連結し、純資産に対する八万ドルの投資の代わりに、二八万ドルの資産と二〇万ドルの負債を記載したとすると、貸借対照表は膨張し、経済的には何も変わらないにもかかわらず、報告数値上の財務レバレッジは五五％に増える。子会社の株式資本はその原資が親会社の株主と債権者から来ているため、この株式資本は連結貸借対照表には記載されない。

会計上の問題は資産と負債の連結が認められる条件の決定である。アメリカの財務会計基準設定者はかつてこの問題に手を出し、一九五九年八月に会計手続委員会は公報第五一号『連結財務諸表』を発表しているが、CAPによって定められた数少ない明確なルールの一つによれば、会社は他の会社の議決権株式の五〇％超を所有している場合に、当該他の会社の資産および負債を連結しなければならなかった。内国歳入庁は子会社の納税申告書の連結について八〇％基準を用いている。

〈訳者注〉　一般には［負債／総資本］とされ、また、日本においては［総資本／自己資本］とされる。

連結貸借対照表は素敵なものではなく、多くの最高財務責任者は、むしろ、債務を非連結の関係会社等に追いやるだろう。有名な一例は一九八六年にコカ・コーラの最高財務責任者のM・ダグラス・アイベスターがアメリカにおけるボトリング事業の五一％をコカ・コーラ・エンタープライズイズ（CCE）に分社化した「四九％解決法」だった。

コークは、子会社における六つの役員ポストを通じて、実質的にボトリング事業を支配し続けながら、二四億ドルの債務を移転した。コークの指示の下、CCEは独立のボトリング会社を買収するためにさらに資金の借り入れを行ったが、この新たな債務はコークの貸借対照表には載らなかった。また、この仕組みの下、コークは、ソーダの濃縮液のCCEへの販売価格を上げることによって、増収を記録することができた*9。

五〇％ルールは鈍器である、という批判にもかかわらず、会計原則審議会はその二〇年の歴史において連結には取り組まなかった。FASBは一九八二年一月に連結の検討に着手し、それから二〇年を超えても決着をみていない。

一九八七年一〇月にFASBはステートメント第九四号を公表、これは公報第五一号の規制を強化し、過半数を所有している場合には、保険業や不動産業やリース業のような「異質な」業種の会社であっても連結することを求めていた。FASBはこのステートメント第九四号をオフバランス金融を減らすための暫定手段に用いた。

負債は会社に便益をもたらす。しかしながら、一九八〇年代の経験は、**負債は二心ある使用人である**、ということを示していた。財務諸表を作成する経営陣は貸借対照表に負債を載せることを嫌うようになった。基準設定者によって示されたルールと原則はどちらも、財務諸表作成者に会社の責務の範囲を認めさせることにおいて、限られた効力しか持っていなかった。この問題点はテレコム・バブルの時にも投資家と債権者を苦しめることとなる。

第二章　オプション

誘因は現代生活の礎である。そして、誘因を理解すること——あるいは、多くの場合、それを探し出すこと——が、いかなる難問についても、それを解く鍵となるのである。

——スティーブン・D・レビット&ステファン・J・ダブナー、
ヤバい経済学〈訳者注〉

金融史における第三の偉大な考えはブラック・ショールズのオプション価格算定モデルである。前章は負債が企業の経営者と役員会に好まれ、その後、嫌われるようになったことについて述べたが、本章は一九九〇年代にオプションを用いた報酬が、ガバナンスの手段として、負債に取って代わったことについて述べる。

オプションの会計処理は評価の複雑さによって扱いにくい問題となっていたが、実務家たちは依然としてこのモデルを用いるのに手間取っているとはいえ、会計の専門家たちはブラック・ショールズ・モデルによって長年の議論に方《かた》を付けることができた。

企業はオプションにもとづく報酬を損益計算書に記載していなかった。

このように財務会計は一部の企業の経営陣がこの報酬について奇妙な用い方をするのを可能にした。株価の細やかな変動がオプションの価値に大きな影響を与えうることから、オプションはレバレッジ効果のある資産として捉えられる。また、株式とは異なり、オプションには期限がある。オプションの受領者たちが彼らの会社の株価の短期的な変動に心を奪われていたことが二〇〇二年の会計破綻に繋がった。

金鉱を所有しており、採鉱コストが金の市場価格一オンス四〇〇ドルと等しい場合を考えてみよう。金を採掘しても会計上の利益はゼロだろう。或る隣人から、金鉱を一ドルで買いたい、という申し出があった。その申し出を受け容れるだろうか。多分、受け容れないだろう。その後、金の価格が上昇して、金鉱に利益が出るかもしれない。この可能性は一ドルよりも価値がありそうである。

金鉱の所有はオプションとして捉えられる。金鉱の所有者は、金を採掘するための支出の義務を負うことなく、機会を有している。金の価格が変わらないか、低下した場合、このオプションは行使されない。価格が上昇した場合、所有者はオプションを行使して利益

〈訳者注〉邦訳書のタイトル。

を手にすることができる。

オプションの所有者は将来において或るものを所定の価格で売却ないし購入する権利を有している。市場価格が契約上の権利行使価格を超えた場合、コール・オプション〈訳者注〉の所有者は、オプションを行使するか、あるいは、未利用の契約を誰かに売却するかして、利益を得ることができる。契約期限の終わりに契約価格が市場価格を上回っていた場合には、何も起こらず、オプションは役に立たないまま、期限切れになる。

ときに企業はオプションをリスク管理の手段に用いる。いまだ成長中であるため、将来における所要敷地面積が分からない会社は、魅力的な土地の区画について、コール・オプションを購入することができる。妥当なオプション料と引き換えに、この会社は、土地の所有者は一定期間、その区画をほかの誰にも売却しない、ということの保証を手に入れる。さらなる成長が現実のものとなり、敷地を拡げる必要が生じた場合には、この会社はオプションを行使し、その区画を前もって約束していた権利行使価格で購入する。成長が減速し、さらなる敷地は不要となった場合には、この会社はオプションを行使せずにおく。

会社の役員会は、多くの場合、経営者の利益を所有者の利益と一致させるために、役員にオプションを与える。株価の上昇はストック・オプションの価値を高め、経営者と所有者の双方に報酬をもたらす。一九八〇年代の役員会は、経営者の利益を所有者の利益と一

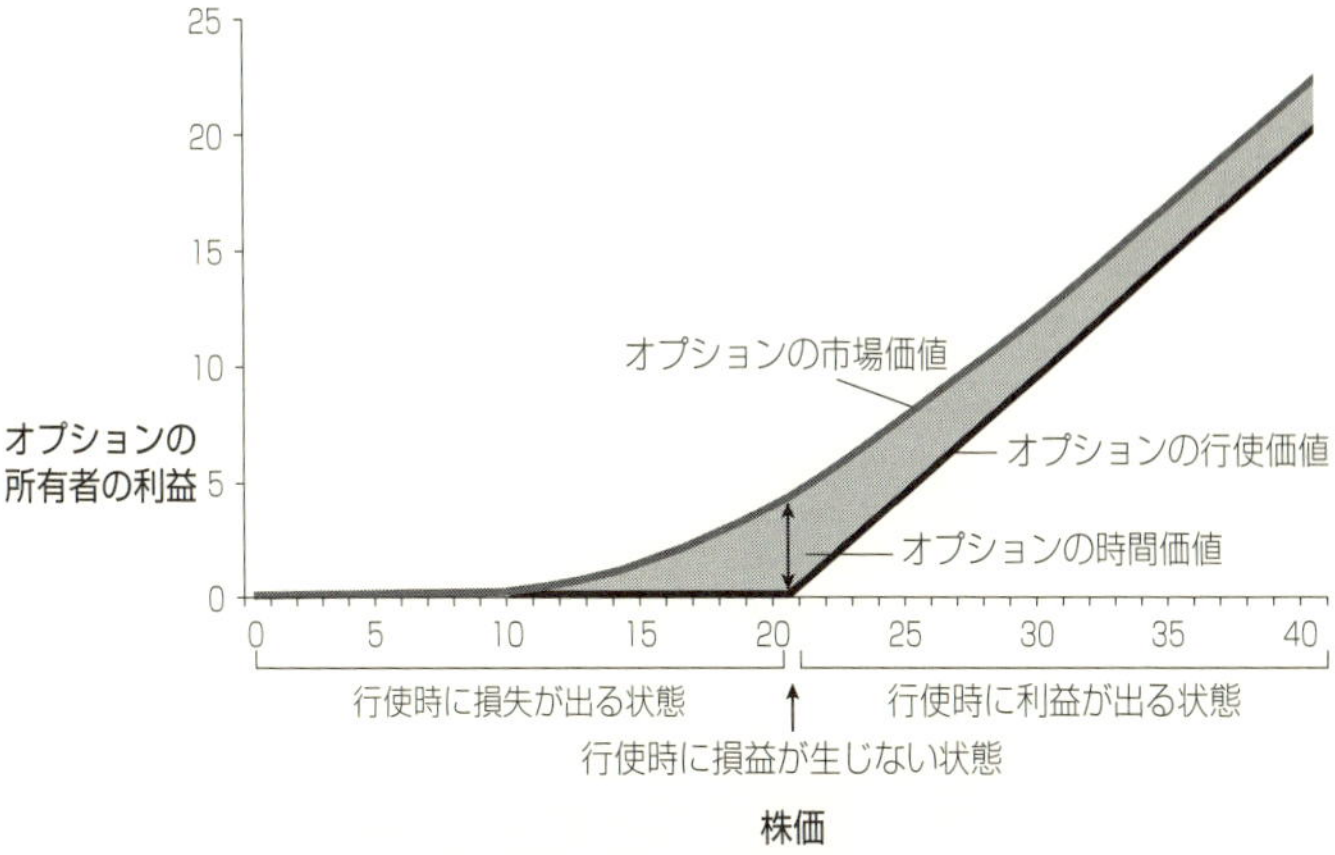

〈図12―1〉 行使価格20ドルの1年間のコール・オプションにおける市場価値と行使価値

致させる手段として、負債を用いたが、**負債が好まれなくなった一九九〇年代には、望ましい行動に誘導するニンジンとして、オプションを用いることとなった。**

金鉱の例に戻って、会社の株価は一株二〇ドルで、オプションの所有者はオプションの取得日から一年間、二〇ドルで株式を購入することができる、としよう。**〈図12―1〉**には以上のことが要約されている。

市場価格が権利行使価格と同じ場合には、オプションの行使はオプションの所有者に何ももたらさないが、しかし、所有者は恐らく契約を約四ドルで売却することができる。行使価値と市場価値の差は未行使オプ

〈訳者注〉 買付選択権。

ションの時間価値を意味しており、会計の問題はこの差の測定にある。学者はこの問題を解決するために何十年も費やしてきている。

例えばコロンビアの教授たちの一九三三年の著書は、オプションについてはその価値に関して知的な判断をなしうるほど長くは取引が行われきていない、と述べており、オプションの評価については説明ができないようだった*1。

或る法律学者の一九五三年の著書によれば、役員報酬は、戦時の税率とインフレーションによって、一九三九年から一九五一年に掛けて実質購買力の低下をみてきており、他方、賃金労働者はこの時期、比較的恵まれており、したがって、ストック・オプションは役員の報酬を回復させる節税的手段をもたらすものだった。

この著者は証券アナリストや投資銀行家やオプション・トレーダーや保険数理士の話を聞いて回ったものの、残念ながら、オプション付与の評価について実行可能な方法を提案する人には会うことができず、結局、ストック・オプションのドル価値について実際的な評価方法は存在しないように思われる、と結論付けている*2。

或る会計理論家の一九七〇年の著書はオプションの評価については決定的な方法がないことを認め、その上で、さまざまな時点において市場価格と行使価格を比較するという方法、売買されたオプションの市場価値を求めるという方法、およびオプション付与と引き換えに与えられた報酬の価値を見積もるという方法を選択肢として示している*3。また、ポール・サミュエルソンやロバート・マートンといった経済学の重鎮〈訳者注〉は一般的な方法を発見することができなかった。

一九四〇年代以降、基準設定団体は、とりわけ報酬との関係において、オプションの評価に取り組んできていた。会計手続委員会（ＣＡＰ）は一九四八年一一月に公報第三七号『ストック・オプションによる報酬の会計処理』を発表し、特定のオプション付与について従業員の課税所得額を最低に抑えるような税法の改正が行われたのち、一九五三年一月に改訂版を発表した。ＣＡＰは、従業員のストック・オプションは報酬の一形態である、ということ、そして、これによる報酬費用が抜け落ちると利益の過大計上がもたらされる、ということを認識していた。

この委員会は、オプションには市場価格と行使価格の差額を超えた価値がある、ということを認めたが、しかし、とりわけ従業員が未行使オプションを売却することができない場合には、この差額を測定することはできないと主張した。その結果、ＣＡＰは、オプションの権利行使価格が付与の時点における公正な市場価値と等しい場合には、報酬費用

〈訳者注〉マートンは社会学者。

の認識を会社に要求しなかった。

一九六〇年九月にアーサー・アンダーセン&カンパニーは、方針説明書において、この会計事務所の経営陣は、付与日における株価と権利行使価格の差額による場合には会社のオプション報酬費用が過小に示される、と考えていることを明らかにした。この事務所は、正確な評価方法がないことが財務報告を分かりにくくしている、ということを認め、パートナーたちは、従業員が付与されたオプションを行使しうる最も早い日における期待株価と権利行使価格の差額の見積もりを利益に賦課する、というやり方がよりよい、より実際的な方法であると考えた*4。

一九六九年三月に会計原則審議会（APB）は、転換社債（社債の所有者が所定の価格で社債を株式に転換することができるオプションを付けて発行される社債）を取り上げ、これは単に負債として処理すべきか、あるいは、社債と株式に対するコール・オプションを組み合わせたものとして捉え、それぞれについて別々の会計処理を行うべきか、という問題を検討した。

市場価格と権利行使価格が等しい状態において従業員に付与されるストック・オプションとは異なり、転換社債の場合の権利行使価格は発行時における株式の公正な市場価値を上回る額に設定されている。債券投資家に株式に対するコール・オプションを与えるのと引き換えに、会社は社債の利息を低くする。

意見書第一四号『転換社債と新株引受権付社債の会計処理』においてＡＰＢは、コール・オプションの評価は実践上の諸問題をもたらした、と結論付けた。類似のオプションの市場価格が得られない場合、転換の約定は主観的に評価するしかなかった。信頼しうる評価がない場合には、転換社債発行による収入の原因をコール・オプションに求めない、という捉え方が賢明だった。

ブラック・ショールズの独創的な論文が公表されるほんの数か月前、一九七二年一〇月にＡＰＢは再びオプション会計の意見書を改訂しているが、ＣＡＰの公報第三七号に技術的な調整を施したその意見書第二五号『従業員に発行された株式の会計処理』は、しかし、依然として付与時における市場価格と権利行使価格の差額をもってするストック・オプションの評価を求めていた。

換言すれば、市場価格と権利行使価格が等しい状態におけるオプションの付与の場合、オプションの時間価値に対する費用は何も生じなかった。一九七二年のＡＰＢの一八名のメンバーのうち、六名が条件付きで賛成、三名は反対だった。とりわけ大規模なジェネラル・モータースの監査を監督していたハスキンズ＆セルズのパートナーのオスカー・ゲレインは、評価問題は解決した、という意見を表明していた[*5]。

事態が収束をみたのは一九七三年の春のことだった。四月二六日にシカゴ・オプション取引所が開設され、次いで『ジャーナル・オブ・ポリティカル・エコノミー』の五・六月号に発表された経済学者のフィッシャー・ブラックとマイロン・ショールズによる論文「オプションの価格決定と企業負債」はこの問題を解決するために確率論的な計算と物理学の熱伝導方程式を用いたものだった*6。実業界は実用的なオプションの評価手段、そして規格化されたオプションの売買の場を手に入れた。

　トレーダーたちは長い間、オプションはレバレッジ効果のある投資である、と理解してきていた。基礎をなす株価における小さな変動が不釣り合いな影響をオプションの価値に与えることができた。ブラックとショールズが考えたことは、オプションをより容易に価格付けができる基本要素に分解する、というオプションの複製だった。

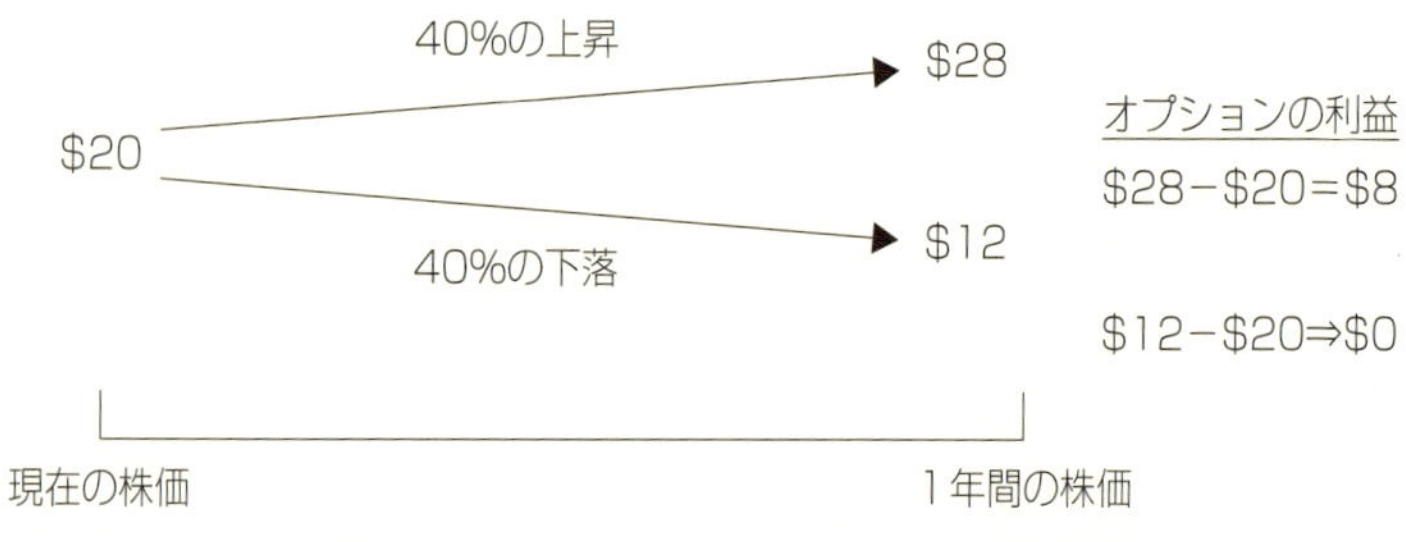

〈図12−2〉　コール・オプションによる利益

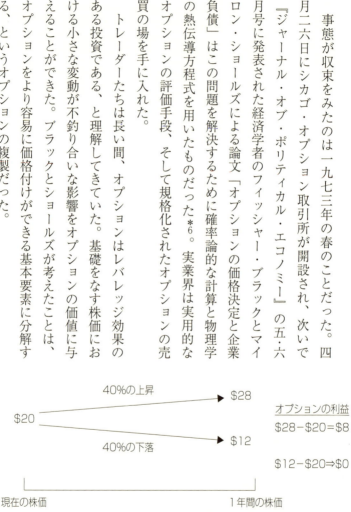

オプションを株式の購入と利率が一〇％の資金の借り入れに置き換える単純な複製を考えてみよう〈訳者注〉。

前出の金鉱の株式は現在の価格が二〇ドルで、配当の支払いはなく、年の利回りの標準偏差が四〇％、すなわち、今後一年間の株価は三分の二の確率で一二ドル（二〇ドル－四〇％×二〇ドル）と二八ドル（二〇ドル＋四〇％×二〇ドル）の間にあるとすると、株価が上昇した場合にはオプションの行使によって八ドル（将来の株価二八ドル－行使価格二〇ドル）の利益が得られ、株価が下落した場合には、オプションは行使されずに失効するため、利益はゼロとなる。〈図12－2〉にはこの二つの結果が示されている。

株式の購入と資金の借り入れからもこれと同じ結果がもたらされる複製を考えることとし、この複製において購入する株式数をd、この複製において借り入れる資金の現在価値をPVとすると、〈表12－1〉に示される二つの式によって二つの未知数dとPVが求め

〈訳者注〉効率的市場の下、こうした複製がオプションと同じ利益を結果するならば、複製の現在価値はオプションの現在価値と同じになるはずである。そこで、オプションによって得られる利益は分かっているが、そのオプションの現在価値は分からない、という場合に、現在価値が分かっている金融商品を用いて複製を行うことにより、複製の現在価値からオプションの現在価値を推定することができる。

〈表12－1〉　2つの式と2つの未知数

株価	利益	変換	未知数
上昇	$28d-1.10PV=\$8$ →	$28d-1.10PV=8$	
下落	$12d-1.10PV=\$0$ →	$-12d+1.10PV=0$	
		$16d=8$	$[d=0.5,\ PV=5.45]$

られる〈訳者注〉。

オプション価値
＝（現在の株価）（複製に要する購入株式数）
－（借入金の現在価値）
＝（二〇ドル）（〇・五）－（五・四五ドル）
＝四・五五ドル

正式の価格決定モデルはこのオプションを約四ドルと評価している。現実の世のなかのさまざまな制約が従業員のオプションの評価を複雑にする。すなわち、従業員は第三者にオプションを売却することができず、付与される前に退職した場合には報酬を失い、また、利益が公表される前の停止期間には株式の売買を止めなければならない。こうした制約が従業員のオプションの価値をモデルによる算定結果よりも下げることとなる。

とはいえ、ブラック・ショールズの研究のお蔭で、会計担当者はオプションを、例えば年金債務や繰延税金負債と比べて、より容易に評価することができるようになった。金融史上、第三の偉大な考えとして捉えられるこのモデルによって、会計担当者はもはやオプションの評価を怠った場合に弁解をすることができなくなった。

一九九三年の内国歳入法の改正後、役員報酬におけるオプションの利用が増加をみることとなった。第一六二条（m）が公開会社のCEOおよびその他の報酬額上位四位までの役員に対する一〇〇万ドルを超える年俸の控除を認めないこととしたためだった。一九九四年以降、一〇〇万ドルを超えるすべての報酬は、課税所得の算定上、控除の対象となるためには、業績主義の報酬でなければならないこととなり、ストック・オプションはこの条件を満たす手段となった。

オプションは、現金は余りないが、高価な有能な人材を惹き付け、刺激し、引き留めておきたい技術系の企業の興味を惹いた。一九八六年にまずこのビジネス・モデルを認めたのはシリコン・バレーだった。この年、オラクル、サン・マイクロシステムズ、シリコ

〈訳者注〉ここで得られた解がオプションの場合と同じ利益を結果する株式数と借入金の現在価値であり、複製の現在価値はそれに要する株式購入資金と借入金の差に等しいと考えられるため、オプションの現在価値は次のように四・五五ドルと算定される。

ン・グラフィックス、アドビ・システムズ、インフォミックス、およびマイクロソフトが株式を公開し[7]、株価の上昇により、何千人もの従業員が大金持になった。

同じように大金持になれるかもしれないという期待のお蔭で、新興企業は有能な人材を惹き付けることができた。或る概算によれば、一九八五年に企業がオプション報酬のために取り置いていた株式は六〇〇億ドルだったが、一二年後にはこれが六、〇〇〇億ドルに増加をみるにいたっていた[8]。一九七〇年にCEOの平均報酬は平均的な労働者の給与の三九倍だったが、一九九九年までに、オプションの利用により、この倍率は一、〇〇〇にまで増大した[9]。

金鉱の例において、潜在能力の高い人材を確保するために、取締役たちには権利行使価格二〇ドルのオプション一〇万株分が付与されている、としよう。もしも、例えば株価が三〇ドルに上昇したら、幸運な役員はオプションを行使し、公開市場において株式を売却し、一〇〇万ドルの税引前利益を手にすることができる。意見書第二五号によれば、この金鉱はいかなる報酬費用も認識するには及ばない。

意見書第二五号の処理はすべての者に利益をもたらすようにみえる。経営者たちは金持になり、株主たちは動機付けられた従業員の成果を享受し、CFOたちは一株当たりの利益に対する賦課を回避し、また、会社は連邦政府宛の納税申告書において株価の上昇分を控除することができるため、納税管理者は仕事がうまくいっているようにみえる。しかしながら、この報告が経済的な実態を表していると考える会計の専門家はほとんどいなかった。

好ましい会計処理の一つとしては、見積報酬費用四〇万ドル（オプション一〇万株分×付与日における見積オプション価値四ドル）をオプション付与に必要な雇用期間にわたって配分する、という方法が考えられようが、現実的には、この会社の会計担当者は、流動性と早めに認識される権利喪失を考慮して、四ドルより下に引き下げるべきだろう。

褒められるべきことに、基準設定者はオプション評価問題をそのままにはしておかなかった。一九八四年にFASBはストック・オプション会計を検討課題に加え、九年間、この問題を検討した。その一九九三年六月の公開草案は、オプションは付与日における市場価格と行使価格の差額を上回る測定可能な価値を有する、と結論付けた。この額は適切な付与期間にわたる費用として賦課されるべきである。

FASBは痛いところに触り、一、七八六通ものコメント・レターを受け取ることとなった。技術系の会社は報告利益が小さくなることによって株価が下がることを心配した。従業員たちは、オプション付与を利益に賦課しなければならなくなった場合に、会社が将来の報酬を躊躇うことを恐れた。最近になって雇用された労働者たちは一九八六年のシリコン・バレーの人々が享受したような幸運に与ることはできないだろう。FASBはコネチカットとカリフォルニアにおいて六日間の公聴会を行った。

一九九四年三月二日、三、〇〇〇人の人々がこの会計の提案に抗議するためにサンノゼ・コンベンションセンターに集まった。カリフォルニアの財務官にして知事候補のカスリーン・ブラウンは株式にチャンスを与え、カリフォルニアの経済成長のエンジンを守るように立法者を促した。或る権威はこの集会を「会計基準に対する初の大集会」と呼んだ*10。或る拘束力のないアメリカ上院の決議はFASB「はストック・オプションに関する現行の一般に認められた会計処理をこの時期に改めるべきではない」というものだった*11。

円卓会議とさらに会議を重ねたのち、一九九五年一〇月にFASBはようやくステートメント第一二三号『株式にもとづく報酬の会計処理』を公表した。パラグラフ六〇はストック・オプション会計に関する議論「は大きな意見対立をもたらし、本審議会の構成員の一部において将来の業務上の関係を脅かすにいたった」ということを認めた。このステートメントは妥協を提案した。

ステートメント第一二三号は、オプションは正式のオプション価格算定モデルによって見積もることができる価値を有する、ということを明快に述べた。しかしながら、このステートメントは（一）見積オプション価値を従業員の勤務期間にわたって費用化する、（二）オプションを意見書第二五号が提案した方法によって処理し、好ましい公正価値法をもってオプションを評価し、費用化した場合の見積利益を開示する、という選択肢を会社に与えた。

ＦＡＳＢが開示について選択肢を認めたのは、これが財務報告の改善にとって最良の策と考えたためではなく、あくまでも議論に決着を付けるためだった。のちにアーサー・レビットは、オプションの費用処理の主張を和らげるようにＦＡＳＢに働き掛けたのは、ＳＥＣの委員長として「私が犯した最大の過ち」だった、と認めている[*12]。

二〇〇二年には『フォーチュン』のランキング上位五〇〇社の九九％が従業員ストック・オプションを利用していた[*13]。ボーイングと食料雑貨小売業のウィン・ディキシーだけが損益計算書においてストック・オプション報酬を費用処理していた。残念ながら、ボーイングは受注契約に関する汚職疑惑やセックス・スキャンダルによって苦境に陥り、また、ウィン・ディキシーはその後、破産を申し立てた。**清廉な財務会計は事業の成功を保証するものではない。**

二〇〇一年以降の一連の会計スキャンダルののち、七五〇社を超える公開会社が公正価値会計方法を採用するか、あるいは採用の意図があることを公表した。ロンドンに本拠を置く国際会計基準審議会は二〇〇四年二月、オプション報酬の費用処理を求める国際財務報告基準第二号を公表した。

同年一二月にFASBはステートメント第一二三号改訂版『株式にもとづく支払い』の公表をもってこの問題に終止符を打つ意思を示し、オプション付与を価格算定モデルによって評価し、その額を適切な勤務期間にわたって利益に賦課することを会社に求めた。このステートメント第一二三号改訂版は国際的な会計基準の正式な調和化における重要な一歩だった。

オプション会計に関する事例研究によれば、経営者は依然として報告利益のことばかりを気に懸け、経済学の研究を軽視していたが、一九九二年にSECはオプション報酬とオプションの失効日を株主総会招集通知において開示することを会社に要求し、この開示のお蔭で、研究者たちは会社の年間のオプション報酬のサイクルを推定することができるようになった。経営陣は、投資家の期待をうまく扱うために、付与日の辺りに財務情報の開示を行うようにしている、という事実が認められた。

皮肉屋が指摘しそうなことだが、付与の前に好ましくない財務情報が開示されると、株価が下がり、所与の金額について付与されるオプションの数は増えることになり、また、好ましい財務情報の開示は付与後に行うとすると、株価の上昇によって所与の金額について付与されるオプションの数が減るということがなくなる*14。

FASBの聴聞会において、株式市場は会計の調整を無視している、という学術的な証拠が示された際、ホーム・デポの会長は「あなたは論理で私を混乱させようとしていますが、そんなことをしても無意味です。私が扱っているのは感情です。私の相手はウォール街です」と食って掛かった*15。いかなる科学をもってしても、金融市場の効率性についてこの経営者を納得させることはできなかった。

五四社を対象として行われた或る研究は、二〇〇二年と二〇〇三年にはオプションが費用処理される、ということが公表されたのちの株価を対象としていたが、この会計上の変更は一株当たりの利益（EPS）を一三％引き下げることが予測された。また、これより前に行われた教授たちを対象とした調査によれば、八六％の教授が、この会計上の変更は株価に影響しない、と考えていた。

この研究は学術的な直観を確認するものだった。オプションの費用処理が株価に重要な影響を与えたという事実はなく、その上、個々の会社の株価の変動とEPSの減少の間には相関関係がなかった*16。この研究の結果は、市場は証券を評価する際に会計上の粉飾には惑わされない、というシカゴ大学の研究と一致していた。

二〇〇五年、大規模なオプションの利用者のインターネット機器開発会社シスコ・システムズは、オプション評価モデルの不足に取り組むべく、投資銀行のモルガン・スタンレーと手を組み、利害関係のない機関投資家の資金運用担当者一五名を招いて、シスコの従業員に対するオプション付与と同等の株式買取権証書に対する妥当な値付けを依頼した。この証書は行使価格、行使条件、売買とヘッジに関する制約、および株式の受渡条件が同様のものとされ、そこでの値付けは報酬費用について信頼しうる数値を得るための市場価格の基礎を形成する、ということだった。

一九八〇年代の負債の利用においてはムチに関する諸問題が示され、一九九〇年代のオプションの利用においてはニンジンに関する諸問題が示された。オプション費用の測定について簡単な答を見付けた者はいない。評価について意見の一致を得ることの困難さや報酬の手段としてオプションを用いる企業の必然的な行動は財務会計基準設定の政治的な特徴を表している。

第一三章　利益

一九九〇年代には利益こそが最も単純で最も明白で最も無情な企業の成功の尺度となっていますが、あなたはこの前の四半期に利益を上げたのでしょうか？

――ジャスティン・フォックス、

『フォーブス』一九九七年三月三一日

これまでの章によれば、財務諸表の作成者は効率的市場仮説や資本資産価格算定モデルやブラック・ショールズのオプション評価モデルには余り関心がなく、したがって、なかには（一）投資家は財務諸表の表示によって欺かれる可能性があり、（二）報告利益の不安定さは弱さの標であり、（三）オプション報酬にはほとんどコストが掛からない、と考える経営陣もあった。

利益予測の対象となる企業の増加が平均予測利益の重要性を高め、多くの会社において経営者は、四半期の目標を達成するために、会計上の操作に励むようになり、その結果、株価はつり上げられ、オプション報酬の価値は膨張することとなった。

財務諸表の利用者が評価するのは会社の債務返済能力や配当支払能力だが、これらはいずれもキャッシュを必要とし、こうした評価においては損益計算書が当然の必然的な出発点となる。収益の費用に対する超過分が或る会計期間において報告された諸取引から実現されるはずのキャッシュの尺度をもたらし、そこで大事なことはどの歴史的活動が将来において繰り返されたり、発展したりするかの決定である。利益の予測はこれこそが与信・出資分析の核心である。

会計の専門家は本章においては区別なく用いられる「earnings」と「income」を定義しようと努力している。これらは富の増加をもたらす正味のインフローを測定したものであり、水位が或る時点における富を表している浴槽を考えてみると、蛇口からの流入が収益と利得、排水口からの流出が費用と損失ということになる。これらの比率が一会計期間における水位の変化を決め、また、利益は、当初の水位を下げることなく、この期間に汲み出すことができる水の量、ということになる。

利益は企業の財務報告における唯一の最重要項目である。期間の長さにかかわりなく、株式の利回りはその期間中の企業の累積利益によって圧倒的に説明することができ、一方、配当、キャッシュ・フロー、および資本的支出のような他の数値の説明力は比較的弱い*1。株式投資家は将来の利益を見込んで株式を購入する。

〈表13－1〉　収益力評価との関係における利益の分類

	経常的	非経常的
主要な活動	主要な製品の販売による営業利益	製造中止になった製品による利益
末梢的な活動	余剰資金に対する利息	火災に遭った建物に対する保険金

ほぼすべての投資家が企業の利益を予測する出発点として直近の損益計算書に目を向けるが、これらの財務諸表の読者は収益力を評価するために利益をいくつかのカテゴリーに分けて考える。〈表13－1〉には代表的な会計のテキスト*[2]に示唆される有用なフレームワークが示されている。

繰り返されたり、発展したりしそうな利益は最も重んじられ、投資家たちは主要な製品ないしサービスの販売による営業利益の有無に最も重きを置く。たまたまリース業を始めて、結果的に製造よりも金融による儲けの方が多くなっているような会社もあるとはいえ、投資家たちは〈表13－1〉の左側の下の欄の末梢的な活動による経常利益は余り当てにしていないし、また、彼らは右側の欄の利益は余り当てにしていないか、あるいは全く当てにしていない。

経営陣は将来の収益力に関するアナリストの見解に影響を与えるために収益と費用を分類することが少なくない。企業の報告は、将来の収益が同様の費用を負担することはない、ということを示唆すべく、悪材料はこれを一時的ないし非経常的な費用として処理してしまうことが多く、例えば一九八九年にエクソンはバルディーズ号〈訳者注〉の原油流出事件による原油除去費用を損益計算書上、独立の項目として示している*3。非経常的ないし一度限りの利益（例えば資産の売却や勝訴による利益）についても同様の処理が行われる可能性がある。

会計基準設定者は投資家が経常的な利益と非経常的な利益の区別を重視していることを早くから認識しており、会計手続委員会は、一九四七年一二月に発表した公報第三二号『利益と利益剰余金』において、損益計算書の有用性を高めるための分類の規準を提案し、利益の表示における重要な目的は「利益の平準化に繋がるあらゆる行為を回避すること」としている*4。恐らく外部者は、会社の収益力を評価するために、ありのままの利益数値をみたいと考えている、ということだった。

この委員会は営業利益や営業費用と営業外損益を区別しようとした。営業上の項目は会社の業務の正常な構成要素で、経常的で当てにすることができるようなものであり、他方、営業外の項目は変則的で予測不能で偶発的なものである。公報第三二号は営業外の項目の

〈訳者注〉座礁したタンカー。

報告について二つの方法を認めた。損益計算書において別箇に示すか、それとも、損益計算書は迂回して、株主持分の変動として示すか、ということだった。

興味深いことに、CAPは、十分な情報を持った人は新聞や投資情報提供会社による情報や年次報告書に示される一株当たりの利益（EPS）の数値を過度に重視することが少なくない、ということを会計界に警告した。CAPは、利益の算定が重要で異常な費用や債権にかかわる場合について、EPSを示す際にそうした項目の一株当たりの状況を示すことを経営者に強く勧奨した。

爾後二〇年以上にわたり、新聞やアナリストの記事や企業の報告書の読者は増え続けた。多くの場合、そうした報告は非常に要約的なものになる。公共政策上の問題は、人を誤導するおそれがある最終的な利益数値に投資家や債権者は左右されるかどうか、ということであり、この問題は分類の問題であって認識や評価の問題ではなかった。

後継の会計原則審議会はこの問題に精力的に取り組み、〈表13－2〉に示されるように、利益の分類についていくつもの意見書を公表した。

APBは非経常的な項目は税額控除後の額をもって損益計算書上、独立の項目として示すことを会社に求めた。APBの見解は、稀な状況における損益についてのみ、損益計算書を迂回させ、期首の留保利益の調整として記録すべき、というものだった。

〈表13－2〉 報告利益の分類にかかわるAPB意見書

		トピック
第９号	1966年12月	異常項目，過年度修正，および１株当たりの利益
第15号	1969年５月	１株当たりの利益
第20号	1971年７月	会計の変更
第28号	1973年５月	中間財務報告
第30号	1973年６月	セグメントの処分ならびに異常，非正常，ないし非反復的な取引

利益数値に企業間の比較可能性を持たせるべく、会計の専門家やアナリストはＥＰＳを算定するために会社の利益を発行株式数で除する。アナリストは、株価とＥＰＳの比率によって、利益の増加に対する投資家の反応の程度を測定することができる。すなわち、この比率が高いということは、市場が会社の将来に大きな期待を持っている、ということである。

一部の会社は、補足的な数値として、長年にわたり、ＥＰＳを報告している。一九六六年の意見書第九号の公表はこの数値の算定方法を規定する最初の試みだったが、これは依然としてＧＡＡＰが比率の算定方法を特定した唯一の例である*5。ＧＡＡＰが注目するのは利益であってキャッシュではなく、ステートメント第九五号のパラグラフ三三は一株当たりのキャッシュ・フローの報告を禁じている*6。

少なくとも三つの問題がEPSの算定を複雑にしている。第一に、分子の利益はフローの数値であるのに対し、分母の株式数は或る一時点におけるストックの数値である。第二に、多くの場合、利益数値には末梢的で非経常的な活動が含まれる。第三に、ときに会社はいつかは普通株式に転換される社債や優先株式を発行することがある。ストック・オプションが組み込まれた証券の存在は発行株式数の決定を混乱させる。

会計基準設定者はこうした測定上の問題に対処する専断的なルールを開発した。複雑さはさておき、究極的な財務報告上の簡潔な抜粋として登場したEPSは九〇日にわたる会社の活動の財務的な結果を単一の数値をもって示すことができる。

投資の世界におけるEPSの重要性はいくら強調しても強調し過ぎることはない。一九六〇年代の初頭、或るランチの際にライバル事務所から来た同僚はプライス・ウォーターハウスのテクニカル・パートナーに「クライアントが可能な限り最大の一株当たりの利益を手に入れるのを助けることこそが我々の仕事であるとは思いませんか」と尋ね*7、また、テネコのCEOは一九九四年の年次報告書において、着実な利益の増大を知らせる目的は意思決定を導くことである、と報告しているし、同年、バンク・オブ・アメリカのCEOは、EPSを高めることが同社の最も重要な目的である、とコメントし、また、エンロンの二〇〇〇年の年次報告書の「株主の皆様へ」は同社が一株当たりの利益に「レーザー光線のように集中する」ことを約束している。

一株当たりの利益の数値は単独ではほとんど意味を持たず、数値の利用者には最近の数値は好ましい事態を意味しているのか、それとも悪い知らせであるのかを評価する基準が必要である。最も一般に用いられている基準はゼロ（すなわち、黒字か赤字か?）、前年の同四半期のＥＰＳ（この一年に四半期利益の上昇をみたか?）、および合意をみたＥＰＳの予測値（ウォール街のアナリストによるその会社を含む予測の平均値を上回っているか?）の三つである。

一九七〇年に証券会社のリンチ・ジョーンズ＆ライアンは他の会社のアナリストによる利益の予測の集計を始め、二年後には『機関投資家対象証券ブローカー予測システム（Ｉ／Ｂ／Ｅ／Ｓ）』と呼ばれる月刊のニュースレターにおいて六〇〇社についての予測の平均値を公表しているし、一九七八年にはシカゴのアナリストのレナード・ザックスがザックス・インベストメント・リサーチを設立し、他の会社もそれに倣った。また、一九八四年には証券会社九社が協力してファースト・コールを創設している*8。

こうした集計機関は利益の予想外の変動、すなわち報告されたＥＰＳと予測平均値の差を算定し、一九八〇年代の末までには多くの人々に電子装置によって配信するにいたっていた。利益を「得ること」は成功の手段であり、利益を「逸すること」は弱さの標だった。

集計機関が企業の報告行動に影響を与えたということについては疑う余地がほとんどない。一九九四年のメリル・リンチの調査によれば、対象となった資金運用担当者の過半数が投資意思決定の際に利益の予想外の変動と利益予測の修正を参照していた*9。

世界で最も価値のある会社への途上にあったマイクロソフトは、一九九六年一二月までの四二の四半期のうちの四一について、ウォール街の予測と同等ないしそれを上回る利益を報告し、また、一九九七年の『フォーチュン』の「最も称賛される」ランキングの上位一〇社のうちの七社が過去五年間の五つの四半期よりも逸した利益が少なかった、ということは偶然の一致ではなさそうである*10。不偏の利益予測は多くの場合、有利差異を結果する。

一九九〇年代における企業の成功の究極的な尺度は長期的に安定的な利益を上げることだった。合理的な経営者は、外部の観察者に感銘を与えるべく、合意をみた数値に少しでも近づき、あるいは少しでもそれを上回ろうと常に努めていた。利益が或る水準値を優に上回ると、外部者は単純にバーを高くし、翌年の経営者の仕事はさらに難しくなるだろう。経営者は、不足している利益を増やすために、発生を調整する（例えば貸倒償却の予測を減額する）だろう。

利益管理は、変動を均し、減少を回避するという必然的な傾向において、損益の認識の技法となった*11。〈図13―1〉には定型的な例が示されている。

すべてのビジネスは成熟している。永久にアメリカ経済よりも速く成長しうるものはない。すなわち、そうでなければ、会社がアメリカ経済になる。利益の平準化を選択した企業はビジネスのライフ・サイクルの終わりに向かうにつれ、困難に陥るおそれがある。経営者は、直線趨勢から推定された常により高い利益目標を達成するために、ますます勇ましい仮定を提示しなければならない。

一九九〇年代の初頭、ＣＥＯたちは株価のつり上げを求める圧力の増大に直面した。ＩＢＭのジョン・エイカーズ、ウェスティングハウスのポール・レゴ、アメリカン・

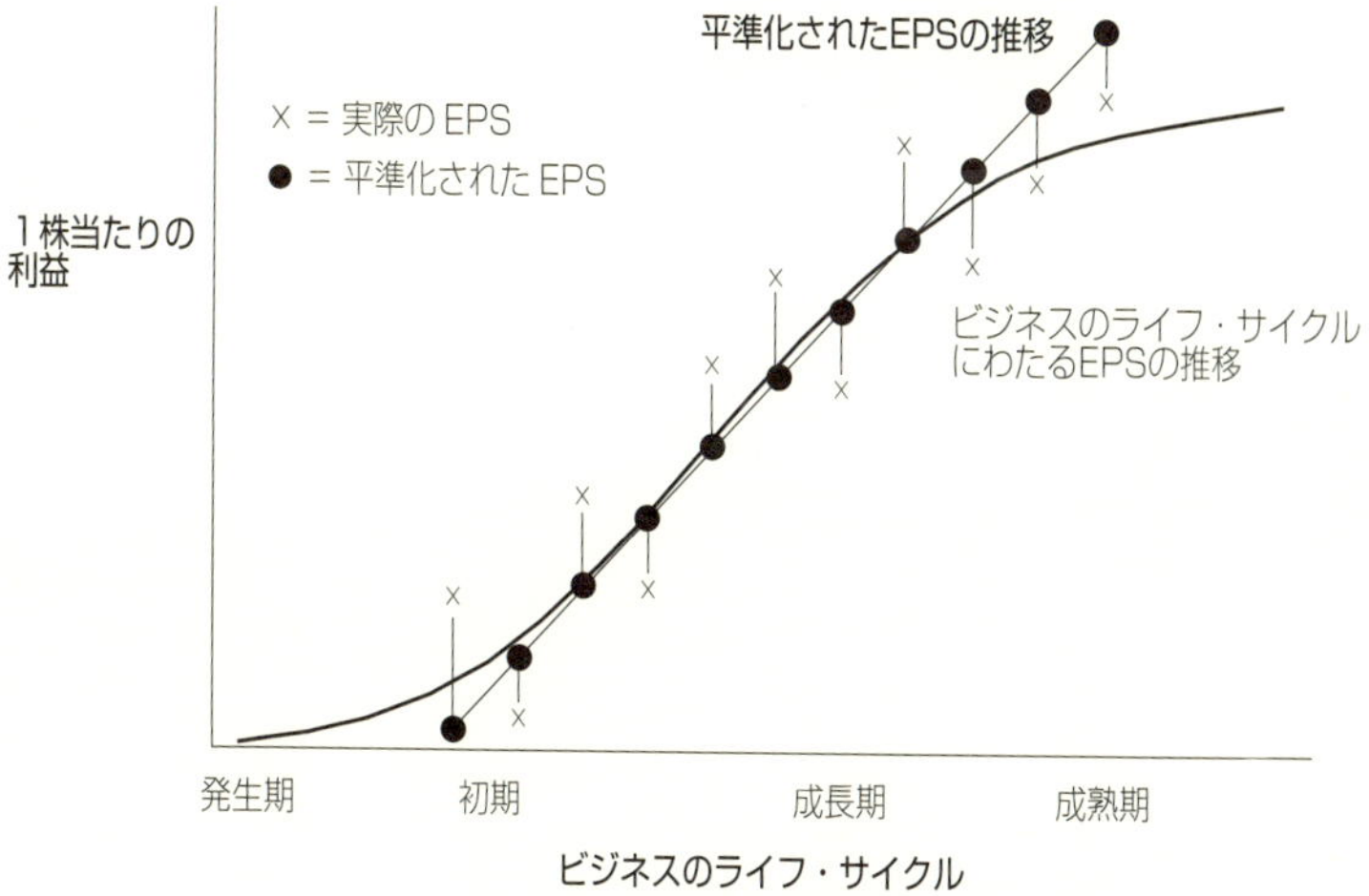

〈図13―1〉 利益の平準化

エキスプレスのジェームズ・D・ロビンソン、およびジェネラル・モータースのロバート・ステンペルが株価の低迷を理由に取締役会によって解雇された[12]。SECは同業他社および広範な市場の指標と比較した五年間の業績の詳細を示す株式の利回りのグラフを株主総会招集通知において公表することを公開会社に求めたが、これが問題を深刻化させたとも考えられよう。

利益の増大を求める極度の圧力は一九九〇年代の現象だった。以前の一九二〇年代の株式市場のバブルの時期の経営者たちにはそうした圧力が全くなかった。当時の投資家たちは毎年々々利益が増大することを求めてはいなかった。経営者たちは技術畑や製造畑での経験を積んだのちに、会計によってではなく、生産的事業によって富を創造する仕事に従事していた[13]。

一九四七年から一九六六年までに公表された利益に関する時系列の調査によれば、一九五〇年代に利益連動型の経営者報酬が登場したにもかかわらず、期毎の利益の変動には一定の傾向が認められなかった[14]。一九八三年にジェネラル・モータースの財務報告担当役員は、利益管理に対する政府やメディアの監督はすこぶる過大評価されている、という感想を述べている[15]。

ジェネラル・エレクトリックのような優良企業の成功とともに風潮が変わったのは

〈表13－3〉 GEの株価を押し上げた持続的な利益の増大

年	稀薄化後のEPS	P／E	年末の株価	株価指数 GE	株価指数 S&P 500〈訳者注〉
1990	$0.40	12.0	$4.78	100	100
1991	0.25	25.5	6.38	133	126
1992	0.49	14.5	7.13	149	132
1993	0.42	20.8	8.74	183	141
1994	0.58	14.7	8.50	178	139
1995	0.65	18.5	12.00	251	187
1996	0.73	22.6	16.48	345	224
1997	0.83	29.5	24.46	512	294
1998	0.95	35.8	34.00	711	372
1999	1.09	47.3	51.58	1,079	445
2000	1.29	37.2	47.94	1,003	400

〈訳者注〉 500銘柄の株価にもとづいて算出されるスタンダード＆プアーズの株価指数。

一九九〇年代のことだった。ＣＥＯのジャック・ウェルチが率いた経営陣と事業は現代の実業界における偉大な成功談の一つを結果した。〈表13－3〉にはＧＥの利益の尋常ではない動向が示されている。

ウォール街はこの驚くべき利益の状況を認め、一九九〇年代を通じての株価収益率（Ｐ／Ｅ）の上昇をもってＧＥに報いた。利益の大きさとＰ／Ｅの乗数倍の拡大の複合的な効果はＧＥの株価を著しく押し上げ、同社は一九九八年の『フォーチュン』の「最も称賛される企業」リストの第一位に輝いた。それにもかかわらず、何人かのアナリストたちはグローバルな政治、通貨、および経済上のリスクに直面しつつ、四半期毎の利益数値を確保するGEの能力を疑問視していた。そうした批判者たちは、GEは利益を人為的に平準化するために利得と損失の認識の時期を調節するという利益管理を行っている、ということを示唆していた。

「私たちが管理しているのは事業であって利益ではありません」とGEの二〇〇一年の年次報告書の「株主の皆様へ」は述べているが、ウェルチの自伝にある逸話はこの主張と矛盾している。キダー・ピーボディ〈訳者注1〉の或るトレーダーの取引〈訳者注2〉によって会計上、三億五、〇〇〇万ドルのマイナスの修正を行わなければならなくなったことを彼が知ったのは一九九四年四月のことだったが、その時の様子をウェルチは次のように説明している。

この危機に対して我が社の各部門の責任者たちがみせた反応はGEの文化の典型だった。その四半期の会計処理は既に終了していたが、彼らの多くは即座にキダーの損失の穴埋めに手を貸すと申し出てくれた。穴埋めのために、各部門から一、〇〇〇万ドル、二、〇〇〇万ドル、あるいは三、〇〇〇万ドルでも出せるという声もあった。既に間に合わなかったとはいえ、こうした自発的な協力の姿勢は弁解に終始していたキダーの人々の姿勢とまさに好対照をなすものだった*16。

さまざまな会社の経営陣がGEの成功に倣おうとし、オプション報酬の広範な利用がこの問題に拍車を掛けた。オプションはレバレッジ効果のある投資であることから、株価が僅かに変化しただけでもオプションの価値は大きく変化する可能性があり、したがって、かなりのオプションを付与された経営者は株価の変化に極めて敏感になるだろう。或る研究者によれば、比較的高額のオプション報酬を受けている経営者とそうではない経営者を比べた場合、前者の方がアナリストの予測値と同等ないしそれを上回る利益を報告する傾向が強い*17。

学者たちは、会社は減退ないし損失を避けるために利益管理を行う、ということについて多くの証拠を見出している。例えば安定的に大きな利益を報告する会社は株式市場において高い評価を受けており、また、そうした報告が長期にわたれば、その評価はさらに増大をみている*18し、常に利益予測値を達成ないし上回る会社は、それを達成できない会社に比べ、より大きな評価を株式市場から受け、こうした大きな評価は予測値にもとづく

〈訳者注1〉　一九八六年にGEが買収した証券会社。
〈訳者注2〉　架空取引。

利益管理を公然と行っている会社にも同様に与えられている*19。

合意をみた予測値と利益の予想外の変動を報告する集計機関の台頭により、ＥＰＳは企業の業績の馬鹿らしいほどに重要な尺度となった。或る調査によれば、対象となった四〇〇名の経営者の過半数が、減益に対する株式市場の反応が極めて重要になっていることから、報告されるＥＰＳを平準化するために修繕や広告のための支出を先送りすることがある（ときには優良な投資の機会を見送ることさえある）、ということを認めていた*20。

報告されるＥＰＳが合意された予測値を一セントでも上回るように、経済的リスク、政治的リスク、および事業上のリスクを相殺するために会計に調整を施すことは、ジャンボ・ジェットを切手の上に着陸させるようなものだった、と或る経営者は述べている。

一セントにどういう重要性があったのか？　投資家たちは、経営がうまくいっている会社は常に一株当たりの利益を一セントでも二セントでも増やしている、と考えており、**減益は僅かなものであっても隠れた諸問題がある証《あかし》だった**。このゴキブリ理論は、一つの小さな問題が見付かったということは隠れたところに何百もの問題があることを示唆している、というものだった。減益は経営がうまくいっていないということを示唆していた。

時の経過とともに事態はさらに悪化した。株価の下落から利益を得る空売筋がＥＰＳの重要性を悪用し、つり上げられた予測値を会社が達成できなくなることを狙って、過度に高い利益数値の風説を企んでいる、と考える向きもあった。

平準的な利益の増大を可能にした金融の専門家は経済紙誌においてはロック・スター並みに扱われた。『CFO』の年間最優秀賞は一九九八年にはワールドコムのスコット・サリバン、一九九九年にはエンロンのアンドリュー・ファストウ、二〇〇〇年にはタイコのマーク・シュワルツに授与された*21。ちなみに、連邦政府はこの三人のすべてを起訴することになる。

一九九八年九月二八日の月曜日、SECの委員長のアーサー・レビットはアメリカ会計史上、最も重要な講演を行った。今日の会計教育の誕生の地ニューヨーク大学での講演において彼が非難したのは「数字合わせゲーム」とも称されるべき慣行だった。およそ抵抗なく行われているこの慣行は、経営者が、会社の株価とオプションの価値を高めるために、常識的なビジネス慣行を抑制し、合意された利益予測を達成し、利益を平準化しようとする、というものであり、積立金や特別損失やその他の策の濫用により、実際の財務的不安定性が不明瞭になってしまっていた*22。

レビットは、数字合わせに失敗した会社はペナルティを受ける、ということを認識しており、『フォーチュン』のランキング上位五〇〇社に入っている某社が合意された利益予測値を一セント下回り、市場価値が六%の低下をみた、という事例を紹介している。彼の考えでは、解決策は情報開示の拡充だった。不明瞭な利益を目の前にした投資家たちは不慮の悪材料や測定不能の悪材料によって慌てふためいていた。

ＥＰＳバブルが弾けたのは二〇〇〇年代への変わり目の頃、会計スキャンダルが明るみに出た時だった。トムソン・ファースト・コールの調査情報によれば、一九九八年には、合意された予測値を一セント上回ったダウ・ジョーンズ平均株価指数における三〇銘柄の価格はそのことが公表されたその日に〇・七八％の上昇をみているが、二〇〇四年までには、その効果は〇・一五％に低下している*23。〈図13－2〉に示されるように、『ウォール・ストリート・ジャーナル』の記事に「一株当たりの利益」と「利益予測値」が出てくる回数に関する調査の結果もまた、ＥＰＳがその輝きを失ったことを証拠付けている。「一株当たりの利益」と「利益予測値」の数および報告利益の重要性は一連の会計スキャンダルのお蔭で減少をみるにいたった。或る観察者は二〇〇三年に次のように論評している。

行われていたのは、アナリストと投資家が、経営者は目標を達成できたかどうか、という観点から会社の報告利益の質を判定する、というゲームだった。達成できた

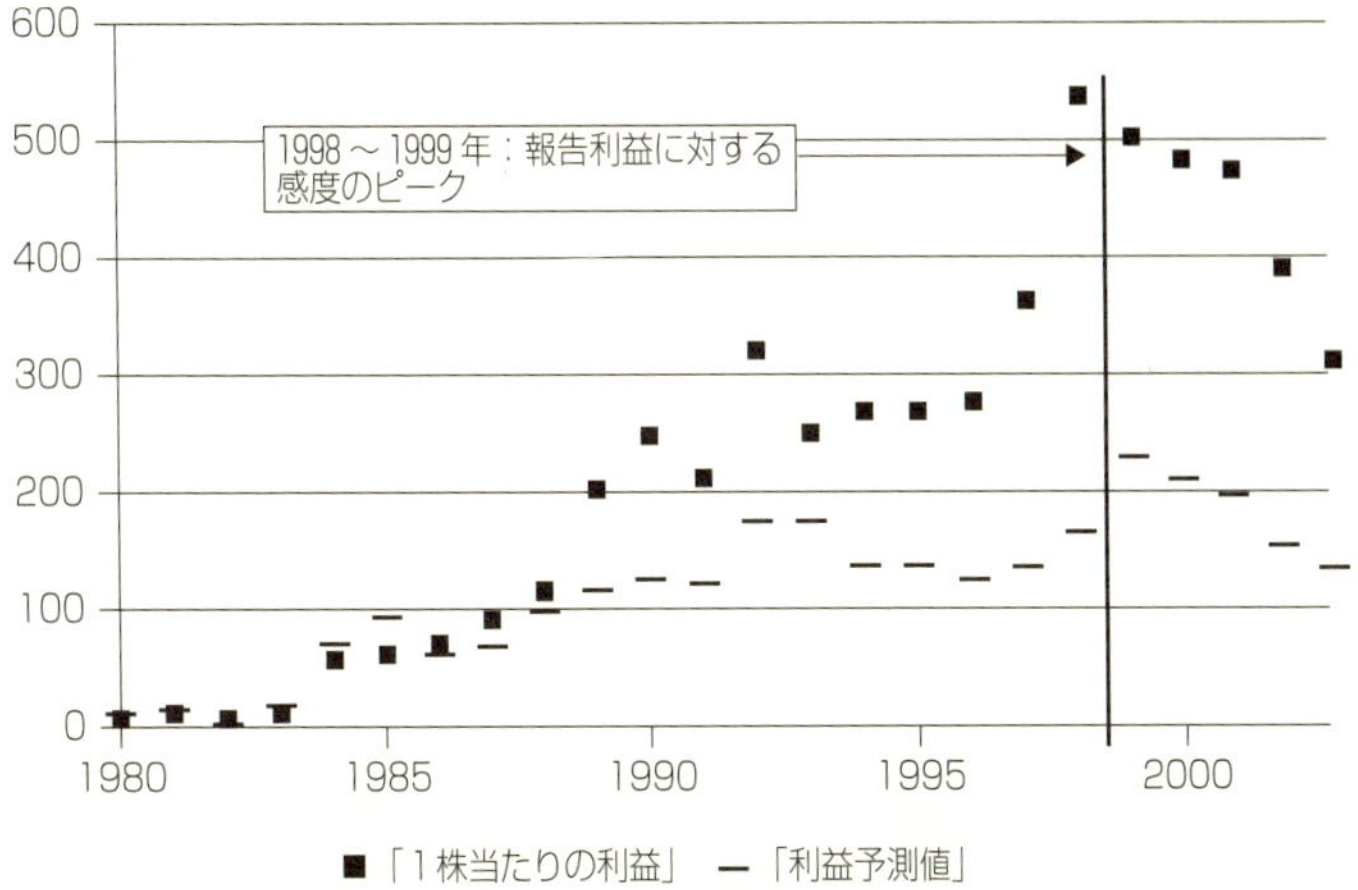

年	(1)	(2)	年	(1)	(2)
1980	9	19	1992	333	167
1981	15	19	1993	250	168
1982	10	3	1994	266	138
1983	16	27	1995	268	139
1984	49	71	1996	275	130
1985	55	89	1997	362	137
1986	61	54	1998	541	159
1987	90	60	1999	504	237
1988	123	98	2000	479	212
1989	205	125	2001	470	198
1990	243	138	2002	390	154
1991	215	136	2003	316	138

(1)「1株当たりの利益」と(2)「利益予測値」を用いた記事の数

〈表13－2〉『ウォール・ストリート・ジャーナル』の記事において利益にかかわる語が用いられる頻度

ということは、たとえ明示されていなくとも、恐らく会社の利益は増大している、ということを意味していた。達成できなかったということは利益の著しい落ち込みを示唆し、明らかに会社は成果を向上する手段を失っている、ということを意味していた。この奇妙な推論ゲームのお蔭で、利益が一、二セント減った会社の株価が二〇％ないし三〇％も低下する、という不可思議な市場の現象が生じていた。

問題は、利益ゲームではなく、GAAPにいうところの「収益性」はその大部分が推定値である、という点にある。したがって、GAAPに依存し過ぎることは益よりも害をなす。実際的な解決策は証券法を改正し、ほかの種類の財務情報と非財務情報の開示を促進することである*24。

報告利益が重要になったのは経営者の行動がそうしたからだった。

このEPSの話と似たものにプロフォーマ利益〈訳者注〉の台頭の話がある。「形式のために」という意味のラテン語「プロフォーマ」は例えば合併や会計処理の変更等にかかわる仮想状況について資料を提供するための開示を意味する場合に用いられる。

一九九〇年代の技術系の会社は、GAAPにしたがって算定された利益に加え、プロフォーマ利益を大きく取り上げたプレス・リリースを行った。最も一般的な調整は暖簾およびその他の無形資産の償却、株式にもとづく報酬費用、ならびに買収関連費用を除くものであり、したがって、この期間のプロフォーマ利益はGAAPにしたがった報告利益よりも必ず大きかった*25。

通信会社の莫大な設備投資は巨額の減価償却費を利益に賦課することから、報告される業績を見栄えよくする一つの方法は支払利息、税、減価償却費、および暖簾等の償却費を控除する前の利益(EBITDA)に投資家の目を向けさせることだった。ウォーレン・バフェットは、抜け歯妖精に資本的支出の責任をとることができるのか、という問い掛けをもってこのやり方を当て擦った。

支持者たちは、プロフォーマ利益はより有意義な会計情報を提供する、と主張し、他方、批判者たちは、経済的業績を不明瞭にする、としてこれを非難した。正式のSECへの書類提出の前に行われるプロフォーマ利益数値をもってする利益のプレス・リリースはGAAPの支配下には入らなかった。

〈訳者注〉 或る取引等が行われていた場合等を仮定して算定される利益。「試算利益」や「実質利益」や「見積利益」などといった訳が当てられる。

この問題の例としては二〇〇〇年一二月三一日に終了する年度のクエスト・コミュニケーションズの財務報告を挙げることができる。クエストが二〇〇〇年度の第4四半期に関する利益のプレス・リリースを行ったのは二〇〇一年一月二四日のことだったが、これはアーサー・アンダーセンが適正意見を表明した日だった。プレス・リリースにはGAAPにしたがって算定された利益は示されなかった。その代わりに、プレス・リリースは「仮定上の標準化された基準に依拠し、非経常的な項目は除いた」数値を提供した。〇・五九ドルという二〇〇〇年度の見積EPSは〇・三九ドルという一九九九年度の報告EPSと比較した場合には五一％の増加だった。人々は、クエストは素晴らしい一年を過ごした、と考える可能性があった。

その後、二〇〇一年三月一六日、クエストは様式一〇-Kの年次報告書をSECに提出したが、そのGAAPにしたがって作成された損益計算書は稀薄化後の一株当たりの利益〈訳者注〉が一九九九年度の一・五二ドルから二〇〇〇年度のマイナス〇・〇六ドルへと減少したことを示していた。クエストのGAAPにしたがって算定された利益は一・五倍に増えることなく、消えてしまっていた。こうしたやり方に憤慨したSECは二〇〇三年三月に規則Gを公表、この規則はプロフォーマ利益数値をGAAPにしたがって算定された額と結び付けるための調整を登録会社に求めていた。

しかしながら、ＥＢＩＴＤＡとプロフォーマ数値が一般投資家を害することは明白ではなく、プロフォーマ数値を報告した会社と報告しなかった会社の株価と利益を比較した或る研究によれば、株価の動きにはほとんど差異がなかった。換言すれば、投資家たちは、プロフォーマ利益を公表している会社の株式に対しても、ＧＡＡＰにしたがって算定された利益だけを開示している会社の株式の場合と異なった評価は行っていないようだった*26。

財務会計方針を選択する場合の経営者の目的は、恐らくは、株式資本のコストの最小化である。予測可能な利益は投資家の要求を満たし、彼らが求める利回りを引き下げる可能性がある。株式コストの低減は将来の利益をより魅力的なものにし、株価の上昇をもたらす。或る四人の研究者が報告利益の七つの好ましそうな特徴の有無による会社の株式コストの変動を推算したところ、利益の質（操作された発生処理がないこと）が予測可能性や平準性を含む他のすべての属性より大きな影響力を有していた*27。

投資家たちは、好ましくない発生を記録することは癌を結果しない、ということを認識

〈訳者注〉 発行済普通株式数に転換社債等の潜在的な普通株式の数を加えて算定されたＥＰＳ。

している。例えば一九九〇年一二月に公表されたステートメント第一〇六号『年金以外の退職後給付に関する雇用主の会計処理』は、これが退職者の医療費の現金主義による記録を止めることを会社に求めたため、会社はこうした従業員給付の発生主義による処理を開始しなければならず、ＩＢＭは一九九一年三月にこの基準を採用して二三億ドルの費用を計上、これは初の赤字の四半期という注目すべき事態を結果した*[28]が、投資家たちは発生を無視し、会社に医療保険制度の撤廃を求めようとした者はいなかった。

第一四章　サーベンス－オクスリー法

私は会計士ではありません。
――エンロンのジェフリー・スキリングの議会における証言

事故は二〇〇一年一〇月一二日、アンダーセンの或る弁護士がアンダーセンの書類保管方針に関するメールをヒューストン事務所に送った時に始まった。四日後、エンロンは第3四半期の利益数値の公表に際して一部の資産の評価減を開示し、トレーダーや債権者はエンロンの支払能力に信頼を置くことができなくなった。一二月二日に破産を申し立てたエンロンの資産は六三〇億ドルに上り、資産額においてはアメリカ史上最大の破産だった。二〇〇二年一月二八日には資産三〇〇億ドルのグローバル・クロッシングが破産を申請、これはその時点において四番目に大きい破産だったし、また、七月二八日に破産を申し立てたワールドコムは一、〇四〇億ドルの資産を有していた*1。立法者は七月三〇日にサーベンス＝オクスリー法を設けた。この三社のすべてに対して無限定監査意見を与えたアンダーセンは刑事告発を受け、八月三一日に業務を停止した。

アメリカの五大破産事件のうちの三つが起こり、大恐慌以降、最も侵害的な証券立法がなされ、そしてかつての世界的な一流会計事務所が解体をみた一年は財務報告にとって悪夢のような時期だった。一九二九年の大暴落の際には大きな役割を担うことがなかった不正会計は、しかし、この惨事にあってはその核心に位置していた。

大恐慌以降のアメリカの財務会計の歴史は実践の多様性を減らすための努力の歴史であり、多様性が減少した場合に期待される便益としては財務諸表の質の向上、会社の情報開示に対する理解の深まり、および会社間比較の推進を挙げることができる。会計手続委員会（CAP）、会計原則審議会（APB）、および財務会計基準審議会（FASB）の累積的な努力は捗ったが、しかしながら、投資税額控除、石油探索、債務再編成、およびストック・オプションに関する経験は基準設定プロセスを妨害する政治的問題を示していた。

ロンドン・ビジネススクールの教授のウィリアム・バクスターは一九七九年の講演において、十分な基準によって安全になった世界では、会計はスキャンダルが僅かしかないことに悩まされ、うるさい誹毀者はどこかほかの場所で獲物を見付けなければならなくなるだろう、という冗談を述べているが、冗談は抜きにして、彼は正式のルールへの依存度を高めることに批判的だった。緩やかな指針として始まったものが制裁を伴う明確なルールになり、判断が硬直的なやり方に取って代わられた。基準は後退と幻滅をもたらす、と彼は予言している*2。

すべての人がバクスターのように悲観的だったわけではなく、ジェネラル・エレクトリックの経理部門の責任者フィリップ・アミーンは一九九九年一一月の講演において、財務報告の改善が可能であることは認めつつも、財務情報における重要な誤りは、それが一%さえも生じたことを窺わせるものには出会ったことがない、と述べている*3。

また、エンロン事件の四か月前の二〇〇一年五月、財務報告の状況について講演を行ったSECの主任会計官リン・ターナーは、投資家の信頼は史上最高の水準にあり（一九九八年現在、アメリカの成人の四四%に当たる八、四〇〇万人が株式を所有していた）、その一因は過去二五年にわたって行われてきた財務報告の改善にある、と述べている。

引き合いに出された改善の足跡は監査に関するコーエン委員会、公共監視審議会の設置（一九七七年）、内部統制に関するトレッドウェイ委員会（一九八七年）、公共監視審議会の特別報告書（一九九四年）、合衆国会計検査院の会計プロフェッションに関する報告書（一九九六年）、ニューヨーク証券取引所の監査委員会に関する有識者会議（一九九九年）、および監査の有効性に関するオマリー委員会（二〇〇〇年）などだった。

「これらの偉業のお蔭で、今日における財務報告の透明性と質は二五年前と比べて、いや、一〇年前と比べても向上をみていると確信します」と述べたターナー*4は、しかし、貸借対照表において負債を報告することや損益計算書において不安定な利益を報告することを病的に恐れる会社が存在することには言及しなかった。

一九八五年、エコノミストのケネス・レイによって仕組まれたヒューストン・ナチュラル・ガスとインターノースの合併により、負債を抱えた天然ガス・パイプライン会社が創られた。この会社はエンロンと名付けられ、ハーバードでMBAを取得した攻撃的な二人、レベッカ・マークとジェフリー・スキリングが登用された。マークは海外における大規模な設備プロジェクトを推進し、スキリングは天然ガスのトレーディング・デスクを創設し、これは電力およびその他のものに拡大された。資産集約型プロジェクトと活発なトレーディング業務は新たな資本に対する旺盛な食欲をもたらした。二〇〇〇年八月、エンロンの株価は九一ドル（総額六六〇億ドル）の頂点に達し、しかし、五つの四半期のうちにこの会社は破産することとなる。

この会社の経営陣は報告される成果をよくし、エンロンの証券が投資家と債権者の目により魅力的に映るように、二つの会計上の道具を見付けていた。

第一に、経営陣はステートメント第一一五号によって示されたトレーディング証券という区分を利用した。ほとんどの会社は、損益計算書を通じて面倒な保有損益をもたらす不安定な値洗いを避けるが、エンロンはこの処理を魅力的な成果を報告する手段として捉えた。

ステートメント第一一五号は値洗いの際に流動資本市場の価格を用いることを意図していたが、エンロンの難解な契約と非流動的な証券には取引量の多い市場がなかった。通信社のデータベースで価格を検索する代わりに、エンロンは財務モデルを用いて評価を行った。こうした市場ではなく、モデルに依拠する値洗いのやり方はトレーダーが評価に影響を及ぼすことを可能にした。

会計の専門家にはトレーダーの評価に異を唱えるための評価基準がなく、評価モデルに少し調整を施しただけでも、評価額が増大し、損益計算書に保有利益が出てくる可能性がある。つかの間の未実現保有利益を報告することが利益の平準化の助けになる可能性がある。

コンピューター・モデルにおいて仮定を操作することは、資産の歴史的原価を変えることよりも遥かに容易だった。二〇〇〇年一二月三一日、エンロンは或るジョイント・ベンチャーに対する同社の持分に一億二、五〇〇万ドルという評価額を附し、報告利益を五、三〇〇万ドル増額しているが、そのジョイント・ベンチャーには全く収益がなかった*5。二〇〇〇年にエンロンの報告利益の半分以上が値洗いによる利益だった*6。

第二に、エンロンは特別目的事業体（SPE）を広範に用いるために連結会計ルールの曖昧さを利用した。会社は、長年にわたり、倒産隔離子会社を設けることが必要な特定の活動を行うためにSPEを用いてきており、一般に母体企業は受取勘定のような資産の移転のためにSPEを設ける。SPEは第三者から借り入れを行い、収益によって資産を購入し、分配可能な配当を投資家に支払う。このようなSPEは、母体企業が財政難に陥った場合にも、所定のキャッシュ・フローの受け取りを投資家に保証する。

一連の難解なFASB緊急問題専門委員会の声明は、外部者が当該事業体の資産の三％以上に相当する出資を行っている場合には母体企業はSPEの連結を回避することができる、としており[*7]、すなわち、一億ドルの資産を非連結のSPEに移転しようとする会社は外部者から三〇〇万ドルの出資を得るようにすればよかった。

エンロンの支配下にはないとみなされる非連結のSPEには二つの利点があった。そうしたSPEは、エンロンの貸借対照表には債務が記載されることなく、多額の借り入れを行うことができた。しかも、エンロンはそれらの事業体に水増しした価格をもって資産を売却し、損益計算書に実現利益を計上することができた。

最高財務責任者のアンドリュー・ファストウは三％ルールを悪用し、支配下にある約三、五〇〇のSPE[*8]からなる複雑なネットワークを監督した。これらの事業体によってエンロンは利益をでっち上げ、多額のオフバランスの借り入れを行うことができた。エンロンは営業キャッシュ・フローでは担保しえない額の借り入れを行っていた。監査人はどこにいたのか？　二〇〇〇年の株主総会招集通知によれば、アンダーセンは二、五〇〇万ドルの監査報酬と二、七〇〇万ドルのコンサルティング報酬を受けていた。五、〇〇〇万ドルを失う危険を冒してエンロンの経営陣に異議を唱える熱意がアンダーセンのパートナーたちにあったかどうかは疑わしい。

終わりが来たのは二〇〇一年一〇月一六日、エンロンの四半期決算において投資の一〇億ドルもの評価減が発表された時だった。経営陣は、非経常的なものとして、二億八、七〇〇万ドルの資産の減損、一億八、〇〇〇万ドルのリストラ経費、および五億四、四〇〇万ドルの投資損失に言及、これには「既に開示されている事業体を用いたストラクチャード・ファイナンス」における損失も含まれていた。

不首尾に終わった電話会議と一連の煽情的な新聞記事が後続し、一一月八日、エンロンはSECに修正財務諸表を提出した。ムーディーズ・インベスターズ・サービスとスタンダード&プアーズは一一月二八日にエンロンの債券をジャンク債に格下げした。エンロンが決済義務を果たせるかどうかについて取引の相手側が警戒心を強めたため、トレーディング業務は枯渇状態に陥った。株価は一ドル以下に下落し、エンロンが破産法の適用を申請したのは一二月二日のことだった。

投資家と債権者は何十億ドルも失った。自社株式に投資していた何千名もの従業員は失職しただけでなく、退職後の蓄えをも失った。会計、すなわち単なる紙の上の数字が人々の人生を台なしにした。九月一一日の出来事、炭疽菌事件、およびアフガニスタン紛争がマスコミの報道におけるエンロン問題の影を薄くした。値洗いと連結の複雑さが人々の関心に水を差した。しかし、残念ながら、事故は始まったばかりだった。


家具セールスマンのゲーリー・ウィニックは一九七二年に、のちにドレクセル・バーナム・ランバートとなる投資銀行に債券を売り始め、一九七八年にはロスアンジェルスに移り、その後、七年間はジャンク債王のマイケル・ミルケンの下で働いていた*9が、一九八五年に資金と新事業への投資の管理を目的としてパシフィック・キャピタル・グループを設立、インターネットの著しい成長によって、アメリカとヨーロッパの間の海底光ファイバー・ケーブルのための資金調達を手掛けるようになった。

このプロジェクトからもたらされた諸事業は一九九七年三月、外国における所得に対するアメリカの税額を最小限に抑えることができるバミューダにおいて設立されたグローバル・クロッシングにまとめられ、ウィニックはその会長の座に就いた。

グローバル・クロッシングは高容量の陸上および海底のデジタル光ファイバー・ケーブル・システムを利用した世界初の独立の世界的なインターネットと長距離通信サービスのプロバイダーを目指していた。銅線より遥かに多くのデータを伝えるために光パルスを用いるこのガラス繊維製の光ファイバー・ケーブルは、インターネットを流れるデータの量は一〇〇日毎に倍増している、という真偽の疑わしい分析結果への業界の対応策だった。

グローバル・クロッシングはアジア、ヨーロッパ、およびアメリカにおいて二〇〇の世界最大規模の大都市通信市場を結ぶまでに成長し、一九九七年一〇月に営業を開始した同社は一九九八年八月には株式を公開するにいたっていた。新興期の鉄道と同様の状況にあったグローバル・クロッシングは絶えず拡大しているネットワークの構築を持続するために巨額の資金を必要としていた。これから何年もの間、需要が供給を上回ることは確かだった。

ウィニックはドレクセルの戦略やAクラスからEクラスまでの普通株式、三種類の強制償還優先株式、および一組の債券が略語で示されている投資の構成に関する内部資料を盗み、パシフィック・キャピタルは、グローバル・クロッシングの普通株を購入するために、ワラント、すなわち長期のオプションを取得していた。この株式が値上がりしていたら、ウィニックは大金を手にしていただろう。

土地の横領のような考え方が通信バブルを覆い隠した。ユニオン・パシフィック鉄道とセントラル・パシフィック鉄道が緊急に線路を敷設する必要性を感じていたように、グローバル・クロッシングは、政府からの支援がなくても、競争に勝つために、他に先んじようとしていた。

莫大な開業費と減価償却費によって、この会社はすぐに利益を出すことができなかった。興味深いことに、重要な会計方針の一つは建設仮勘定に関わる利子費用の資本化だったが、これは一九一九年のアメリカ公認会計士協会（AICPA）の分派としての全国原価会計士協会の設立の原因となった問題だった。

巨額のオプション報酬の存在と将来においてほぼ限りなく長期の借り入れを続けなければならないという状況により、経営陣は投資家と債権者に明るい将来の見通しを示さなければならないという大きなプレッシャーを感じていた。利益が出ていないなか、どのようにして経営陣は収益力の証拠を示すことができたのか？

経営陣は営業外費用や現金支出を伴わない費用を除いて計算されるEBITDAという尺度の重要性を強調した。対応原則は収益獲得のために費消されたすべての資源を考慮することを損益計算書に求めているため、会計基準設定者は決してこの尺度を認めなかった。誰かが資本的支出と金融費用を負担しなければならない。一九〇七年の州際通商委員会の

〈表14－1〉 グローバル・クロッシングのEBITDA

（単位：100万ドル）

	1998年	1999年	2000年
長期負債	$270	$4,900	$6,271
収益	424	1,491	3,789
損失	(135)	(178)	(1,980)
EBITDA	364	626	1,469

会計ルールは減価償却の見積もりの損益計算書における費用計上を鉄道会社に要求することを意図していた。

グローバル・クロッシングは一九九八年度以降の三年度の決算日現在の長期負債ならびにこれらの年度における普通株主にとっての（優先株主に対する配当を控除したのちの）収益、損失、およびＥＢＩＴＤＡとして〈表14－1〉に示されている数字を報告し、アーサー・アンダーセンは二〇〇一年二月一四日付けで無限定意見を与えていた。

二〇〇一年の初期の経営者の立場になって考えてみよう。たとえＥＢＩＴＤＡは良好だったとしても、著しい急成長が債務と損失の急増をもたらしていたこの事業にはどの位の価値があったのか？　株式市場の当初の評価は好意的だった。グローバル・クロッシングの株式は公開価格が九・五〇ドルだったが、ＩＴバブルが崩壊する一年前（二〇〇〇年三月一〇日にはＮＡＳＤＡＱ総合指数がピークに達し、その二週間後にはスタンダード＆プアーズの株価指数が後続した）の一九九九年の第２四半期には六四・二五ドルのピークに達した。

しかしながら、競争相手が自身の光ファイバー・ネットワークを設けたことから、グローバル・クロッシングに対する需要は減少し、株価は二〇〇一年三月には一六・一九ドルに下落した。経営陣は二〇〇一年に利益を計上することができなかった。

成果をよく見せ掛けるさらなるやり方は「容量スワップ」とも呼ばれる相互売買を行うことだった。グローバル・クロッシングと競争相手のクエストはネットワークの未使用容量を相互に売買することについて合意をみた。グローバル・クロッシングは契約期間にわたって損益計算書を通じて処理されてゆく繰延収益としてこの非貨幣的交換を記録した。同社は、収益の増大が将来の利益を予示しているという印象を債権者に与えるために、収益を大きく見せ掛けようとした。これだけの収益があるのだから、利益はあとから付いてくるだろう、ということだった。アンダーセンはこの処理を認め、通信容量の交換に関する会計原則についての白書を刊行した。

一九六〇年にレオナルド・スパチェックが率いるアーサー・アンダーセンはパートナーやマネージャーがクライアントに関して健全な会計基準を考える際に用いる小冊子『会計プロフェッションに関わる会計と報告の諸問題』を刊行、そこで取り上げられた「総売上」という項目においては収益の一部が業績に当たるとして捉えられていた*10が、どういうわけか、スパチェックの事務所は容量スワップを業績として捉えることができるように進化してしまった。二〇〇一年八月、グローバル・クロッシングの或る元従業員がこの処理に異を唱え、取締役会はこの問題を検討するための委員会を設けた。

しかし、もう手後れだった。キャッシュ・フローの増加は一二〇億ドルを超える債務の利払いには追い付かず、グローバル・クロッシングは二〇〇二年一月二八日に破産を申請した。八月になってSECは、グローバル・クロッシングが容量スワップについて収益を記録していたことを問題視している、ということをAICPAに伝えた。

一〇月にグローバル・クロッシングは二〇〇〇年度の財務諸表を修正する予定である旨を公表し、また、グラント・ソントンを新たに監査人に選任、一二月にはウィニックが辞任した。スワップの相手で、これまたアンダーセンのクライアントだったクエストも利益を修正する予定である旨を公表した。

二〇〇二年九月、下院のエネルギー・通商委員会の監督・調査小委員会の聴聞会において、下院議員ビリー・トーザンはグローバル・クロッシングの経営陣が、公表した収益目標を達成すべく、いんちきな取引を作り上げることになった「数字至上主義的な状況」を非難した*11。

二〇〇三年一二月、グローバル・クロッシングは二〇〇二年度の様式一〇－Kの報告書を提出し、再建に向けて一歩を踏み出した。驚くべきことには、同社の二〇〇二年度の第4四半期の利益は二四九億ドルに上り、これはアメリカの会社の四半期利益としては空前の高額だった[*12]。利益のうち、八〇億ドルは債務の免除、一六〇億ドルはすべての発行済みの普通株式と優先株式の消却によるものだった。約一三、〇〇〇名の人々が仕事を失い、アンダーセンはまたもや評判を落とし、スリム化されたグローバル・クロッシングの株式はＮＡＳＤＡＱにおいて取引が再開された。

かつて牛乳配達人や高校のバスケットボールのコーチを務めていたバーニー・エバーズは一九八三年に再販業のロング・ディスタンス・ディスカウント・サービスに出資し、二年後にはＣＥＯに就任した。その後、この会社は積極的にＭ＆Ａを繰り返し、一九九七年には三七〇億ドルを投じてＭＣＩを買収、アメリカ有数の通信会社ワールドコムとなった。エバーズは億万長者になった。株式を売るのが嫌いな彼は、ヨット会社や米農場を購入するために、ワールドコムの株式を担保に借り入れを行い、生活様式を高めていった。株価の下落は追加証拠金の請求ないし担保の不本意な売却に繋がるおそれがあった。そのために生じた株価に対する強迫観念によってエバーズは一日のうちの値動きについてＣＦＯを困らせ、また、株式を売却した役員たちに説教した[*13]。

〈表14－2〉 ワールドコムの回線使用料

	1997年	1998年	1999年	2000年	2001年
収益（単位：100万ドル）	7,384	17,617	35,908	39,090	35,179
回線使用料（同上）	3,764	7,982	14,739	15,462	14,739
収益に対する割合	51.0%	45.3%	41.0%	39.6%	41.9%

ワールドコムの株価は一九九九年の第2四半期に六四ドルのピークに達し、その後、ライバルであるスプリントの買収失敗、ITバブルの崩壊、および経済のソフト化を経て下落に向かい、二〇〇〇年の第3四半期には二五ドルにまで下がった。エバーズは、同社の株式にかつての栄光を取り戻させるために、途方もない利益目標を達成することを求めた*14。

一九九六年と一九九八年に赤字決算となったワールドコムはそれぞれ収益の一〇%および一八%近くに上る仕掛研究費および仕掛開発費を消却しているが、経営陣は将来における利益の増大を保証するためにバネを仕掛けていたようである。

最も見込みがあるのは回線使用料の減少だった。長距離接続料は他社のネットワークの回線を利用した場合に支払われるものだった。〈表14－2〉に示されるように、ワールドコムは二〇〇〇年には利鞘の拡大をみているものの、九・一一後のITバブルの崩壊と景気の後退によって二〇〇一年には収益の減少と利鞘の縮小をみているが、回線使用料のなかには収益とは連動しないものがあったことから、これは当然のことだった。

当時は何が行われているか分からなかったが、ワールドコムは二〇〇〇年の終わり頃になって、回線使用料を土地や設備に分類して資本化する、という会計の調整に着手した。SPEの構想に問題があったり、容量スワップを仕訳してしまったりしても、未熟な会計士なら許されるかもしれないが、この回線使用料の資本化という馬鹿げた誤りには弁解の余地がない。このような誤りは最も新米の会計士でも犯さないからである。

二〇〇〇年度の様式一〇-Kの報告書において、経営陣は、回線費用の削減の原因として、製品構成の改変と、買収したものを巧みに同化したことによる規模の経済を挙げた。換言すれば、ワールドコムは収益力向上の理由としてビジネス上の洞察力を挙げた。

ライバルのAT&Tは単純に回線使用料を費用処理しており、ワールドコムが会計を操作していることは知らなかった。ワールドコムの報告された成果のせいで、AT&Tは愚鈍な巨人のようにみえた。AT&TのCEOは二万人を解雇し、TICやメディア・ワンやその他のケーブル会社を買収するために一、〇〇〇億ドルを費やし、同社を台なしにした*15。ワールドコムの会計上の策略、すなわち単なる紙の上の数字はAT&Tの意思決定を左右し、何千名もの人々の生活に影響を及ぼした。

のちにワールドコムのCFOは「我々は我々の数字を達成しなければならない」という

指示をエバーズから受けたと証言している。二〇〇〇年一〇月に経理部員から回線使用料の資本化について苦情の申し立てを受けたのち、彼はエバーズに「将来は、利益目標の達成は、経理部次第ではなく、我が社の営業活動次第ということになるでしょう」という手書きのメモを送っている*16。

低下してゆく投資家の信頼を回復するもう一つの手段は二〇〇一年六月の業績連動株式の発行だった。株主たちは、これによって、急成長するワールドコムの無配の株式と、緩やかな成長と潤沢なキャッシュを特徴とするMCIのビジネスと連動する同社の有配の株式を別々に売買することができるようになった。しかし、残念ながら、業績連動株式は、利益を分割するために、専断的な原価配分を必要とし、経営陣はこの配分をめぐる投資家間の利害の対立に直面するおそれがあった。この手はうまくゆかなかった。

通信市場の衰えと巨額の債務により、ワールドコムは衰退の一途をたどり、エバーズが辞任したのは二〇〇二年四月二九日のことだった。五月一五日には外部監査人がアンダーセンからKPMGに交代し、六月二五日には内部監査の結果、三九億ドルの回線使用料の資本化がGAAPに合致していないことが判明した旨がワールドコムから公表され、翌日、SECは民事訴訟を起こした。七月二一日に破産を申請したワールドコムはその後、八月八日と一一月五日に回線使用料の処理について追加的な発表を行っているが、問題のある会計処理は総額九〇億ドルに上ると見積もられた。

経営陣は修正を施した二〇〇二年の様式一〇－Kの報告書を一年遅れで公表した。二つの大きな変更は、不適切な回線使用料の資本化額を損益計算書に計上したこと（二〇〇二年の回線費用は報告されていたように収益の三九・六％ではなく、四三・〇％だった）と、暖簾およびその他の無形資産について約四〇〇億ドルに上る減損処理をしなければならなかったという点だった。

ワールドコムの二〇〇一年一二月三一日現在の株主持分は、以前のアーサー・アンダーセンの監査を受けた報告額は五八〇億ドルだったものが、すべての修正が施され、KPMGの監査を受けた額はマイナス一三〇億ドルにまで減少をみていた。いずれの数字も同じ会計原則の下で算定されたものだったが、恐らくこの差額は会計の歴史上、最大の誤りを意味している。

ワールドコムはMCIの名をもって再建を開始したが、ここでも罪のない従業員たちが職を失い、投資家と債権者は大金を失った。

二〇〇二年にはアデルフィア・コミュニケーションズとタイコ・インターナショナルの不正流用事件もあった。

ジョン・リガスはアデルフィアをささやかなビジネスからケーブル・テレビとインターネット・プロバイダーの大手にまで育て上げた。しかしながら、この巨大な会社もその仕組みは同族企業のままだった。経営陣は、いくつかの同族企業との取引を通じて、多額の資金を同社の事業以外の目的に流用し、その結果、もともとは健全だったこの会社は六月に破産を申請した。二〇〇四年に陪審はリガスに有罪判決を下した。

アデルフィアが破産を申請したのと同じ月にデニス・コズロウスキーはタイコ・インターナショナルのCEOを辞任した。彼は告発され、二〇〇五年に重窃盗の有罪判決を受けた。流用された大金の使途は、この事件で有名になった六、〇〇〇ドルのシャワー・カーテンや彼の妻のための二〇〇万ドルの誕生パーティなどといった無分別なものだった。最も明確な罪の証拠は、二、五〇〇万ドルの所得を誤魔化していた個人所得税申告書におけるコズロウスキーの署名だった*17。

また、この二〇〇二年には、景気が後退するなか、収益を水増しし、将来における収益力の強さを示すために行われた売上操作の類いも少なくなかった。

二〇世紀を通して、公認会計士と一般投資家の間の期待ギャップが拡大してきた。世間一般の人々は会計士を、財務報告上の不正を剔抉する監視者、として捉えていたが、監査事務所はこうした捉え方を改めさせるためにほとんど何も行ってはこなかった。しかも、会計士は、不正剔抉の可能性が十分にある監査についてその巨額の費用を進んで支払おうとするクライアントなど全くいない、ということを認識していた。事実、ＡＩＣＰＡが諸基準において「不正」という語を初めて用いたのは一九八八年になってからのことだった*18。

会計士は大規模な不正の剔抉の希望をほとんど持っていない。大半のクライアントは監査の機能に大きな価値を見出してはいなかったし、どのような監査でも大差ない、といったように捉えていた。敏感な監査人は、低賃金の、学校を卒業したばかりの新人を実地調査に用いることによって、コストを削減した。二〇歳台の監査スタッフは、支払請求可能時間を最短化すべく、仕事を迅速に行うように指示された。経営者による不正を剔抉しうるような経験ある洗練されたスタッフはほとんどいなかった。

経営者は気にしていなかった。監査の効率性についてはいくつもの尺度があったが、監査の有効性についてはほとんどなかった。監査の侵害的な性格からすると、会社の経営者はより低額の報酬で、より妨げにならない意見を表明してくれる監査事務所を選択するだろう。監査の有効性を頼りにする投資家と債権者は監査に対して支払わない。同様の批判は債券格付会社にも向けられてきており、すなわち、この手の会社の報酬は、その報告書を利用する貸手ではなく、債券発行者によって支払われている。エンロンとワールドコムの債券は、それぞれの会社が破綻する直前まで、投資適格の格付けを受けていた[*19]。

それにもかかわらず、このシステムは概してうまく機能していた。マッケソン&ロビンス事件やコンチネンタル・ベンディング・マシン事件やペン・セントラル鉄道の破綻などといったいくつかの失敗を別にすれば、会計士業は、一九三四年法の制定時からITバブル期にいたるまで、規模、威信、富のいずれにおいても向上をみてきていた。しかし、その後、一九九〇年代の後半になって、どこかがとてもおかしくなり、それは特にアーサー・アンダーセンにおいて顕著だった。そうした様子は、任意に選ばれた会計上の大事件が発生年順に事務所別に並べられた〈表14-3〉に示されている。

サーベンス-オクスリー法が制定され、アーサー・アンダーセンが内部崩壊した二〇〇二年、この業界は面目を失った。多くの公開会社が利益ゲームに参加しなければならないというプレッシャーを感じ、監査人の一部も一緒に参加した。アンダーセンはとりわけクライアントに立ち向かうことができなかったようだ。二つの特徴がこの事務所を他の事務所と違えていた。

一つ目はその文化の力だった。アンダーセンは、他の監査事務所よりも、順応を重視していた。すべての新人はイリノイのセント・チャールズのプロフェッショナル教育セン

〈表14−3〉 アンダーセンのクライアントに集中した2002年の会計スキャンダル

年	アーサー・アンダーセン	デロイト&トゥシュ	アーンスト&ヤング	KPMG	プライスウォーターハウスクーパース
1997			センダント		
1998	サンビーム				マッケソン
1999	バプティスト協会	ライト・エイド			
	ウェイスト・マネジメント				
2000				ゼロックス	
2001	エンロン				
2002	CMSエナジー	アデルフィア		イムクローン	ブリストルマイヤーズ・スクイブ
	ダイナジー	デューク・エナジー			Kマート
	グローバル・クロッシング	エル・パソ			ルーセント
	ハリバートン	リライアント・エナジー			タイコ
	メルク				
	ペレグリン				
	クエスト				
	ワールドコム				
2003	フレディ・マック		ヘルスサウス		

ターにおいて訓練を受けることになっていた。本部が設けた基準に準拠した監査調書を作成させるために厳格な指導が行われた。

私は一九八二年から一九八五年までアンダーセンに勤めていたが、当時、男性のプロフェッショナルはすべて白いシャツを着ていた。縞模様や色物のシャツは態度に問題があるということを意味していた。プロフェッショナルの女性はスカートと上着を着用し、ドレスやスラックスということは決してなかった。アーサー・アンダーセンのモットー「率直に考え、率直に話す」は、比喩的にではなく、逐語的に話し、上品にではなく、単刀直入に答えるべきことをスタッフに思い起こさせるものだった。こうした文化の力によって、プロフェッショナル・スタッフは経営陣の指示に、疑問を持つことなく、迅速にしたがった。

二つ目は経営管理サービス部門の成功だった。先駆的に会計ソフトウェアを統合的に用いたこの部門はのちに経営情報コンサルティング部門として知られ、また、その後、アンダーセン・コンサルティングと称することとなるが、特に画期的な出来事は一九五三年のGEのアプライアンス・パークにおけるUNIVACコンピューターおよび給与支払ソフトウェアの導入だった。

業務執行パートナーのレオナルド・スパチェックはこのプロジェクトを先に立って主張

したが、その理由は彼が手掛けていた公益事業の監査にあった。彼は、料金が二ダースもの変数に依拠している場合の請求書発行の複雑さを直接に知っていた[20]。事業の複雑さが増すということは、適切な自動化を行うことなく、適時に請求書を発行することできなくなる、ということを意味していた。

やがて、大規模なシステム統合は、どのような監査でも大差ない、といったように捉えられがちな監査サービスよりも利益になる、ということが分かってきた。一九八三年にアンダーセンは、コンサルティング業務の収益により、世界最大の会計事務所の座をピート・マーウィックから奪った[21]。一九九四年までにはアンダーセンの収益の四六％がコンサルティング業務によるものとなり、これは第二位の事務所におけるコンサルティング業務の割合を一六％も上回っていた[22]。一九八九年現在のアンダーセンの二、一三四名のパートナーのうち、コンサルティング業務に従事していたのは五八六名（二七％）だったが、この業務による収益は全収益の四三％に上っていた[23]。

事務所の経営を担っていた保守的な監査人たちと、人員に不釣り合いな多額の利益をもたらしていた積極的なコンサルタントたちの間の軋轢は厄介な分裂騒ぎを招いた。一九九七年にアーサー・アンダーセンとアンダーセン・コンサルティングは、分離を求めて、国際仲裁裁判所において互いに訴訟を起こした。のちにアクセンチュアと称することとなるアンダーセン・コンサルティングが監査人たちに不利な条件をもって独立したのは二〇〇〇年のことだった。

これを不満に思った監査人たちは代わりのコンサルティング業に着手した。これを即座にやってのけるには、監査的な思考様式ではなく、営利主義的な考え方が必要だったが、アーサー・アンダーセン&カンパニーの文化の力がそれを可能にした。

アンダーセンが直ちに道を見失ったことはハーバード・ビジネススクールの元教授バーバラ・トフラーの証言からも明らかである。トフラーがアンダーセンに雇われたのは倫理関係のコンサルティングの導入のためだったが、アンダーセンの古株連なら、公認会計士たちが、クライアントに指導料を請求することなく、手本を示して倫理を教えていることに気が付いただろう。トフラー博士は、アクセンチュアの独立による収入減の穴埋めについて、彼女が感じていた途方もないプレッシャーについて述べている。アンダーセンにおいては、受託責任や公的責任ではなく、金こそが偉大な癒し手だった[*24]。

二〇〇〇年六月二七日、クリーブランドの実業家たちに対して行われたアーサー・アンダーセンの或る古参のパートナーによる奇妙な講演は次のように始まった。「勝利するためにはルールを破らなくてはなりません」。これは財務諸表がＧＡＡＰにしたがっていることを保証するために存在する監査組織に相応しいものとは思われなかった。

この講演はアンダーセンの三名のパートナー、E・S・ボルトン、バリー・D・リバート、およびスティーブ・M・サメックによって書かれたばかりの『価値創造の暗号を解読する――ニューエコノミーにおいて成功するための価値創造の方法』にもとづいていた。この本は、有形資産および無形資産の革新的な利用によって経済的な利益を得た企業が成功する、という内容だった。ニューエコノミーにおいては独創的なビジネスの手法によって超過的な富を得ることができる。

公認会計士はクライアント企業の会計担当者によってなされた認識、評価、および分類の正当性を立証する。『価値創造の暗号を解読する』の著者たちは財務諸表の表示にはほとんど関心を示さなかった。その代わりに彼らは、CEOたちが情報経済においてうまくやってゆくのを支援するためのビジネス・モデルの探求に多大な力を注いだ。彼らはもはや監査人ではないと考えた出席者たちは退席した。彼らは戦略コンサルタントになっていた。CEOのジョー・ベラルディーノはテレビに出演して、監査人の仕事は「クライアントがビジネスの目標を達成するのを助けること」であると述べた*25。

アンダーセンの災いは、トラックの耐用期間を延長することによって利益を大きくしていたウェイスト・マネジメントの監査に失敗したことにより、SECから譴責を受け、七〇〇万ドルの制裁金を支払った時に始まった。次に一九九九年一一月、監査クライアントのアリゾナ・バプティスト協会が破産した。監査人たちは、年輩者から何億ドルもの退職後の蓄えを騙し取ったポンジ・スキーム〈訳者注〉を暴くことができなかった。二〇〇一年三月、アンダーセンは和解し、損害賠償として二億一、七〇〇万ドルを出資者たちに支払った。

翌月、アンダーセンは、実際には流通業者に販売していない製品について収益を認識するという手口によるサンビームの売上操作を見抜けなかったことにより、同社の株主たちに一億一、〇〇〇万ドルの和解金を支払った。

二〇〇一年一〇月一二日、雇われたばかりの弁護士ナンシー・テンプルが送ったEメールは恐らくはビジネスの歴史において最も有名なEメールだったが、それは、或るヒューストンのパートナーがエンロン担当チームにアンダーセンの書類保存方針を思い出させようとしている、ということを示唆するものだった。監査人たちは何十年もの間、最終版の作業進行表だけを監査調書に収めるように指導されてきていた。予備的な予定表や試案的なメモは破棄されるべきということだった。

このチームは、エンロンの財務問題からして、SECの調査が行われそうになってさえ、多くの書類をシュレッダーで裁断し続けた。その後、連邦政府は、訴訟のための証拠書類提出の妨害に関する「不正な説得」を禁じた法に違反した、という訴因をもってアンダーセンを告発した。二〇〇二年六月に陪審はアンダーセンに有罪判決を下した。上訴裁判所における追認ののち、二〇〇五年に連邦最高裁判所は異議なく原判決を破棄し、陪審に対する説示においてアンダーセンに有罪判決を下すために必要とされた有責性が小さ過ぎた、という所見を述べた。

しかしながら、監査事務所にとって有罪判決は死刑宣告を意味していた。グローバル・クロッシングとワールドコムの破綻がアンダーセンに残っていたすべての信用を消し去った。八四か国に八万五、〇〇〇名の従業員を擁し、一〇万のクライアントを有するこのプロフェッショナル・サービス事務所は二〇〇二年八月三一日に業務を停止した。

アンダーセンのOBには会計プロフェッションの有力者が名を連ねている。FASBのアーサー・ワイアット、エドモンド・ジェンキンズ、およびG・マイケル・クローチ、産業界の批判者レオナルド・スパチェック、AICPAの研究担当理事カーマン・ブラフ、合衆国会計検査院長チャールズ・ボウシャー、理論家モーリス・ムーニッツ、ならびに会計学辞典の編者エリック・コーラーはいずれもこの誇り高い事務所で働いていた。

〈訳者注〉 詐欺の一種で、運用の成果を配当すると謳って出資を募りながら、資金の運用は行うことなく、出資金それ自体を自転車操業的に順次、配当に回してゆき、最後には破綻するもの。

アンダーセンの消滅は、アーンスト&ウィニーとアーサー・ヤングの合併（一九八九年）、デロイト・ハスキンズ&セルズとトゥシュ・ロスの合併（一九九〇年）、およびプライス・ウォーターハウスとクーパース&ライブランドの合併（一九九八年）とともに、監査業界のビッグ・エイトを半ダースに、そして四事務所（KPMGを含む）に減らした。

三つの巨大な破産および大監査事務所の滅亡は議会での議論を巻き起こし、七月の後半、立法者は二〇〇二年サーベンス－オクスリー法（SOX）を通過させたが、これは「熱烈な義憤の下、慌て急いで立案された」ガバナンスの法律だった*26。この法は、投資家と債権者は財務諸表の作成者と批評者に直接に報酬を支払う立場にはない、という厄介な事実があるにもかかわらず、財務会計の担当者と監査人はまずは投資家と債権者という無知な第三者に忠誠を尽くさなければならない、ということを再確認した。

公認会計士事務所の登録と監視のために公開会社会計監視委員会がSOXによって設けられた。同法は、利益相反をもたらすおそれがあるさまざまな非監査業務への従事、を監査人に禁じた。第三〇二条は財務会計数値の正しさを文書をもって保証することをCEOとCFOに求めた。このルールは、自分は会計士ではない、というジェフリー・スキリングの弁明を無意味にする。いまや経営者は、SECへの提出書類について、重要な会計方針に関わる借方と貸方を理解していなければならないことになった。

最も面倒な第四〇四条は内部統制システムについて報告書を作成し、その有効性を評価することを経営者と監査人に要求していた。監査人は確認された欠陥が重要な問題点かどうかについて報告しなければならない。したがって、公開会社の年次報告書は財務諸表の正確性と統制システムの有効性の両者についての独立監査人の意見を含まなければならない。

イリノイ大学の二人の会計学教授の見積もりによれば、第四〇四条が求める内部統制報告書の作成が一般投資家の保護に繋がる、ということの僅かな証拠もないなか、二〇〇四年末にはこの報告書の作成に一億三、〇〇〇万時間（およそ一三〇億ドルに相当）が費やされた*27。

研究者たちはいい加減なガバナンス（例えば会長とCEOが同一人物、CEOではない管理者が役員会に参加、会議が頻繁に行われない）と会計における高度の選択の自由（正常ではない発生、利益の平準化、常に有利な四半期利益の予想外の変動）の関連を見出した。しかしながら、彼らは、これらの問題が常に低い証券の利回りをもたらしている、ということについては何の証拠も見出さなかった*28。結局、ガバナンスの良否はCEOの選択に懸かっている。

ＳＯＸが監査の仕事を作り出し、ＣＰＡプロフェッションに対する関心を甦らせたかもしれない、ということは注目に値する。スキャンダルは監査人を潜在的な英雄、財務報告のエリオット・ネスにする可能性がある。二〇〇一年から二〇〇四年に掛けて、イリノイ大学においては会計学専攻の学部生が六六％の増加をみ、ミシガン大学においては会計学専攻の修士課程の学生が七六％の増加をみている*[29]。

金を失うのは全く不名誉なことではない。アメリカのビジネスの歴史は失敗したビジネスのアイディアで一杯である。**不名誉なことは無知な投資家や債権者を欺くために損失を隠そうとする経営者の行動である。**ＦＡＳＢのメンバーのキャサリン・シッパーはこのように会計スキャンダルを定義している*[30]。

過大な負債がエンロン、グローバル・クロッシング、およびワールドコムを破滅させた。熱狂的な通信ブームのお蔭で、経営者にとっては、いい加減なプロジェクトや買収の資金を調達するために借り入れを行うことが余りにも容易だった。人を誤導する財務報告は疑うことを知らない株主や債権者を巻き込み、欠陥のある経営意思決定の影響範囲を拡大させた。会計上の誤りはより多くの情報が明るみに出ることによって取り消されたが、その過程において多くの人々が被害を受けた。

第一五章　エピローグ

雪崩の雪片は責任を感じない。

——ボルテール

ニューヨーク市長のエド・コッホは「私はうまくやっていますか?」という有名な言葉を残している。アメリカの会計は、企業がこの質問に答えるのを助けるために、四つの方言をもたらした。債務の返済や将来の配当の見込みに関する情報を外部者に提供する財務会計、内国歳入庁が会社の利益における自身の取分を計算することができるようにする税務会計、経営管理を支援する原価会計、および規制者が資本の十分性を監視するための法定会計である。これらの方言は、統一的な理論といったものがないまま、発展してきた。

大御所格の財務会計は、乱雑なビジネスの実践によって形成された、混乱したルールの集合体、として現れた。たとえ報告実践が長期的には問題がないとしても、投資税額控除、問題の多い債務再編成、石油とガスの探鉱、およびストック・オプションに関する経験は、いかに基準設定プロセスが政治によって左右されるか、ということを示し、また、所得税における欠損金の繰り越しやプロフォーマ利益について多様な会計処理を政府や企業が認めたということは、同一の取引を多様な方法をもって報告することに対する懸念が余りない、ということを示していた。この選択の自由が問題をもたらした。

それにもかかわらず、財務会計は、何百万もの取引をいくつかの数字にまとめる、という点においてとても有用だった。財務報告の要約力に匹敵するものはほかになく、これを理由として、多くの人々が契約目的で会計を用い、それが他の問題をもたらした。ハイゼルベルグの不確定性原理によれば、亜原子粒子の位置を正しく知ろうとするほど、運動量は正しく測れなくなる。観察行為は対象に変化をもたらす。**利用者が会計数値を重視するほど、利用者は信頼性の低い数値を甘受しなければならない。**

報酬、債務返済、税負担、ないし営業許可を会計数値と関係付けることは不可避的に経営者の報告の仕方に影響を及ぼす。利害関係の程度が高いほど、財務諸表作成者は大きなプレッシャーを受ける。ニュース配信サービスやジャーナリストによる四半期の数値の良否に関する議論が火に油を注ぐ。ＣＥＯのなかには、利益の予想外の変動の脅威に気をとられて、ビジネスを構築するという自身の仕事を忘れてしまう者もいる。一部の経営者は四半期毎に数値目標を達成しなければならないというプレッシャーに音《ね》を上げている。

利益の見積もりを統合するサービスの台頭によって、一部のＣＥＯは、市場は結局は会計上のトリックを見抜く、ということは十二分に確認されているにもかかわらず、利益の平準化を図ろうとした。財務会計上の意思決定の大半はキャッシュ・フローや累積的な利益には影響を与えない。二〇〇二年の大事故は、うまくゆくビジネス・モデルは財務会計原則には依存していない、という点の説得力を増した。よい数字は拙《まず》い経営の埋め合わせをするものではない。

効率的市場仮説（EMH）、資本資産価格形成モデル（CAPM）、およびブラック・ショールズの評価モデルの広範な受容は、通信バブル期における会計上の悪弊を抑制してきているのかもしれない。EMHに関する研究によれば、証券価格の設定に際して投資家は結局は小細工を見抜いており、CAPMの研究によれば、投資家は手を加えていない利益の不安定性を必ずしも否定的に捉えるわけではなく、また、オプション価格算定モデルを受容することはオプション付与の費用処理やこのレバレッジ効果のある報奨手段のより賢明な利用に繋がるかもしれない。

しかしながら、学者たちは自身の存在意義を高めることには力を入れてきていない。会計は依然として徒弟制度の職業であり、複雑な、数学を駆使した学術論文には財務諸表作成者に影響を与える力がほとんどない。研究者たちは、経験を積んだ実務家に対して、重要な諸概念を説明することにより多くの時間を割くべきだが、残念ながら、そうした仕事は大志を抱く教授たちが終身在職権を手に入れる助けにはならない。

会計スキャンダルは通信バブルののちにも続いた。連邦住宅抵当金庫と連邦住宅金融抵当公社によるデリバティブに対するヘッジ会計の適用、AIGによるリスク限定再保険契約の処理、およびクリスピー・クリームによる関連当事者との取引の処理が論議を呼んだ。二〇〇二年の出来事から我々が多くを学んだかどうかは疑わしい。

サーベンス－オクスリー法（SOX）第三〇二条（CEOとCFOによる会計数値の保証）違反を告発しようという連邦政府の最初の試みは失敗に終わった。

ガソリン・スタンドで働いていたこともあるリチャード・スクラッシーは一九七四年にアラバマ大学バーミンガム校で呼吸療法の課程を修了し、その一〇年後にヘルスサウスを設立[*1]、この会社はこの国最大の外来患者用診療・リハビリ施設業にまで成長した。

ヘルスサウスの二〇〇一年度の年次報告書は、当社はアナリストの予想利益を達成するか上回る好調さをこれまでで二番目に長く維持している、と自慢げに述べているが、しかし、すべてがばらばらになったのは二〇〇二年の中頃のことだった。政府が発表した老齢者医療保障制度における支払ルールの改革案は同社に収益の減少をもたらすものだった。株価は二〇〇二年の第2四半期における一五・九〇ドルから二〇〇三年の第1四半期における〇・〇八ドルへと下落し、ニューヨーク証券取引所はこの株式の上場を廃止するにいたった。

〈表15－1〉 ヘルスサウスの2000年度と2001年度における財務諸表の修正

	2000年12月31日終了年度		2001年12月31日終了年度	
	報告数値	修正数値	報告数値	修正数値
収益	$4,195	$3,498	$4,380	$3,553
純利益（損失）	278	(364)	202	(191)
稀薄化後のEPS	0.71	**(0.94)**	0.51	**(0.49)**

監査人、コンサルタント、および弁護士の群れがこの窮地に陥った会社に押し寄せた。ヘルスサウスは破産を免れ、二〇〇五年六月には様式一〇－Kの二〇〇二年と二〇〇三年の財務諸表および二〇〇〇年と二〇〇一年の修正財務諸表を提出、とりわけ注目すべきは〈表15－1〉に示される数値だった（一株当たりの数値を除き、単位は百万ドル）。

以前に報告された数値と修正された数値の差額は、どう考えても、重要な差額だった。連邦政府は、一九九六年から二〇〇二年にわたって二六億ドルもの利益を過大計上していたとして、ヘルスサウスを告発した。

ヘルスサウスの五人の元CFOが連邦犯罪を認め、スクラッシーに不利な証言をすることに同意した。司法省は、このような巨額の会計不正は、CEOの関与なくしては、行うことができない、と主張した。スクラッシーはヘルスサウスの財務諸表を承認していた。

しかし、アラバマの陪審はスクラッシーに対する三六の訴因のすべてについて無罪とした。スクラッシーの経験は会計不正によって有罪の宣告を受けたワールドコムのバーニー・エバーズと興味深い対照をなしている。或る分析によれば、スクラッシーの訴追者は動機を立証しなかった、とされた。エバーズが貸借取引融資を通じて自身が所有するワールドコムの株式の持高を操作したのに対して、スクラッシーは自身の持株について大きな借り入れは行っていなかった。スクラッシーが単に金を失ったのに対して、エバーズは、彼の会社の株価の僅かな下落とその結果としての追加証拠金の請求によって財務的な破綻に直面した*2。ＳＯＸの第三〇二条の抑止力はいまだ明白ではない。

これらの構造的な問題は、今日の財務会計の諸問題が将来も続くだろう、ということを示唆している。概念フレームワークを作るために費やされた資源は無駄になりそうである。会計はさまざまな個性で満ちた実際的な手段であり続けるだろう。その上、言語学者は、文法や綴りの例外を除去するために、英語を書き改めようとするかもしれない。明確に整理されたルールも、うまく作り上げられた原則も、これらの問題を解決することはないだろう。持分プーリング、リース、および偶発損失における経験は、明確なルールも優れた構想の原則も公正な財務報告を保証しない、ということを示唆している。

会計スキャンダル、すなわち外部者に不公正に影響を及ぼすための情報の意図的な隠蔽は、結局のところ、監査人や規制者や教育者や基準設定者や立法者ではなく、財務諸表作成者の過ちを意味する。責任を負ってしかるべきは経理部門の責任者とその上司である。いかなる統制システムも悪しき経営行動を完全に防ぐことはできない。**唯一の実行可能な解決策は完璧に誠実なCEOを選任することである。**

文献リスト

Abdel-Khalik, A. Rashad. *The Economic Effects on Lessees of FASB Statement No. 13, Accounting for Leases.* Stamford, CT: Financial Accounting Standards Board, 1981.

Abdel-Khalik, A. Rashad. "Managers' Emphasis on the Short Run: Contrast with the Japanese and Implications for Accounting." Speech at Baruch College, December 14, 1982. http://newnan.baruch.cuny.edu/digital/saxe/saxe_1982/abdel_khalik_82.htm.

Aboody, David, and Ron Kasznik, "CEO Stock Option Awards and Corporate Voluntary Disclosures." May 22, 2000. http://ssrn.com/abstract=144589.

Accounting Trends & Techniques 2004. 58th ed. New York: American Institute of Certified Public Accountants.

Ambrose, Stephen E. *Nothing Like It in the World: The Men Who Built the Transcontinental Railroad 1863 – 1869*. New York: Simon & Schuster, 2000.

Ameen, Philip D. "Six Sigma Accounting in the New Millennium." Speech at Baruch College, November 1, 1999. http://newman.baruch.cuny.edu/digital/saxe/saxe_1999/amen_1999.htm.

Amershi, Amin, and Shyam Sunder. "Failure of Stock Prices to Discipline Managers in a Rational Expectations Economy." *Journal of Accounting Research* (Autumn 1987).

Arthur Andersen & Co. *Accounting and Reporting Problems of the Accounting Profession.* September 1960.

Ascarelli, Silvia. "Citing Sarbanes, Foreign Companies Flee US Exchanges." *Wall Street Journal*, September 20, 2004.

Ball, Ray, and Philip Brown. "An Empirical Evaluation of Accounting Income Numbers." *Journal of Accounting Research* (Autumn 1968).

Bandler, James, and John Hechinger. "Six Figures in Xerox Case Are Fined $22 Million." *Wall Street Journal*, June 6, 2003.

Barnes, Ronnie, and Henri Servaes. "The Stock Market Response to Changes in Business Combinations Accounting." London Business School working paper, February 28, 2002.

Barton, Jan, and Gregory Waymire. "Investor Protection under Unregulated Financial Reporting." Emory University working paper, September 15, 2003.

Bartov, Eli, Dan Givoly, and Carla Hayn. "The Rewards to Meeting or Beating Earnings Expectations." *Journal of Accounting & Economics* 33 (2002): 173–204.

Baskin, Jonathan B., and Paul J. Miranti Jr. *A History of Corporate Finance*. Cambridge, UK: Cambridge University Press, 1997.

Baxter, William T. "Accounting Standards: Boon or Curse." Speech at Baruch College, February 13, 1979. http://newman.baruch.cuny.edu/digital/saxe/saxe_1978/baxter_79.htm.

Beaver, William H. *Financial Reporting: An Accounting Revolution*. Upper Saddle River, NJ: Prentice Hall, 1998.

Benston, George J. "The Quality of Corporate Financial Statements and Their Auditors before and after Enron." *Policy Analysis*, November 6, 2003. Washington, DC: Cato Project on Corporate Governance, Audit and Tax Reform, 2003.

Benston, George J. "Required Disclosure and the Stock Market: An Evaluation of the Securities Exchange Act of 1934." *American Economic Review* (March 1973).

Benston, George J. "The Role and Limitations of Financial Accounting and Auditing for Financial Market Discipline." November 20, 2003, draft working paper.

Benston, George J., Michael Bromwich, Robert E. Litan, and Alfred Wagenhofer. *Following the Money: The Enron Failure and the State of Corporate Disclosure.* Washington, DC: Brookings Institution Press, 2003.

Berenson, Alex. *The Number.* New York: Random House, 2003.

Berle, Adolf A., Jr., and Gardiner C. Means. *The Modern Corporation and Private Property.* New York: Macmillan, 1933.

Biddle, Gary. "Paying FIFO Taxes: Your Favorite Charity ? " *Wall Street Journal,* January 19, 1981.

Black, Fischer, and Myron Scholes. "The Pricing of Options and Corporate Liabilities." *Journal of Political Economy* (May-June 1973).

Blough, Carman G. *Practical Applications of Accounting Standards.* New York: American Institute of Certified Public Accountants, 1957.

Blumenstein, Rebecca, and Peter Grant. "Former Chief Tries to Redeem the Calls He Made at AT&T." *Wall Street Journal,* May 26, 2004.

Boulton, E. S., Barry D. Libert, and Steve M. Samek. *Cracking the Value Code: How Successful Businesses Are Creating Wealth in the New Economy.* New York: HarperCollins, 2000.

Bowen, Robert M., Shivaram Rajgopal, and Mohan Venkatchalam, "Accounting Discretion, Corporate Governance and Firm Performance," March 2004. http://ssrn.com/abstract=367940.

Brandeis, Louis D., and Melvin I. Urofsky (Editor). *Other People's Money and How the Bankers Use It.* New York: Bedford/St. Martin's, 1995.

Brewster, Mike. *Unaccountable: How the Accounting Profession Forfeited a Public Trust.* Hoboken, NJ: John Wiley & Sons, 2003.

Briloff, Abraham J. "Dirty Pooling." *Accounting Review* (July 1967).

Briloff, Abraham J., and Robert N. Anthony. "By Whom and How Should Accounting Standards Be Determined and Implemented?" Debate at Baruch College, February 27, 1978. http://newman.baruch.cuny.edu/digital/saxe/saxe_1977/briloff_78.htm.

Brown, Ken. "Global Crossing Scores a Bankruptcy Bonanza." *Wall Street Journal*, March 11, 2004.

Bruck, Connie. *The Predators' Ball: The Inside Story of Drexel Burnham and the Rise of the Junk Bond Raiders.* New York: Penguin Books, 1989.

Bruner, Robert F. *Deals from Hell.* Hoboken, NJ: John Wiley & Sons, 2005.

Burgstahler, David, and Ilia Dichev. "Earnings Management to Avoid Earnings Decreases and Losses." *Journal of Accounting and Economics*, 24 (1997): 99–126.

Burton, John C. "Fair Presentation: Another View." Speech given at Baruch College, February 18, 1975. http://newman.baruch.cuny.

edu/digital/saxe/saxe_1974/burton_75.htm.

Burton, Jonathon. "Revisiting the Capital Asset Pricing Model." *Dow Jones Asset Manager*, May/June 1998.

BusinessWeek. "A Matter of Principle Splits CPAs." *BusinessWeek*, January 26, 1963.

Carey, John L. *The Rise of the Accounting Profession*. Vols. 1 and 2. New York: American Institute of Certified Public Accountants, 1969.

Carr, E. H. *What Is History?* Hampshire, UK: Palgrave, 2001.

Chambers, Raymond J. "Fair Financial Reporting in Law and Practice." Speech at Baruch College, October 28, 1976. http://newman.baruch.cuny.edu/digital/saxe/saxe_1976/chambers_76.htm.

Chandler, Alfred D., Jr. *Scale and Scope: The Dynamics of Industrial Capitalism*. Cambridge, MA: Harvard University Press, 1990.

Cheng, Qiang, and Terry D. Warfield. "Equity Incentives and Earnings Management." June 2004. http://ssrn.com/abstract=457840.

Clark, J. Maurice. *Studies in the Economics of Overhead Costs*. Chicago, IL: University of Chicago Press, 1923.

Cohen, Abby Joseph. "Issues and Outlook 2005." New York: Goldman Sachs, March 2005.

Committee on Accounting Procedure. "Restatement and Re-vision of Accounting Research Bulletin." New York: American Institute of Certified Public Accountants, 1953.

The Complete Internal Revenue Code. New York: Research Institute of America, 2003.

Cooper, Robin, and Glenn Bingham. "Mayers Tap, Inc." Harvard Business School Case 9-185-024, -025, and -026. Boston: Harvard Business School Publishing, 1984.

Cooper, William D., Charles F. Malone, and Gwendolyn McFadden-Wade. "Establishing the LIFO Conformity Rule." www.nsysscpa.org/cpajournal/1996/0796/newsviews/nv7.htm.

Copeland, Melvin T. *And Mark an Era: The Story of the Harvard Business School.* Boston: Little, Brown, 1958.

D'Arcy, Stephen D. "Insurance Price Deregulation: The Illinois Experience." May 14, 2001. www.business.uiuc.edu/~s-darcy/Fin431/2005/readings/Illinois%20Experience%20(Revised%202).doc.

Davidson, Sidney. "The Inflation That Won't Go Away and How to Account for It." Speech at Baruch College, November 5, 1979. http://newman.baruch.cuny.edu/digital/saxe/saxe_1979/davidson_79.htm.

Dean, Arthur H. "Employee Stock Options." 66 *Harvard Law Review* 1403, June 1953.

Dean, Joel. "Measuring the Productivity of Capital." *Harvard Business Review* (January-February 1954).

Degeorge, Francois, Jayendu Patel, and Richard Zeckhauser. "Earnings Management to Exceed Thresholds." *Journal of Business* 72, No. 1 (1999).

Economic History Services. www.eh.net/hmit/gdp/.

Economist. "Credit-Rating Agencies: Three Is No Crowd." *Economist,* March 26, 2005.

Economist. "Damaged Goods: The American Economic Model Is

Doing All Right. It Could Be Doing Even Better." *Economist*, May 19, 2005.

Evans, Thomas. *Accounting Theory: Contemporary Accounting Issues*. Mason, OH: Thomson South-Western, 2003.

Fama, Eugene F. "Efficient Capital Markets: A Review of Theory and Empirical Work." *Journal of Finance* (May 1970).

Federal Reserve Board. "Uniform Accounts." *Federal Reserve Bulletin*, April 1917.

Federer, William J. *The Interesting History of Income Tax*. St. Louis, MO: Amerisearch, 2004.

Financial Management Network. "Accountable Accounting: Principles or Rules?" Videotaped roundtable discussion hosted by Baruch College's Robert Zicklin Center for Corporate Integrity. Hawthorne, NY: Smart Pros, December 2004 and January 2005.

Fioriti, Andrew A., and Thomas J. Brady. "Anatomy of a Pooling: The AT&T/NCR Merger." *Ohio CPA Journal* (October 1994).

Flegm, Eugene H. *Accounting: How to Meet the Challenges of Relevance and Regulation*. New York: John Wiley & Sons, 1984.

Flesher, Dale L., Paul J. Miranti, and Gary John Previts. "The First Century of the CPA." *Journal of Accountancy* (October 1996).

Forbes, Malcolm S., Jr. "Why Can't Accountants Be Practical?" *Forbes*, June 12, 1978.

Foust, Dean, and Nanette Byrnes. "Gone Flat." *BusinessWeek*, December 20, 2004.

Fox, Justin. "Learn to Play the Earnings Game." *Fortune*, March 31, 1997.

Fox, Justin. "The Next Best Thing to Free Money." *Fortune*, July 7, 1997.

Fox, Justin. "A Startling Notion-The Whole Truth." Fortune, November 24, 1997.

Francis, Jennifer, Ryan Z. LaFond, Per Olsson, and Katherine Schipper. "Costs of Capital and Earnings Attributes." May 2003. http://ssrn.com/abstract=414125.

Frankfurter, George M., Bob G. Wood, and James Wansley. *Dividend Policy Theory and Practice*. San Diego, CA: Elsevier Press, 2003.

Frieswick, Kris. "How Audits Must Change: Auditors Face More Pressure to Find Fraud." *CFO*, July 2003.

Galbraith, John Kenneth. *The Great Crash 1929*. New York: Time Inc. 1962.

Garg, Ashish, and William Wilson. "Expensing of Options: What Do the Markets Say?" Ernst & Young's *CrossCurrents*, Fall 2003.

Garsten, Ed. "'Whiz Kids' Reinvent Automaker." *Detroit News*, June 9, 2003.

Ghemawat, Pankaj. *Strategy and the Business Landscape*. Upper Saddle River, NJ: Pearson Prentice Hall, 2006.

Goff, John, "Who's the Boss?" *CFO*, September 2004.

Graham, John Robert, Campbell R. Harvey, and Shivaram Rajgopal. "The Economic Implications of Corporate Financial Reporting." September 13, 2004.ssrn.com/abstract=491627.

Greene, Richard. "The Joys of Leasing." Forbes, November 24, 1980.

Gullapalli, Diya. "Crunch This! CPAs Become the New BMOCs." *Wall Street Journal*, July 29, 2004.

Gullapalli, Diya. "Excise Taxes Muddy Comparisons." *Wall Street Journal*, July 23, 2004.

Hawkins, David F. "The Development of Modern Financial Reporting Practices among American Manufacturing Corporations." *Business History Review* (Autumn 1963).

Hawkins, David F. "Financial Accounting, the Standards Board and Economic Development." Speech at Baruch College, November 12, 1973. http://newman.baruch.cuny.edu/digital/saxe/saxe_1973/Hawkins_73.htm.

Hawkins, David F. *Financial Reporting Practices of Corporations.* Homewood, IL: Dow Jones-Irwin, 1972.

Hendriksen, Eldon. *Accounting Theory.* Homewood, IL: Richard D. Irwin, 1970.

Hirst, D. Eric, and Patrick E. Hopkins. *Earnings: Measurement, Disclosure, and the Impact on Equity Valuation.* Charlottesville, VA: Association for Investment Management and Research, 2000.

Holtzman, Mark P., Elizabeth Venuti, and Robert Fonfeder. "Enron and the Raptors." *CPA Journal*, April 2003. www.nysscpa.org/capjournal/2003/0403/features/f042403.htm.

Hoxsey, J. M. B. "Accounting for Investors." *Journal of Accountancy* (October 1930).

Hudson, Pat. *History by Numbers.* New York: Oxford University Press, 2000.

"I/B/E/S for Academic Users." http://fisher.osu/fin/resources_data/provider/ibes.htm.

Jenkins, Nicole, and Morton Pincus. "LIFO versus FIFO: Updating

What We Have Learned." University of Iowa working paper, September 1998.

Jensen, Michael C. "The Performance of Mutual Funds in the Period 1945 – 1964." *Journal of Finance* (May 1968).

Jensen, Michael C., and William H. Meckling. "Theory of the Firm: Managerial Behavior, Agency Costs and Ownership Structure." *Journal of Financial Economics* (October 1976).

Johnson, H. Thomas, and Robert S. Kaplan. *Relevance Lost: The Rise and Fall of Management Accounting.* Boston: Harvard Business School Press, 1991.

Johnson, W. Bruce, and William C. Schwartz Jr. "Everyday Pricing: Do Pro Forma Earnings Mislead Investors?" *Investor Relations Quarterly* 5, No. 4.

Joseph, Richard J. *The Origins of the American Income Tax: The Revenue Act of 1894 and Its Aftermath.* Syracuse, NY: Syracuse University Press, 2004.

Kaplan, Robert S., and David P.Norton. "The Balanced Scorecard-Measures That Drive Performance." *Harvard Business Review* (January-February 1992).

Kieso, Donald E., Jerry J. Weygandt, and Terry D. Warfield. *Intermediate Accounting.* 10th ed. New York: John Wiley & Sons, 2001.

Kreisler, Harry. "Robert McNamara Interview: Conversations with History." Interview with Robert McNamara, Institute of International Studies, University of California, Berkeley, April 16, 1996. http://globetrotter.berkeley.edu/McNamara/mcnamaral.html.

"The Largest Bankruptcies, 1980 to Present." www.bankruptcydata.com/Research/15_largest.htm.

Latour, Almar, and Shawn Young. WorldCom's Sullivan Says He Told CEO of Problems." *Wall Street Journal*, February 9, 2005.

Leary, Carol. "Factors Influencing the Level of Environmental Liability Disclosure in 10-K Reports." Undated, unpublished paper. George Mason University.

Leuz, Christian. "IAS versus US GAAP: A 'New Market' Based Comparison." Wharton working paper, October 2000.

Levitt, Arthur. "The 'Numbers Game.'" Speech delivered at the NYU Center for Law and Business, September 28, 1998. www.sec.gov/news/speech/speecharchive/1998/spch220.txt.

Levitt, Steven D., and Stephen J. Dubner. *Freakonomics: A Rogue Economist Explores the Hidden Side of Everything*. New York: William Morrow, 2005.

Lowenstein, Roger. *Origins of the Crash: The Great Bubble and Its Undoing*. New York: Penguin Press, 2004.

"Market Value: The Debate Rages." *Financial Executive*, January 1993.

Markowitz, Harry. "Portfolio Selection." *Journal of Finance* 7, no. 1 (March 1952): 77–91.

McAnly, Herbert. "How LIFO Began." *Management Accounting*, May 1975.

McKinsey, James O. *Managerial Accounting*. Chicago: University of Chicago Press, 1924.

Mednick, Robert. "Accounting and Financial Reporting in a High Inflation Environment." Paper presented to the Fourth

Jerusalem Conference on Accountancy, November 1986.

Micklethwait, John, and Adrian Wooldridge. *The Company*. New York: Modern Library, 2003.

Monson, Dennis W. "The Conceptual Framework and Accounting for Leases." *Accounting Horizons*, September 2001.

Moonitz, Maurice. *Obtaining Agreement on Standards in the Accounting Profession*. Sarasota, FL: American Accounting Association, 1974.

Morgenson, Gretchen C. "Pennies That Aren't from Heaven." *New York Times*, November 7, 2004.

Morse, Dan, and Chad Terhune. "HealthSouth's Scrushy Is Acquitted." *Wall Street Journal*, June 29, 2005.

Nelson, Irvin T. "What's New about Accounting Education Change? An Historical Perspective on the Change Movement." *Accounting Horizons*, Fall 1995.

Ohio State University. *The Accounting Hall of Fame*. http://fisher.osu.edu/acctmis/hall/.

Paton, William A. "Comments on'A Statement of Accounting Principles.'" *Journal of Accountancy* (March 1938).

Paton, William A., and A. C. Littleton. *An Introduction to Corporate Accounting Standards*. Sarasota, FL: American Accounting Association, 1940.

Pratt, Shannon P. *Cost of Capital: Estimation and Applications*. New York: John Wiley & Sons, 1998.

Previts, Gary John, and Barbara Dubis Merino. *A History of Accountancy in the United States: The Cultural Significance of Accounting*. Columbus, OH: Ohio State University Press, 1998.

Pulliam, Susan, and Almar Latour. "Trial of WorldCom's Ebbers Will Focus on Uneasy Partnership." *Wall Street Journal*, January 12, 2005.

Revsine, Lawrence, Daniel W. Collins, and W. Bruce Johnson. *Financial Reporting and Analysis*. 3rd ed. Upper Saddle River, NJ: Prentice Hall, 2005.

Ripley, William Z. *Main Street and Wall Street*. Boston: Little, Brown, 1927.

Rossotti, Charles O. *Many Unhappy Returns: One Man's Quest to Turn Around the Most Unpopular Organization in America*. Boston: Harvard Business School Press, 2005.

Ryan, Stephen G., *et al*. "Recommendations on Hedge Accounting and Accounting for Transfer of Financial Instruments." *Accounting Horizons*, March 2002.

Salomon, Ira, and Mark E. Peecher. "SOX 404-A Billion Here, a Billion There..." *Wall Street Journal*, November 9, 2004.

Schneider, Craig. "Who Rules Accounting?" *CFO*, August 2003.

Scholes, Myron S., Mark A. Wolfson, Merle Erickson, Edward L. Maydew, and Terry Shevlin. *Taxes and Business Strategy: A Planning Approach*, 2nd ed. Upper Saddle River, NJ: Prentice Hall, 2002.

Sharpe, William F. "Capital Asset Prices: A Theory of Market Equilibrium under Conditions of Risk." *Journal of Finance* (September 1964).

Silva, Dagmar, and Patrick Finnegan. "Analytical Implications of Employee Stock-Based Compensation." Moody's Investors Service, *Rating Methodology*, December 2002.

Sivakumar, Kumar N., and Gregory B. Waymire. "Enforceable Accounting Rules and Income Measurement by Early 20th Century Railroads." April 16, 2002. http://ssrn.com/abstract = 308602.

Skeel, David. *Icarus in the Boardroom: The Fundamental Flaws in Corporate America and Where They Came From*. New York: Oxford University Press, 2005.

Sorkin, Andrew Ross. "Ex-Chief and Aide Guilty of Looting Millions at Tyco." *New York Times*, June 18, 2005.

Sorter, George. "Beyond Emptiness and Blindness: Is There a Hope for Accounting Research?" Speech at Baruch College, March 27, 1979. http://newman.baruch.cuny.edu/digital/saxe/saxe_1978/sorter_79.htm.

Spacek, Leonard. *The Growth of Arthur Andersen & Co. 1928–1973: An Oral History*. New York: Garland Publishing, 1989.

Squires, Susan E., Cynthia J. Smith, Lorna McDougall and William R. Yeack. *Inside Arthur Andersen: Shifting Values, Unexpected Consequences*. Upper Saddle River, NJ: FT Prentice Hall, 2003.

St. Goar, Jinny. "Experiment Abandoned." Forbes, November 18, 1985.

Staubus, George. "Cherry Pickers' Friend-FASB Proposal Caters to Banks, Insurers." *Barron's*, December 7, 1992.

"Stern Stewart Roundtable on Relationship Investing and Shareholder Communications," *Journal of Applied Corporate Finance* (Summer 1993).

Stewart, G. Bennett, III. "How to Fix Accounting-Measure and Report Economic Profit." *Journal of Applied Corporate Finance*

(Spring 2003).

Stickney, Clyde, and Roman Weil. *Financial Accounting: An Introduction to Concepts, Methods and Uses*. 10th ed. Mason, OH: Thomson South-Western, 2003.

Sunder, Shyam. "Properties of Accounting Numbers under Full Costing and Successful-Efforts Costing in the Petroleum Industry." *Accounting Review* (January 1976).

Sunder, Shyam. "Stock Price and Risk Related to Accounting Changes in Inventory Valuation." *Accounting Review* (April 1975).

Sylla, Richard. "A Historical Primer on the Business of Credit Ratings." Paper prepared for conference on "The Role of Credit Reporting Systems in the International Economy," World Bank, Washington, DC, March 1-2, 2001.

Tauzin, W. J. "Billy." "Capacity Swaps by Global Crossing and Qwest: Sham Transactions Designed to Boost Revenues?" Witness List and Prepared Testimony, Subcommittee on Oversight and Investigations, Committee on Energy and Commerce, September 24, 2002. http://energycommerce.house.gov/107/Hearings/09242002hearing725.

Terhune, Chad, Dan Morse, and Almar Latour. "Why Scrushy Won, Ebbers Lost." *Wall Street Journal*, June 30, 2005.

Tietjen, A. Carl. "Financial Reporting Responsibilities." Speech at Baruch College on April 7, 1975. http://newman.baruch.cuny.edu/digital/saxe/saxe_1974/tietjen_75.htm.

Toffler, Barbara Ley, with Jennifer Reingold. *Final Accounting: Ambition, Greed, and the Fall of Arthur Andersen*. New York:

Broadway Books, 2003.

Turner, Lynn E. "The State of Financial Reporting Today: An Unfinished Chapter." Speech at the University of Southern California, May 31, 2001. www.sec.gov/news/speech/spch496.htm.

Vatter, William J. *Managerial Accounting*. New York: Prentice Hall, 1950.

Wallison, Peter J. "Give Us Disclosure, Not Audits." *Wall Street Journal*, June 2, 2003.

Watts, Ross L. "The Evolution of Economics-Based Empirical Research in Accounting." Speech at Baruch College, April 14, 1983. http://newman.baruch.cuny.edu/digital saxe/saxe_1982/watts_83.htm.

Watts, Ross L., and Jerold L. Zimmerman. *Positive Accounting Theory*. Englewood Cliffs, NJ: Prentice-Hall, 1986.

Weber, Joseph Peter. "Shareholder Wealth Effects of Pooling-of-Interests Accounting: Evidence from the SEC's Restriction on Share Repurchases Following Pooling Transactions." October 2000. http://ssrn.com/abstract=246370.

Wei, Lingling. "FASB Is Expected to Issue Rule on Expensing of Stock Options." *Wall Street Journal*, December 15, 2004.

Weil, Jonathon. "How Leases Play a Shadowy Role in Accounting." *Wall Street Journal*, September 22, 2004.

Welch, Jack, with John A. Byrne. *Jack: Straight from the Gut*. New York: Warner Books, 2003.

Wise, T. A. "The Auditors Have Arrived." *Fortune*, November 1960.

Wolk, Harry I., James L. Dodd, and Michael G. Tearney. *Accounting*

Theory: Conceptual Issues in a Political and Economic Environment. 6th ed. Mason, OH: Thomson South-Western, 2003.

Wyatt, Arthur. *A Critical Study of Business Combinations.* New York: AICPA, 1963.

Wyatt, Arthur. "Efficient Market Theory: Its Impact on Accounting." *Journal of Accountancy* (February 1983).

Yee, Kenton K. "Interim Reporting Frequency and Financial Analysts Expenditures." *Journal of Business, Finance, and Accounting* 31 (2004).

Zeff, Stephen A. *The American Accounting Association: Its First 50 Years, 1916 – 1966*. Sarasota, FL: American Accounting Association, 1991.

Zeff, Stephen A. "The Work of the Special Committee on Research Program." *Accounting Historians Journal* (December 2001).

注　　記

第1章　複式記入

1. Carr, *What Is History?* Ch. 1.
2. Hudson, *History by Numbers*, p. 37.
3. Previts and Merino, *History of Accountancy*, p. 175.
4. Micklethwait and Woolridge, *Company*, p. 128.
5. Hendriksen, *Accounting Theory*, p. 59.
6. Flegm, *Accounting*, p. 31.
7. Berle and Means, *Modern Corporation*, pp. 10－11, 47.

第2章　鉄　　道

1. Ambrose, *Nothing Like It*, p. 57.
2. *Ibid.*, p. 377.
3. Baskin and Miranti, *History of Corporate Finance*, p. 136.
4. Previts and Merino, pp. 69, 110.
5. Hawkins, "Development of Modern,"pp. 135－136.
6. *Ibid.*, p. 143.
7. Skeel, *Icarus in the Boardroom*, p. 57.
8. Hendriksen, pp. 38－39.
9. Sylla, "Historical Primer."
10. *Ibid.*
11. Baskin and Miranti, p. 148.
12. Carey, *Rise of the Accounting Profession*, vol. 1, p. 26.
13. Hendriksen, p. 23.
14. Lowenstein, *Origins of the Crash*, p. 164.

15. Stickney and Weil, *Financial Accounting*, p. 793.
16. Ripley, *Main Street and Wall Street*, p. 174.
17. Carey, vol. 1, p. 68.
18. Hendriksen, p. 41.
19. Sivakumar and Waymire, "Enforceable Accounting Rules."
20. Hendriksen, p. 42.
21. Previts and Merino, p. 224.
22. Carey, vol. 1, p. 29.

第3章　税

1. Joseph, *Origins of the American Income Tax*, p. 33.
2. *Ibid.*, pp. 89－92.
3. Scholes *et al.*, *Taxes and Business Strategy*, pp. 30－31.
4. Federer, *Interesting History of Income Tax*, p. 13.
5. Rossotti, *Many Unhappy Returns*, p. 79.
6. *Ibid.*, pp. 14, 202.
7. Scholes *et al.*, p. 23.
8. McAnly, "How LIFO Began."
9. *Lucas v. Kansas City Structural Steel Co.*
10. Cooper, Malone, and McFadden-Wade, "Establishing the LIFO Conformity Rule."
11. Hendriksen, p. 345.
12. Paton, "Comments on 'A Statement of Accounting Principles.'"
13. Sunder, "Stock Price and Risk Related to Accounting Changes."
14. Biddle, "Paying FIFO Taxes."
15. *Accounting Trends & Techniques*, p. 177.
16. Hendriksen, p. 119.

17. *Thor Power Tool Co. v. Commissioner.*
18. *Roe v. Wade.*

第4章　原　　価

1. Rossotti, p. 111.
2. Johnson and Kaplan, *Relevance Lost*, p. 21.
3. Previts and Merino, p. 58.
4. Chandler, *Scale and Scope*, pp. 54 – 55.
5. Johnson and Kaplan, p. 112.
6. Garsten, "'Whiz Kids' Reinvent Automaker."
7. Kreisler, "Robert McNamara Interview."
8. Kieso, Weygandt, and Warfield, *Intermediate Accounting*, p. 404.
9. Carey, vol. 1, p. 142.
10. Johnson and Kaplan, p. 139.
11. Flegm, p. 16.
12. Carey, vol. 1, pp. 311 – 312.
13. Clark, *Studies in the Economics of Overhead Costs.*
14. McKinsey, *Managerial Accounting*, p. xii.
15. in business analysis: H. Thomas Johnson, pp. 154 – 157.
16. Vatter, *Managerial Accounting.*
17. Dean, "Measuring the Productivity of Capital."
18. Cooper and Bingham, "Mayers Tap, Inc."
19. Toffler, *Final Accounting*, pp. 101 – 108.
20. Kaplan and Norton, "Balanced Scorecard."

第5章　情報開示

1. Baskin and Miranti, p. 190.
2. Berle and Means, p. 60.
3. *Ibid.*, p. 297.
4. Baskin and Miranti, p. 232.
5. Ripley, p. 187.
6. Hoxsey, "Accounting for Investors."
7. Berle and Means, p. 211.
8. Galbraith, *Great Crash 1929*.
9. Benston, "Required Disclosure."
10. Barton and Waymire, "Investor Protection."
11. Benston, "Require Disclosure."
12. Wharton seminar, "Pension Fund and Investment Management," Philadelphia, Pennsylvania, June 2000.
13. Example inspired by Jeffrey Jaffe at June 2000 Wharton seminar.
14. Yee, "Interim Reporting Frequency."
15. Flesher, Miranti, and Previts, "First Century of the CPA."
16. Carey, vol. 1, pp. 184－188.
17. Carey, vol. 2, p. 23.
18. *Ultramares Corporation v. Touche et al.*
19. *United States v. Simon.*
20. "Stern Stewart Roundtable," comment by Jerold Zimmer-man, p. 7.
21. Chambers, "Fair Financial Reporting."
22. Financial Management Network, "Accountable Accounting."
23. Bruner, *Deals from Hell*, pp. 106－107.

第6章　基　　準

1. Gullapalli, "Excise Taxes Muddy Comparisons."
2. Briloff and Anthony, "By Whom and How Should."
3. Baxter, "Accounting Standards."
4. D'Arcy, "Insurance Price Deregulation."
5. Committee on Accounting Procedure, par. 4.
6. Hendriksen, p. 71.
7. Moonitz, "Obtaining Agreement," p. 15.
8. Spacek, *Growth of Arthur Andersen*, p. 9.
9. *Ibid.*, p. 43.
10. *Ibid.*, p. 173.
11. *Ibid.*, p. 238.
12. *Ibid.*, pp. 60 – 62.
13. *Ibid.*, p. 248.
14. Previts and Merino, pp. 310 – 311.
15. Zeff, "Work of the Special Committee."
16. Flegm, p. 83.
17. Zeff, "Special Committee."
18. *Ibid.*
19. *Ibid.*
20. Hawkins, "Financial Accounting."
21. *Business Week*, "Matter of Principle," p. 55.
22. *Senate Reporter*, Nov. 1, 1971. 92 – 347, at 45.
23. Flegm, p. 97.
24. Moonitz, p. 23.
25. Evans, *Accounting Theory*, p. 86.
26. *Ibid.*, p. 102.

27. Staubus, "Cherry Pickers' Friend."
28. Kieso, Weygandt, and Warfield, pp. 747 – 748.
29. Sunder, "Properties of Accounting Numbers."
30. *Ibid.*
31. Kieso, Weygandt, and Warfield, p. 567.
32. Evans, p. 188.
33. Baxter.
34. Flegm, p. 57.
35. Leuz, "IAS versus US GAAP."

第7章　学術的知見

1. Briloff, "By Whom and How Should."
2. Hawkins, "Development of Modern Financial Reporting."
3. Previts and Merino, p. 151.
4. Copeland, *And Mark an Era*, p. 22.
5. Zeff, *American Accounting Association*, pp. 4 – 5.
6. *Ibid.*, p. 5.
7. *Ibid.*, pp. 43 – 45.
8. Moonitz, p. 12.
9. Zeff, *American Accounting Association*, p. 49.
10. Flegm, p. 40.
11. Copeland, p. 158.
12. Nelson, "What's New about Accounting Education Change."
13. Sorter, "Beyond Emptiness and Blindness."
14. Fama, "Efficient Capital Markets."
15. Jensen, "Performance of Mutual Funds."
16. Watts and Zimmerman, *Positive Accounting Theory*, p. 86.

17. Ball and Brown, "Empirical Evaluation."
18. Watts and Zimmerman, p. 57.
19. Sorter.
20. Watts, "Evolution of Economics-Based Empirical Research."
21. Burton, "Fair Presentation."
22. Flegm, p. 178.
23. Wyatt, "Efficient Market Theory."
24. Amershi and Sunder, "Failure of Stock Prices."
25. Wolk, Dodd, and Tearney, *Accounting Theory*, p. 211.

第8章　インフレーション

1. Cited by Mednick, "Accounting and Financial Reporting."
2. Author's correspondence with Mark Sniderman, director of research, Federal Reserve Bank of Cleveland.
3. Mednick.
4. Burton, "Fair Presentation."
5. Mednick.
6. Watts and Zimmerman, p. 174.
7. FASB, Statement 33, pars. 12, 14.
8. Davidson, "Inflation That Won't Go Away."
9. St. Goar, "Experiment Abandoned."
10. FASB, Statement 89, par. 4.
11. *Accounting Trends & Techniques*, p. 147.
12. Flegm, p. 200.

第9章　不安定性

1. Burton, "Revisiting the Capital Asset Pricing Model."
2. Pratt, *Cost of Capital*, p. 3.
3. Ryan *et al.*, "Recommendations on Hedge Accounting."
4. Forbes, "Why Can't Accountants Be Practical ? "
5. Wolk, Dodd, and Tearney, p. 653.
6. *Ibid.*, p. 653.
7. *Ibid.*, p. 536.
8. Tietjen.
9. Benston *et al.*, *Following the Money*, p. 47.
10. Wolk, Dodd, and Tearney, p. 545.
11. Cited by Wolk, Dodd, and Tearney, p. 546.
12. Skeel, p. 63.
13. "Market Value: The Debate Rages."

第10章　無形資産

1. "Stern Stewart Roundtable," comment by Joel Stern, p. 23.
2. Ghemawat, *Strategy and the Business Landscape*, p. 44.
3. CAP, Bulletin 24, par. 1.
4. FASB, Statement 2, par. 12.
5. Briloff and Anthony, "By Whom and How Should."
6. Flegm, p. 103.
7. Lowenstein, p. 73.
8. Bruner, p. 273.
9. Hirst and Hopkins, *Earnings: Measurememt, Disclosure*, p. 6.
10. Cohen, "Issues and Outlook 2005," p. 10.
11. Hawkins, *Financial Reporting Practices*, pp. 298－300.

12. Briloff, "Dirty Pooling."
13. Fioriti and Brady, "Anatomy of a Pooling."
14. Barnes and Servaes, "Stock Market Response to Changes."
15. Weber, "Shareholder Wealth Effects."

第11章 負　　債

1. Cited by Stickney and Weil.
2. Skeel, pp. 119－121.
3. Bruck, *Predators' Ball*, pp. 261－262.
4. Monson, "Conceptual Framework."
5. Abdel-Khalik, *Economic Effects on Lessees.*
6. Weil, "How Leases Play a Shadowy Role in Accounting."
7. Leary, "Factors Influencing the Level of Environmental Liability Disclosure."
8. *Accounting Trends & Techniques*, p. 76.
9. Foust and Byrnes, "Gone Flat."

第12章 オプション

1. Berle and Means, pp. 180－183.
2. Dean, "Employee Stock Options."
3. Hendriksen, p. 532.
4. Arthur Andersen & Co., *Accounting and Reporting Problems*, p. 59.
5. APB, Opinion 25, par. 20.
6. Black and Scholes, "Pricing of Options and Corporate Liabilities."
7. Fox, "Next Best Thing."
8. *Ibid.*

9. Skeel, p. 152.
10. Lowenstein, p. 44.
11. FASB, Statement 123, par. 376.
12. Schneider, "Who Rules Accounting? "
13. Silva and Finnegan, "Analytical Implications."
14. Aboody and Kasznik, "CEO Stock Option Awards."
15. Fox, "Next Best Thing."
16. Garg and Wilson, "Expensing of Options."

第13章　利　　益

1. Degeorge, Patel, and Zeckhauser, "Earnings Management" and Hirst, pp. 45–56.
2. Stickney and Weil, p. 678.
3. Hirst and Hopkins, pp. 34–35.
4. CAP, Bulletin 32, par. 2.
5. Hendriksen, p. 551.
6. Ameen, "Six Sigma Accounting."
7. Tietjen, "Financial Reporting Responsibilities."
8. Berenson, *The Number*, p. 92.
9. "I/B/E/S for Academic Users."
10. Fox, "Learn to Play the Earnings Game."
11. Hirst and Hopkins, p. 47.
12. Lowenstein, p. 29.
13. Johnson and Kaplan, pp. 204–205.
14. Watts and Zimmerman, pp. 146–148, 201.
15. Flegm, p. 226.
16. Welch, *Jack: Straight from the Gut*, p. 225.

17. Cheng and Warfield, "Equity Incentives and Earnings Management."
18. Burgstahler and Dichev, "Earnings Management to Avoid Earnings Decreases."
19. Bartov, Givoly, and Hayn "Rewards to Meeting or Beating."
20. Graham, Harvey, and Rajgopal, "Economic Implications."
21. Lowenstein, pp. 66 – 67.
22. Levitt, " 'Numbers Game.' "
23. Morgenson, "Pennies That Aren't from Heaven."
24. Wallison, "Give Us Disclosure, Not Audits."
25. Johnson and Schwartz, "Everyday Pricing."
26. *Ibid.*
27. Francis *et al.*, "Costs of Capital."
28. Kieso, Weygandt, and Warfield, p. 1156.

第14章　サーベンス－オクスリー法

1. "Largest Bankruptcies, 1980 to Present."
2. Baxter.
3. Ameen.
4. Turner, "State of Financial Reporting Today."
5. Benston, "Quality of Corporate Financial Statements."
6. Brewster, *Unaccountable*, p. 229.
7. Holtzman, Venuti, and Fonfeder, "Enron and the Raptors."
8. Squires *et al.*, *Inside Arthur Andersen*, p. 9.
9. Bruck, pp. 51, 259.
10. Arthur Andersen & Co., pp. 79 – 83.
11. Tauzin, "Capacity Swaps by Global Crossing and Qwest."

12. Brown, "Global Crossing Scores a Bankruptcy Bonanza."
13. Pulliam and Latour, "Trial of WorldCom's Ebbers."
14. *Ibid.*
15. Blumenstein and Grant, "Former Chief Tries to Redeem the Calls."
16. Latour and Young, "WorldCom's Sullivan Says He Told CEO."
17. Sorkin, "Ex-Chief and Aide Guilty of Looting Millions."
18. Frieswick, "How Audits Must Change."
19. *Economist*, "Credit-Rating Agencies."
20. Spacek, p. 183.
21. Squires *et al.*, p. 76.
22. Previts and Merino, p. 400.
23. Squires *et al.*, pp. 84－86.
24. Toffler, p. 130.
25. *Ibid.*, p. 248.
26. *Economist*, "Damaged Goods."
27. Salomon and Peecher, "SOX 404-A Billion Here, a Billion There..."
28. Bowen, Rajgopal, and Venkatchalam, "Accounting Discretion."
29. Gullapalli, "Crunch This! CPAs Become the New BMOCs."
30. Financial Management Network.

第15章　エピローグ

1. Morse and Terhune, "HealthSouth's Scrushy Is Acquitted."
2. Terhune, Morse, and Latour, "Why Scrushy Won, Ebbers Lost."

訳者紹介

友岡　賛（ともおか　すすむ）

慶應義塾大学卒業。
慶應義塾大学助手等を経て慶應義塾大学教授。
博士（慶應義塾大学）。

著書等（分担執筆書の類いは除く）
『近代会計制度の成立』有斐閣，1995年
『アカウンティング・エッセンシャルズ』（共著）有斐閣，1996年
『歴史にふれる会計学』有斐閣，1996年
『株式会社とは何か』講談社現代新書，1998年
『会計学の基礎』（編）有斐閣，1998年
『会計破綻』（監訳）税務経理協会，2004年
『会計プロフェッションの発展』有斐閣，2005年
『会計士の歴史』（共訳）慶應義塾大学出版会，2006年
『会計の時代だ』ちくま新書，2006年
『「会計」ってなに？』税務経理協会，2007年
『なぜ「会計」本が売れているのか？』税務経理協会，2007年
『会計学』（編）慶應義塾大学出版会，2007年
『六本木ママの経済学』中経の文庫，2008年
『会計学はこう考える』ちくま新書，2009年
『会計士の誕生』税務経理協会，2010年
『就活生のための企業分析』（編）八千代出版，2012年
『ルカ・パチョーリの『スムマ』から福澤へ』（監修）慶應義塾図書館，2012年
『会計学原理』税務経理協会，2012年

著者紹介

トーマス A. キング（Thomas A. King）

ニューヨーク大学にて会計学修士号，
ハーバード・ビジネススクールにて経営学修士号を取得。
公認会計士，公認管理会計士。
プログレッシブ・コーポレーション財務担当役員。

著者との契約により検印省略

平成27年1月15日　初版第1刷発行

歴史に学ぶ会計の「なぜ？」
――アメリカ会計史入門

著者　トーマス A.キング
訳者　友岡　贊
発行者　大坪嘉春
印刷所　税経印刷株式会社
製本所　株式会社　三森製本所

発行所　〒161-0033 東京都新宿区下落合2丁目5番13号　株式会社 税務経理協会

振替 00190-2-187408　電話 (03)3953-3301（編集部）
FAX (03)3565-3391　(03)3953-3325（営業部）
URL http://www.zeikei.co.jp/
乱丁・落丁の場合は，お取替えいたします。

ISBN978-4-419-06165-4 C3034